DM 34,80
NM

Manuskripte zur Sprachlehrforschung

Band 43

K.-Richard Bausch / Herbert Christ
Hans-Jürgen Krumm (Hrsg.)

Fremdsprachenlehr- und -lernprozesse im Spannungsfeld von Steuerung und Offenheit

Arbeitspapiere der 13. Frühjahrskonferenz zur Erforschung des Fremdsprachenunterrichts

Universitätsverlag Dr. N. Brockmeyer
Bochum 1993

Die Manuskripte zur Sprachlehrforschung werden (im Auftrag des Seminars für Sprachlehrforschung der Ruhr-Universität Bochum) herausgegeben von

Karin Kleppin
Frank G. Königs
Horst Raabe

Die Deutsche Bibliothek – CIP-Einheitsaufnahme

Fremdsprachenlehr- und Lernprozesse im Spannungsfeld von Steuerung und Offenheit : Arbeitspapiere der 13. Frühjahrskonferenz zur Erforschung des Fremdsprachenunterrichts / K.-Richard Bausch ... (Hrsg.). – Bochum : Brockmeyer, 1993
   (Manuskripte zur Sprachlehrforschung ; Bd. 43)
   ISBN 3-8196-0211-9

NE: Bausch, Karl-Richard [Hrsg.]; Frühjahrskonferenz zur Erforschung des Fremdsprachenunterrichts <13, 1993, Giessen>; GT

Satz: Andrea Endl
      Stephanie Mayer

ISBN 3-8196-0211-9
Alle Rechte vorbehalten
© 1993 by Universitätsverlag Dr. N. Brockmeyer
Uni-Tech-Center, Gebäude MC, 44799 Bochum
Gesamtherstellung: Druck Thiebes GmbH Hagen
Gedruckt auf chlorfrei gebleichtem Papier

Einen Teil der Typoskripterstellung des vorliegenden und mehrerer anderer Bände wurde von Andrea Endl vorgenommen.
Zu unserer aller Bestürzung und Trauer konnte sie die Fertigstellung nicht mehr erleben. Sie verstarb am 25. Oktober 1993.

Die Herausgeber werden ihre konstruktive und hilfsbereite Mitarbeit stets in Erinnerung behalten.

Karin Kleppin   Frank G. Königs   Horst Raabe

Inhaltsverzeichnis

Vorwort 5

K.-Richard Bausch:
Zur Frage der Tauglichkeit von 'Steuerung und 'Offenheit'
für den eigenständigen Wirklichkeitsbereich 'Lehren und
Lernen' von Fremdsprachen 7

Dagmar Blei:
Steuerung und Offenheit als Komponenten eines integrativen
Reformkonzeptes 19

Werner Bleyhl:
Nicht Steuerung, Selbstorganisation ist der Schlüssel 27

Lothar Bredella:
Zur Dialektik von Steuerung und Offenheit bei der Rezeption
literarischer Texte 43

Herbert Christ:
Die Dialektik von Steuerung und Offenheit 53

Willis J. Edmondson:
Interne und externe Spannungen beim
Fremdsprachenlernen 59

Reinhold Freudenstein:
Über die 'gesteuerte Offenheit' zur kommunikativen
Kompetenz 67

Albert-Reiner Glaap:
Literaturunterricht als Fremdsprachenunterricht: Offenheit
und/oder Steuerung? 75

Claus Gnutzmann:
Steuerung und Offenheit im Fremdsprachenunterricht: Zwei
Kehrseiten derselben Medaille? 81

Frank G. Königs:
Von der Schwierigkeit des Steuerns in offenen Meeren oder:
was heißt eigentlich Steuern im Fremdsprachenunterricht? 89

Hans-Jürgen Krumm:
Fremdsprachenlehren und -lernen zwischen Fremd- und Selbststeuerung 99

Friedhelm Lach:
Steuerung und Offenheit in seriellen Prozessen 111

Franz-Joseph Meißner:
'Steuerung' und 'Offenheit': zentrale Begriffe für die
Didaktik des lebenslangen Sprachenlernens 119

Jürgen Quetz:
Steuern auf Schlingerkurs 131

Heribert Rück:
Steuerung als Bedingung, Offenheit als Ziel des fremdsprachlichen
Unterrichts 135

Ludger Schiffler:
Der lange Weg vom gesteuerten zum selbständigen Lernen
im Fremdsprachenunterricht 143

Gert Solmecke:
Steuerung und Offenheit in der methodischen Gestaltung von
Fremdsprachenunterricht 155

Johannes-Peter Timm:
Freiräume organisieren für handelndes Lernen. Schulisches
Fremdsprachenlernen und -lehren im Spannungsfeld von Steuerung
und Offenheit 161

Helmut Johannes Vollmer:
Steuerung des Selbstlernens: Ein Widerspruch in sich? 169

Wolfgang Zydatiß:
Offenheit, ja gerne ... aber ungesteuert, nein danke! 181

Namen und Anschriften der Mitarbeiter 189

Bisher erschienene Arbeitspapiere 191

Vorwort

Die Diskussion über die Erforschung des eigenständigen Wirklichkeitsbereichs 'Lehren und Lernen von fremden Sprachen' hat in den letzten Jahren immer deutlicher Perspektiven für "neue" unterrichtsmethodische Verfahren und Komponenten in den Blick genommen.

Vor diesem Hintergrund erschien es folgerichtig, daß das Institut *Frühjahrskonferenz zur Erforschung des Fremdsprachenunterrichts* diese Entwicklung ebenfalls aufgreift und thematisiert. Die Veranstalter haben deshalb für die Beratungen der 13. Frühjahrskonferenz die Dimensionen *Steuerung* und *Offenheit* beim Lehren und Lernen von fremden Sprachen einander gegenübergestellt, um hierdurch das darin implizierte Spannungsfeld herauszuheben.

Zur Vorbereitung der Diskussionen wurden den Teilnehmern einer bei den vergangenen Frühjahrskonferenzen wohl bewährten Praxis folgend vorab eine Reihe von Leitfragen mit der Bitte zugesandt, in kürzeren Statements auf die darin angesprochenen Problembereiche einzugehen. Die Leitfragen lauteten:

1. Welche Bedeutung haben die Dimensionen *Steuerung* und *Offenheit* aus Ihrer Sicht für die Entwicklung einer Theorie des Fremdsprachenlehrens und -lernens?

2. Welche Untersuchungsverfahren bzw. Forschungsansätze sehen Sie als besonders geeignet für die Untersuchung von Lehr- und Lernprozessen an?
   Dabei ist besonders danach zu fragen, in welcher Form offene Lehr- und Lernprozesse einer systematischen Erforschung zugänglich sind?

3. Welche Konsequenzen ergeben sich aus Ihren eigenen bzw. vorliegenden Untersuchungen des Fremdsprachenlehr- und -lernprozesses für die Praxis des Fremdsprachenunterrichts?
   Wie weit lassen sich insbesondere die Konzepte der Steuerung und Offenheit auf Grund empirischer Untersuchungen konkretisieren?

Die nachfolgend abgedruckten Beiträge umfassen die in der Regel leicht überarbeiteten Texte der von den Konferenzteilnehmern eingereichten Statements.

Die 13. Frühjahrskonferenz konnte wiederum im Schloß Rauischholzhausen, einer Tagungsstätte der Justus Liebig Universität Gießen, und zwar in der Zeit vom 24. bis 27. Februar 1993, abgehalten werden. Die Veranstalter und Teilnehmer möchten deshalb an dieser Stelle dem Präsidenten der Universität Gießen sehr herzlich für die großzügig gewährte Gastfreundschaft danken.

Im Sommer 1993

K.-Richard Bausch   Herbert Christ   Hans-Jürgen Krumm

K.-R. Bausch

Zur Frage der Tauglichkeit von 'Steuerung' und 'Offenheit' für den eigenständigen Wirklichkeitsbereich 'Lehren und Lernen von Fremdsprachen'

1. Die Dimension 'Steuerung'

Die Dimension 'Steuerung' – meistens in adjektivischer Form gebraucht – ist konstitutiv für die Theoriebildung der Wissenschaftsdisziplin 'Sprachlehrforschung'; sie hat insbesondere im Kontext der beiden folgenden Diskussionsbereiche Bedeutung erlangt:

(a) Sie diente von Anfang an (cf. bereits Bausch 1974), und zwar stets im Kontext mit dem sog. Perspektivenwechsel (von der traditionellen Lehr- zur wissenschaftsmethodisch übergeordneten Fremdsprachenlernerperspektive), als zentraler Abgrenzungsbegriff gegenüber allen sonstigen Typen des "ungesteuerten" bzw. "natürlichen" Fremdsprachen- und Zweitsprachenerwerbs (zur Dichotomie 'Erwerben/Lernen' cf. jetzt den Überblick bei Königs 1992). Vor diesem Hintergrund wurde es dann möglich, das (institutionell bzw. unterrichtlich) gesteuerte 'Lernen und Lehren von fremden Sprachen' als eigenständigen Wirklichkeitsbereich zu definieren und zu begründen (cf. schon Koordinierungsgremium im DFG-Schwerpunkt 'Sprachlehrforschung' 1983 und jetzt z.B. Bausch/Krumm 1992), wobei die Dimension 'Steuerung' über die Kategorie der sog. Faktorenkomplexion – jeweils ausgehend von konkreten, real gegebenen Formen des Fremdsprachenlernens und -lehrens – spezifiziert werden konnte.[1]

---

[1] Es handelt sich also bei dieser Kategorie der Steuerung um einen legitimen, disziplinbildenden und damit disziplinimmanenten Begriff. Daß seit eh und je versucht worden ist, den Wirklichkeitsbereich 'Lernen und Lehren von fremden Sprachen' durch andere Wissenschaften mit ganz anders gelagerten Erkenntnisinteressen sozusagen *fremd- und fernzusteuern*, sei hier nur der Vollständig-

Auffällig und zugleich bemerkenswert an dieser wissenschaftsmethodisch ausgerichteten Begriffsverwendung ist,

- daß einerseits die Auseinandersetzung um das gesteuerte Lernen bzw. das ungesteuerte Erwerben von Fremdsprachen bis in die jüngste Vergangenheit hinein kaum an Brisanz und Aktualität verloren hat (cf. jetzt u.a. die allerdings nicht immer ganz geratene Darstellung bei Timm/Vollmer 1993),
- und daß andererseits in diesem Diskussionskontext der Steuerungsbegriff – soweit ich sehe – an keiner Stelle mit einer (wie auch immer definierten) Kategorie 'Offenheit' direkt konfrontiert worden ist.

(b) Die Dimension 'Steuerung' stellt bekanntlich seit eh und je den herausragenden Kernbegriff für unterrichtsmethodisch ausgelegte Vermittlungskonzepte dar:

Fremdsprachenlernprozesse in Gang zu setzen und vor allem schülerseitig durchführen zu lassen – so lautet grosso modo die hierbei zugrunde gelegte These – ist ohne steuernde Verfahren nicht möglich; ungesteuertes "Lernen" hingegen würde den institutionell, insbesondere den schulisch vorgegebenen Bedingungen und Zielen zuwiderlaufen. Allerdings ist für solche Ansätze festzuhalten, daß sie in der Regel sozusagen planungstheoretisch, d.h. also ausschließlich aus der *Lehr*perspektive heraus konzipiert worden sind und sich deshalb – vom heute erreichten Wissens- und Erkenntnisstand her gesprochen – auf einen abstrakt-globalen, lediglich episodisch ausgelegten (Fremdsprachen-) Lernerbegriff begrenzen mußten. Der exemplarische Verweis auf Fremdsprachenvermittlungsmethoden wie den audiolingualen Ansatz (z.B. nordamerikanischer Provenienz) oder das audiovisuelle Konzept (z.B. aus der St. Cloud-Zagreb-Schule) möge in diesem Zusammenhang genügen. Hinzu tritt im übrigen auch hier, daß die Kategorie 'Steuerung' an keiner Stelle mit der Dimension 'Offenheit' in Verbindung gebracht worden ist; der Begriff 'Steuerung' hatte vielmehr, und zwar mit großer Selbstverständlichkeit, eine Art unhinterfragte Basisfunktion für die jeweilige Vermittlungsmethode in ihrer Gesamtheit übernommen.

---

keit halber erwähnt. Eine solche Fernsteuerung erleben wir übrigens derzeit z.B. durch die Versuche, Erkenntnisse aus den sog. Neurowissenschaften auf das Fremdsprachenlernen zu transferieren (cf. exemplarisch in diesem Band den Beitrag von Bleyhl).

2. Die Dimension 'Offenheit'

Die Dimension 'Offenheit' verbleibt im Unterschied zur Kategorie 'Steuerung' sehr viel mehr im Vagen, im Alltagssprachlichen und hat bisher im streng wissenschaftlichen Diskurs (und das heißt hier – wie oben bereits angesprochen –: in einem Diskurs, der sich gezielt und in je spezifischer Weise auf die Theoriebildung für den eigenständigen Wirklichkeitsbereich des Lernens und Lehrens von Fremdsprachen konzentriert) ein eher diffuses Mauerblümchendasein gefristet.

Vor diesem Hintergrund haben meine Recherchen zur wissenschaftlichen Bestimmung des Begriffs 'Offenheit' folgerichtig bestätigt, daß sich seine Verortung außerhalb der Erkenntnisinteressen der Sprachlehrforschung, d.h. im wesentlichen in erziehungswissenschaftlichen Bereichen vollzogen hat; dabei werden – soweit ich sehe – die beiden folgenden Bereiche besonders deutlich herausgestellt:

1^a der Bereich der curricularen Entwicklungsarbeit, und zwar immer dann, wenn es um die Erstellung von sog. *offenen* Lehrplänen bzw. Curricula geht; dabei fällt auf, daß es sich in der Regel um einen letztendlich schulpolitisch motivierten Offenheitsbegriff handelt, der jeweils – definitorisch konsequent – gegen sog. *geschlossene* (und nicht etwa 'gesteuerte') Curricula abgegrenzt wird;

1^b die fächerübergreifenden Bereiche der *offenen* Erziehung, der offenen Schule, des offenen Unterrichts bzw. des *offenen* Lernens, und zwar in dem Sinne, daß hier – verkürzt gesprochen – jeweils eine "Öffnung" der gesamten, an Schule gebundenen Aktivitäten in Richtung auf die außerschulische Realität versucht wird, also in jene Richtung, die von der Sprachlehrforschung (s.o.) als 'ungesteuert' bezeichnet wird (so z.B. wenn etwa der Lernort 'Schule' in "freien" fächerübergreifenden Projektunterricht bzw. in Formen der "erlebten Landeskunde" einmündet, oder wenn alltägliche, sog. natürliche Lernformen (z.B. sanktionsfreie bzw. indirekte Korrekturverfahren u. drgl. mehr) praktiziert werden etc.).

3. Zum Stellenwert von 'Steuerung' und 'Offenheit' im Wissenschaftskonzept der Sprachlehrforschung

Die Dimension 'Steuerung' hat bereits ihre Geschichte; die wissenschaftsbildenden und vermittlungsmethodischen Rollen, die sie bisher bei der Entwicklung einer Theorie des Fremdsprachenlernens und -lehrens gespielt hat, sind heute konturierbar geworden. Hingegen müssen die Funktionen der Kategorie 'Offenheit' noch im ganzen, und zwar fachspezifisch, definiert werden. Ausgehend von diesem Sachstand sowie insbesondere unter Zugrundelegung des eingangs angesprochenen Wissenschaftskonzepts will ich im folgenden versuchen, den Zugriff auf die Kategorien 'Steuerung' und 'Offenheit' aus den darin als zentral herausgestellten Spezifika der *Fremdsprachenlerner*perspektive zu umreißen:

Faktum ist, daß wir heute über solide, erfreulich weit gestreute und größtenteils sogar empirisch abgesicherte Forschungsergebnisse zur Spezifizität von Lern-, Erwerbs- und Verhaltensqualitäten des *fremdsprachen*lernenden Individuums verfügen. Auf dieser Grundlage können somit durchaus *begründete* (nicht auf bloß subjektivem Alltagswissen beruhende) Aussagen zum Profil des Fremdsprachenlerners gemacht werden. Die wichtigsten Qualitäten und Komponenten eines in diesem Sinne abgesicherten Konzepts seien deshalb nachfolgend kurz aufgeführt (cf. ausführlicher jetzt auch Bausch 1993):

Der Fremdsprachenlerner ist zu verstehen als ein intellektuell und autonom handelndes Individuum. Das bedeutet, daß er – eingebettet in den Unterrichtsprozeß – seine *eigenen* altersspezifischen *Fremdsprachenlernprozesse* gestaltet; hierbei bringt er aktiv seine kognitiven Erfahrungen und Strategien in *selbständiger, kreativ konstruktiver* und *problemlösender* Weise in den gesamten Lernprozeß ein.

Darüber hinaus ist sein Sprachlernverhalten geprägt durch seinen gesamten, sich stetig verändernden *Sprachbesitz* und durch seine *instabilen multikulturellen Wissensstände* im Bereich der Muttersprache, häufig in einer ersten, zweiten und eventuell in weiteren Fremdsprachen sowie durch seine individuellen Lern- und Kommunikationserfahrungen.

Vor diesem Hintergrund trägt er je nach Ausbildung seiner kognitiven Fähigkeiten und in Abhängigkeit von seinen sozialen, psychisch-emotionalen Voraussetzungen und Dispositionen sowie aufgrund seines allgemeinen Weltwissens *altersspezifische Wünsche* und *Erwartungen* an den Unterricht heran, wie z.B. das Bedürfnis nach Systematik und Transparenz oder nach Abwechslungsreichtum und Vielfalt.

Dieses Qualitätsprofil macht die Ableitung von unterrichtsmethodischen Forderungen und Perspektiven möglich, die ich in der folgende Grundthese zusammenfasse:

> **Das Lernen und Lehren fremder Sprachen ist prinzipiell so zu planen und durchzuführen, daß zum einen die im Fremdsprachenlerner vorhandenen intellektuellen Merkmale Wissens- und Sprachstände konstruktiv aktiviert und zum anderen seine psychisch-emotionalen Dispositionen und Haltungen angemessen berücksichtigt werden können.**

Diese Forderung gilt – wenngleich in je spezifischer Weise – für den Unterricht mit jedweder Adressaten- und Altersgruppe; sie hat darüber hinaus Konsequenzen für die gesamte Spannbreite des Fremdsprachenlernens und -lehrens, also auch für die hier zur Debatte stehenden Faktoren 'Steuerung' und 'Offenheit'. Meine These in diesem Kontext lautet deshalb:

> **Der Fremdsprachenlerner steuert – wie bereits grundsätzlich vermerkt – auf der Basis der oben umschriebenen Qualitäten – seinen eigenen Lernprozeß** *autonom*. **Der Lehrer sowie alle anderen lehrperspektivischen Maßnahmen (Lehrwerke, Methodenkonzepte etc.) können diese Selbstlernprozesse auf der Ebene des "input" anleiten und fördern. Sie können jedoch – strictu sensu gesprochen – trotz der Einbettung in den Unterrichtsprozeß letztendlich keinesfalls verhindern, daß der Fremdsprachenlerner seinen "intake" sowie weitere, in seinem Kopf zu gestaltende Lernprozesse und -strategien eigenständig plant und durchführt; das heißt, es bleibt im Grunde stets ungewiß, ob die lehrseitig, ja in der Regel absichtsvoll und lernzielorientiert eingesetzten Steuerungsverfahren die entsprechend intendierten Fremdsprachenlernprozesse wirklich auslösen können.**[2]

---

[2] Die hier in aller Kürze referierte Konzeption wird in letzter Zeit u.a. auch durch Forschungsergebnisse aus der Zweitsprachenerwerbsforschung gestützt (Stichwort: der Fremdsprachenlerner als Hypothesentester). Sie ist allerdings *in ihrem Ansatz* nicht ganz so neu, wie häufig behauptet wird: Der Reformmethodiker Carl Friedrich Wenzel hat sich schon 1887 die Frage gestellt, wie es sich denn erkläre, daß seine Schüler immer wieder genau das Gegenteil von dem lernten, was er als Fachlehrer im Unterricht behandelt hatte. Er schlug daraufhin – wohl nicht ganz im Ernst gemeint – die Entwicklung einer *Methodik des negativen Weges* vor, d.h. eine Methodik, in der gezielt negative bzw. das Lernen gar *verhindernde Steuerungsverfahren* einzusetzen wären, um damit den selbständig agierenden Schüler – gerade "mit Fleiß" – zum gegen-

Folgt man dieser hier nur skizzenhaft umrissenen Konzeption, dann wird eine prinzipielle Differenzierung der Kategorie 'Steuerung' unumgänglich, und zwar in einen *lehrseitig angesiedelten, lediglich intentional einsetzbaren Steuerungsbegriff* einerseits und einen *lernerseitigen, mental-autonom gestaltenden* andererseits.

Des weiteren bedingt diese Konzeption, daß Fremdsprachenlernprozesse (in dem von der Sprachlehrforschung (siehe auch oben) definierten Sinne) ohne lehrseitige Steuerung nicht stattfinden (können), daß diese jedoch gleichzeitig die autonome, kognitiv-kreativ gestützte Steuerungskomponente in den Köpfen der Lerner keinesfalls behindern, sondern vielmehr positiv aktivieren und stützen soll.

Aus diesen Gegebenheiten läßt sich folgern, daß die lehrseitig einzusetzenden Steuerungsmaßnahmen stets der Dimension 'Offenheit' bedürfen; das heißt, sie sind so auszulegen, daß sie eine möglichst breite Palette der oben zusammengefaßten Fremdsprachenlernerqualitäten erreichen und lernprozeßfördernd aktivieren:

> Die Dimension 'Offenheit' kann deshalb im Rahmen des Wissenschaftskonzepts der Sprachlehrforschung weder mit 'ungesteuert' noch mit dem in der Erziehungswissenschaft etablierten Offenheitsbegriff synonym gesetzt werden; sie flankiert und ergänzt vielmehr die Kategorie 'Steuerung' in dem Sinne, daß sie einerseits mit ihr einen ständigen, lernaktivierenden Interaktionsprozeß bildet und andererseits die lehrseitigen Steuerungsverfahren – konsequent die oben zusammengefaßten Lernerqualitäten in den Blick nehmend – vielfältig, abwechslungsvoll sowie ansprechend bereichert, so daß die als intentional determinierte Gesamtdimension der Steuerung tatsächlich offen gehalten wird.

4. Zum Schluß ein Beispiel in aller Kürze: das Projekt 'Abwechslung' und 'Vielfalt'

Das Lernen und Lehren fremder Sprachen wird heute überwiegend durch Methodenkonzepte gesteuert, die zwar konsequent dem kommunikativen Ansatz folgen, gleichzeitig jedoch oftmals auf die "sprechsprachliche Bewältigung" (sic!) von trivialen Alltagssituationen begrenzt bleiben.

---

teiligen Handeln, also halt zum "erfolgreichen Lernen" (wie Wenzel schrieb) zu motivieren.

Diese Beobachtung ist für die Realität des Unterrichts – übrigens von der Grundschule bis zur Erwachsenenbildung – in vielen Weltregionen gleichermaßen symptomatisch; sie gilt in besonders ausgeprägter Form für den Anfangsunterricht. Allein schon ein kurzer Blick in die gängigen Lehrwerke liefert hierfür augenfällige Indizien und vielseitige Beispiele.

Die skizzierte, allgemein vorherrschende Unterrichtswirklichkeit zieht häufig *Monotonie* nach sich und löst folglich bei Lernern und Lehrern Demotivation und Langeweile aus; neuere, systematisch empirisch ausgelegte Unterrichtsanalysen erhärten diesen Alltagseindruck immer stärker.

Angesichts dieser Entwicklung ist es höchste Zeit, auf den skizzierten Mißstand aufmerksam zu machen. Ich formuliere deshalb die folgende These:

Sprachunterricht, der sich nur auf triviale Alltagskommunikation konzentriert ("sich begrüßen", "sich vorstellen", "eine Auskunft erbitten", "ein Glas Milch, eine Tasse Kaffee bestellen"), unterfordert insbesondere Intellektualität, Kognitivität und Kreativität der Lerner; er aktiviert nur ein Minimum der latent vorhandenen Kapazitäten, Einstellungen und Haltungen.

Die in dieser These ausgesprochene Kritik an einem vielerorts nachweislich noch immer praktizierten, extrem reduktionistischen Unterrichtskonzept ist grundsätzlicher Natur.

Ausgehend von dieser lernerseitig begründeten These haben wir deshalb eine Reihe von unterrichtsmethodischen Vorschlägen erarbeitet, die zur Überwindung der hier zusammengefaßten "Unterforderungspraxis" beitragen sollen (cf. den Überblick bei Bausch 1993); hierzu zählt u.a. das Projekt 'Abwechslung und Vielfalt', das per definitionem auf der Dimension 'Offenheit' im oben beschriebenen Sinne aufbaut und die grundsätzlich kommunikativ ausgelegten, intentional eingesetzten Steuerungsverfahren auf unkonventionelle, phantasiereiche Weise anreichern will, so daß das Lernen fremder Sprachen (wieder) mit Spaß, mit kognitivem Pfiff und vor allem mit spielerischer Intellektualität flankiert werden kann. Das Projekt versucht im übrigen, vergleichbare Tendenzen und Vorschläge aus der fremdsprachmethodischen Fachliteratur sowie insbesondere aus Lehrwerken der jüngsten Generation für die Fremdsprachen 'Deutsch', 'Englisch', 'Französisch', 'Italienisch' und 'Spanisch' zu analysieren und dokumentarisch zu integrieren (cf. hierzu: Arbeitsgruppe am Lehrstuhl für Sprachlehrforschung der Ruhr-Universität Bochum, erscheint).

Vor diesem Hintergrund werden im folgenden einige wenige Bereiche kurz aufgeführt, in denen sich die offenen Kategorien 'Abwechslung und Vielfalt' bereits deutlich erkennen lassen[3]:

(a) mit zunehmender Tendenz in den neueren Lehrwerken:

- z.B. durch das phasenunabhängige Beistellen von sogenannten Null- oder "Verschnauftexten", von authentischen Texten also, die den Schülern "einfach so" ohne jegliche Anweisung zur freiwilligen und selbständig-kreativen, den Unterrichtsablauf flankierenden Lektüre angeboten werden (hier einige wenige Beispiele: Das Gedicht 'L'espace humaine' von R. Queneau in: *Espace 1* (1990); das Gedicht 'Tudo isto é fado' von A.N.-F. Carvalho in: *Vamos là* (1989); der Text: 'Die Geschichte vom Weihnachtsbraten' von M. Rettich in: *Prima* (1992), den dialektal gehaltenen Text von J. Buttitta 'Lingua e dialetto' in: *Buongiorno 2* (1986) etc. etc.);

- z.B. durch das wohldosierte Einkleiden wichtiger Grammatikregeln in bildgestützte Texte, in Schüttelreime bzw. in spaßige Verse, in Graffiti, in humorvolle Zitate, in konkrete authentische Texte (cf. u.a. auch z.B. Titel wie 'Joke your Way through English Grammar: Wichtige Regeln zum Anlachen' (1990), mit einer Fülle spritziger Merkverse zur englischen Grammatik, angereichert mit Wandsprüchen u. drgl. mehr);

- z.B. durch die abwechslungsreich verteilte Verwendung von mnemotechnischen Verfahren, z.B. über psychologische Prozesse wie "Recording", "Delating", "Retrieving", über "Akronyme", über Reime, über sogenannte Merkverse, mit Hilfe der Schlüsselwortmethode (Keywordmethod), über Vorstellungsbilder und nicht zuletzt natürlich durch die Wiedereinführung des Instituts der *Eselsbrücken*, das – wie ja wohl jeder Fremdsprachensprecher bestätigen wird – oftmals "lebenslange" gedächtnisstützende Funktionen nach sich ziehen

---

[3] Wegen der hier begrenzten Darstellungsmöglichkeiten können die folgenden Exempla nur einen stark begrenzten und lückenhaften Eindruck vermitteln; so muß z.B. aus dem genannten Grund das gesamte Bildmaterial, mit dessen Hilfe z.B. häufig kognitiv-assoziative Verfahren mit Witz und Pfiff verbunden werden, leider an dieser Stelle ausgespart bleiben (cf. jedoch die ausführliche Gesamtdarstellung bei: Arbeitsgruppen am Lehrstuhl für Sprachlehrforschung der Ruhr Universität Bochum, erscheint.)

kann, jedoch in zahlreichen kommunikativen Lehrwerken völlig aus dem Blick geraten ist; hier einige wenige Beispiele:

" 'st' wird nie getrennt, und wenn das
ganze Schulhaus
brennt",

"Geburt ist nascita,
Tod ist la morte –
dazwischen la vita,
die wichtigsten Worte",

"Das *où* als *wo* hat einen Floh!",

"he, she, it – ein '-s' muß mit!",

als Zungenbrecher:
"Wer 'brauchen' ohne 'zu' gebraucht –
braucht 'brauchen'
gar nicht zu
gebrauchen",

als Merkvers:
"Nach unten fällt er in den Schlag,
das ist, todmüde, *accent grave*.
Nach oben spitz' zu ohne Klecks,
das ist der *accent circonflexe*."

(b) mit zunehmender Tendenz in didaktisch-methodischen Handreichungen:

– z.B. im Gesamtbereich der kreativen und interaktiven Übungsformen bis hin zu auf Ganzheitlichkeit ausgerichteten Übungsformen, wie z.B. kreative Texte mit Zeichnungen ausschmücken, mit Musik unterlegen lassen etc. (cf. exemplarisch Roche, J.M./Webber, M.J., erscheint);

– z.B. die Erstellung von sogenannten Phrasendreschmaschinen als Lernhilfen für idiomatische, feststehende Wendungen etc.;

- z.B. in allen Formen des Sprachlernspielbereichs (Fun and Games: Jigsaw Reading; Action Mazes; Scenarios etc., cf. exemplarisch Oller, J.W./Richard-Amato, P.A., 1987).

Die Aufzählung könnte unschwer fortgesetzt werden. Sie wäre desgleichen auf weitere Bereiche ausdehnbar, so z.B. auf das gründliche Überdenken der banal-trivialen Texte, die gerade in kommunikativen Lehrwerken noch weit verbreitet und – wie man heute durchaus begründet weiß – kaum geeignet sind, die intellektuelle Neugier der Lerner zu wecken; ich verweise wiederum exemplarisch auf das soeben erschienene Lehrwerk von Enzensberger, H.M. et al. (1993), *Die Suche. Das andere Lehrwerk für Deutsch als Fremdsprache*, in dem elegant und hintergründig formulierte Texte den gesamten Sprachlernprozeß steuern (und nicht umgekehrt) oder aber auf Monnerie, A. (1987), *Le français au présent*, eine Textgrammatik, in der die Strukturen jeweils über meist poetische Originaltexte präsentiert, durch amüsante Skizzen assoziativ-kognitiv gestützt und erst dann durch gezielte Rückbezüge auf diese Texte geübt werden.

'Steuerung' und 'Offenheit' stehen aufgrund der Erkenntnisse, die wir in dem Projekt 'Abwechslung und Vielfalt' gewonnen haben, für den Wirklichkeitsbereich 'Lernen und Lehren fremder Sprachen' in der Tat in einem extrem komplexen und kontinuierlichen Spannungsverhältnis. Ihre unterrichtsmethodische Relevanz ist unbestreitbar. Dennoch steckt die systematische Berücksichtigung im alltäglichen Geschäft des Fremdsprachenunterrichts ganz offensichtlich noch in den Anfängen; dies gilt insbesondere für die Dimension 'Offenheit', deren Erforschung deshalb für den Augenblick kaum reelle Chancen haben kann; dabei ist allerdings u.a. aufgrund der Erfahrungen, die wir in unserem Bochumer Tertiärsprachenprojekt gemacht haben, schon jetzt evident, daß das untersuchungsmethodische Herangehen keinesfalls auf qualitative Designs und den Zugriff auf subjektive Theorien bei Lernern und Lehrern wird verzichten können.

Literaturverzeichnis

Arbeitsgruppe am Lehrstuhl für Sprachlehrforschung der Ruhr Universität Bochum, *Wie es ihnen gefällt: Materialsammlung für einen abwechslungsreichen Fremdsprachenunterricht.* Bochum (erscheint).

Bausch, K.-R. (1974). "Vorwort". *Sprachlehrforschung. Zeitschrift für Literaturwissenschaft und Linguistik.* Königstein 1974, 7-13.

Bausch, K.-R. (1993). Das Lernen und Lehren von Deutsch als Fremdsprache: Unterrichtsmethodische Tendenzen und Thesen aus der Sicht eines Sprachlehrforschers. *IDV-Rundbrief/Jubiläumsnummer.* Bern, Juli 1993, 24-41.

Bausch, K.-.R. & Krumm, H.-J. (1992). Sprachlehrforschung. In: Bausch, K.-R., Christ, H., Hüllen, W. & Krumm, H.-J. (Hrsg.). *Handbuch Fremdsprachenunterricht.* Tübingen, 7-12.

Bosewitz, R. & Kleinschroth, R. (1990). *Joke your Way through English Grammar: Wichtige Regeln zum Anlachen.* Hamburg.

Enzensberger, H.M., Eismann, V., v. Eunen, K., Helmling, B., Kast, B., Mummert, I. & Thurmair, M. (1993). *Die Suche. Das andere Lehrwerk für Deutsch als Fremdsprache.* München.

Königs, F.G. (1992). Die Dichotomie 'Lernen/Erwerben'. In Bausch, K.-R., Christ, H., Hüllen, W. & Krumm, H.-J. (Hrsg.). *Handbuch Fremdsprachenunterricht.* Tübingen, 356-359.

Koordinierungsgremium im DFG-Schwerpunkt 'Sprachlehrforschung' (1983). *Sprachlehr und Sprachlernforschung: Begründung einer Disziplin.* Tübingen.

Monnerie, A. (1987). *Le français au présent. Grammaire, français langue étrangère.* Paris.

Oller, J.W. & Richard-Amato, P.A. (Hrsg.). (1987). *Methods that Work. A Smorgasbord of Ideas for Language Teachers.* Cambridge/Mass.

Roche, J.M. & Webber, M.J. (erscheint). *Für- und Widersprüche. Ein integriertes Text-Buch für Colleges und Universitäten.* New Haven.

Timm, J.P. & Vollmer, H.J. (1993). Fremdsprachenforschung: Zur Konzeption und Perspektive eines Wissenschaftsbereichs. *Zeitschrift für Fremdsprachenforschung, 4,* 1-47.

Dagmar Blei

Steuerung und Offenheit als Komponenten eines integrativen Reformkonzepts

1. Zum Begriffsverständnis

Die Diskussion über das Verhältnis von Steuerung und Offenheit im Fremdsprachenlehr- und -lernprozeß unter dem Aspekt abzuleitender Konsequenzen für die Lehre und Forschung in der Aus- und Fortbildung von Fremdsprachenlehrern ordnet sich m.E. in die internationalen Bemühungen um eine zukunftsorientierte Bildungsreform ein (vgl. dazu Dewey 1935, Furck 1989). Sie resultiert aus der latenten Unzufriedenheit mit dem gegenwärtigen Schul- und Hochschulbetrieb und strebt nach adäquaten Reaktionen auf neue Bildungserfordernisse und -bedingungen, die Veränderungen der Ziele, Inhalte und Methoden des neusprachlichen Fremdsprachenunterrichts ebenso einschließen wie bildungspolitische Schlußfolgerungen aus den veränderten Beziehungsrelationen zwischen Lehrenden und Lernenden, gesteuertem und ungesteuertem Fremdsprachenerwerb oder auch institutionellen und nichtinstitutionellen Erwerbsbedingungen. Daraus ergibt sich ein integratives Reformkonzept, dessen Anspruch auf eine wahrhaftige Demokratisierung und Humanisierung von Unterricht und Schule unter den konkrethistorischen bildungspolitischen Bedingungen der Gegenwart mit Zukunftsvisionen über ein Lehren und Lernen von Fremdsprachen innerhalb einer multilingualen/-kulturellen Gesellschaft einhergeht (vgl. dazu Pommerin-Götze 1992). Eine konzeptionelle Schlüsselposition könnten dabei die Begriffe Steuerung und Offenheit einnehmen, weil sie einerseits die Bestandslegitimation von Traditionellem hinterfragen und andererseits eine Legitimationschance für Nichttraditionelles eröffnen.

Unter *Steuerung* im fremdsprachlichen Lehr- und Lernprozeß verstehe ich die in den Curricula, Prüfungs- und Studienordnungen u.ä. festgeschriebenen (gesellschaftlich legalisierten) Bildungs- und Erziehungsziele sowie deren gelenkte Umsetzung im Unterricht, in Lehr- und Lernmaterialien o.ä. unter institutionalisierten/professionalisierten Aneignungsbedingungen. *Offenheit* hingegen ist (im weitesten Sinne) eine Periphrase für alle

Tendenzen und Bemühungen des In-Frage-Stellens des gegenwärtigen FU, seiner Ziele, Inhalte, Prinzipien, Methoden, Instrumentarien u.a.m. im Kontext neuer gesellschaftlicher Entwicklungen, insbesondere vertiefender Erkenntnisse über die Konsequenzen der Lernerorientierung für die Theorie und Praxis des Fremdsprachenerwerbs. Im engeren Sinne ist die Offenheit auf allen Ebenen des Lehr- und Lernprozesses in Referenz zu den gesellschaftlich determinierten Bildungszielen/-inhalten, zu den realen Lehr- und Unterrichtsbedingungen, zum Niveau der Lehrenden und Lernen und anderen Faktoren zu thematisieren. Insofern stehen *Steuerung und Offenheit* einerseits in einem komplementären (sich gegenseitig ergänzenden) Verhältnis, das auf wechselnde Ansprüche und Perspektiven der jeweiligen Bildungsgesellschaft(en) reagiert und das sich in seinen besten Zeiten stets in einem produktiven Spannungsverhältnis zwischen Konstanz des Bewährten und Öffnung gegenüber dem Neuen befand. Andererseits läßt sich die *Beziehung von Steuerung und Offenheit* zu den Zielen, Inhalten und Methoden des Fremsprachenunterrichts als ein reziprokes (aufeinander bezügliches) charakterisieren. Sie resultiert aus dem gesellschaftlichen Auftrag des Lehrers, die Wissensvermittlung und Könnensentwicklung im Fremdsprachenunterricht mit der Befähigung des Lerners zum sozialen Handeln zu verbinden, was sich u.a. in qualitativ-quantitativen Beziehungsrelationen varianter und invarianter Komponenten des Lehr- und Lernprozesses äußert.

2. Zum Verhältnis von Steuerung und Offenheit im Fremdsprachenunterricht

Die Beschäftigung mit der Beziehung von Steuerung und Offenheit im Fremdsprachenunterricht zielt im Kern auf eine Neubewertung bzw. Neuordnung und Erweiterung bzw. Ergänzung der oftmals recht heterogenen, in ihrem theorienbildenden Zusammenhang noch wenig erforschten Komponenten effektiven Lehrens und Lernens von Fremdsprachen. Im folgenden soll versucht werden, einige Ansätze für Umstrukturierungen bzw. Neubewertungen auf verschiedenen Ebenen zu markieren (u.a. nach Anregungen von: Aebli 1983:19ff., Gasser 1989:55ff.).

2.1. Ziel- und Planungsebene

Die Vorzüge geronnener gesellschaftlicher Erfahrungen und gespeicherter Wissensbestände in systematischen, perfektioniert durchdachten Lehrgängen, -plänen und -werken für den Fremdsprachenunterricht garantieren zwar eine Orientierung auf das Wesentliche, sie gestatten aber in aller Regel dem Lernenden keine bzw. nur geringe Handlungs- und Entscheidungsfreiräume bei der Festlegung seiner Lernziele sowie der Planung individuell notwendiger Lernschritte. Selbsterkundung, Selbsterfahrung, Selbstorganisation von Bildungs- und Erziehungszielen bieten hingegen dem Lernenden Anlässe zur Hinterfragung gesellschaftlich postulierter Bildungsideale und räumen dem Lernenden erweiterte Möglichkeiten differenzierter sinnstiftender Tätigkeiten für Lehr- und Lernzwecke ein, die er selbst auf Gegenwartserfüllung und Zukunftsorientiertheit ausrichten kann.

2.2. Stoffebene

Die gesellschaftlich sanktionierten, mehrheitlich fachdisziplinintern und monokulturell vorstrukturierten Bildungs- und Erziehungsinhalte des Fremdsprachenunterrichts zum Zwecke der Aneignung verbaler Kenntnisse, der Übermittlung von Fremderfahrung, der Aufnahme gespeicherter Anschauung u.a.m. bedürfen der Ergänzung durch lernerselbstbestimmte, handlungsorientierte und interkulturell relevante Bildungsinhalte, die sowohl sinnlich Erlebbares, Glaubhaftes und Nützliches bieten als auch sozialen Erfahrungsraum (für fremdsprachig selbstgesteuerte, persönlich bedeutsame Tätigkeiten) möglich machen.

2.3. Prozeßebene

Die Realisierung des Fremdsprachenunterrichts nach Methodentrends (grammatische, audiolinguale/-visuelle, kommunikative ...) hat ohne Zweifel zu einer Favorisierung bzw. Selektion bestimmter Lehrmethoden, Unterrichtsprinzipien, Lerntechniken usw. effektiven Fremdsprachenerwerbs geführt. Die gesellschaftliche Notwendigkeit strukturierten Lernens für die Bewältigung ganzheitlicher Situationen fordert jedoch mehr denn je Lehr- und Lernkonzepte, bei denen der Lerner für die Organisation und Gestaltung seines eigenen Lernprozesses beim schulischen und außerschulischen Spracherwerb während der Ausbildungszeit und darüber hinaus befähigt wird. Außerdem kann durch das Erlebnis neuer Lernkulturen in Unterrichtsformen mit

Gruppenarbeit, des Projektlernens, der Freiwahlarbeit, der Planspiele u. dgl. mehr sowie durch die Einbeziehung alternativer Lehr- und Lernprinzipien/-Methoden, wie sie z.B. die Suggestopädie erprobt hat, oder auch durch das Entwickeln mnemotechnischer Lernhilfen, beispielsweise über individuelle Visualisierungen von Lernproblemen, ein Reservoir von Entscheidungsmöglichkeiten aufgebaut werden, aus dem der Lerner eigenverantwortlich auswählen kann.

2.4. Lernerebene

Da allein die Steuerung der Lernenden über traditionelle Motivationen des institutionalisierten Fremdsprachenunterrichts (Lehrpläne, -konzepte, -materialien, Unterrichtsformen, Lehreraktivitäten u.a.m.) zu kurz greift, um eine dauerhafte Eigensteuerung des Lernenden zu erreichen, ist unter Akzeptanz bzw. Berücksichtigung individueller Lernervoraussetzungen/-bedürfnisse die Transparenz der Lehrpläne, Lernziele, Prüfungsverfahren zu garantieren, sind dem Lerner Mitbestimmungsrechte im methodischen Bereich einzuräumen und vielfältige Varianten symmetrischer Interaktion zu erproben.

2.5. Institutionelle Ebene

Die gesellschaftlich gegebenen Ausbildungsgarantien für bestimmte Schul- bzw. Standardsprachen, für die Ausbildung von Fremdsprachenlehrern, für die Gewährleistung der Rahmenbedingungen im institutionellen Fremdsprachenunterricht genügen nicht, um dem berechtigten Wunsch vieler Lernenden nach differenziertem Erwerb verschiedener Fremdsprachen, auf unterschiedlichem Niveau, bei unterschiedlichem zeitlichen Umfang, mit unterschiedlicher Zielsetzung auf unterschiedliche Art und Weise auch nur annähernd nachzukommen. Als Konsequenz ergibt sich u.a. die Akzeptanz erweiterter Entscheidungsfreiheiten im Sprachwahlverhalten der Lerner, ihr Recht auf Mitbestimmung eines lernerorientierten, institutionalisierten FU sowie ihr Anspruch auf effektive Nutzung vorhandener Lehr- und Lernkapazitäten der gesamten Gesellschaft bei Konstanz oder gar Reduzierung der (inter-) nationalen Bildungsfonds.

3. Aufgabenfelder zur systematischen Erforschung offener Lehr- und Lernprozesse

Im Bereich der Lehrerbildungsforschung (genauer: der hochschulgemäßen Aus- und Fortbildung von ausländischen DaF- und deutschen DaZ-LehrerInnen) ergeben sich verschiedene Aufgabenfelder, die sich in schon verfügbare Forschungsansätze zur Effektivierung der Fremdsprachenlehrerausbildung einordnen lassen. Neu ist an ihnen, daß sie auf den konsequenten Perspektivwechsel vom (Hochschul-) Lehrer zum Studierenden (Lerner), auf die Komplementär- bzw. Kontrastbeziehungen gesteuerter bzw. offener Lehr- und Lernprozesse im universitären Bereich sowie auf eine gegenstandsadäquate Erfassung ihrer spezifischen Leistungspotenzen bei erwachsenen Lernern ausgerichtet sind. Auf einige Aufgabenfelder sei auswahlweise verwiesen: Auf der *Planungsebene* müßten über Tätigkeitsanalysen differenzierte Zielbilder für die studien- und berufsrelevanten Kompetenzstufen bestimmter Lernergruppen erarbeitet werden, die sowohl fachliche als auch persönlichkeitsbildende Anforderungen einschließen (vgl. Leontjew 1979:75ff.). Sprachstandsanalysen zur Ermittlung des mutter-/fremdsprachlichen Lernerniveaus wären ein möglicher Zugang, um den Handlungsspielraum für Lerneraktivitäten innerhalb einer Ein- bzw. Mehrsprachendidaktik zu markieren bzw. konzeptionell/unterrichtspraktisch ausnutzen zu können.

Teiluntersuchungen zur Formulierung von Aufgaben und Übungsinstruktionen für gesteuerte und offene Lehr- und Lernprozesse könnten Aufschlüsse über Gemeinsamkeiten/Unterschiede aktivierender Instruktionen beim institutionellen und/oder Selbstlernen von einer (mehreren) Fremdsprache(n) geben. Evaluierungen zum Stellenwert der Themen, Texte, Situationen in Curricula, Lehrbüchern, (Computer-) Selbstlernmaterialien, Fernstudienbriefen u.ä. wären evtl. geeignet, um Rückschlüsse auf eine lernprozeßfördernde Sprach- und Sachstoffauswahl ziehen zu können. Auf der *Umsetzungsebene* sollten Untersuchungen angestrebt werden, die signifikante Ergebnisse zur Gewährleistung individueller Progression in offenen (universitären) Unterrichtsformen, zur Bewertung von Prozeßqualitäten einzelner Lernertätigkeiten (z.B. während der Projektarbeit) sowie zur fächer- und lehrstoffübergreifenden Wechselwirkung von Lernstrategien/-techniken im Fremdsprachenunterricht auf Hochschulniveau erbringen. Untersuchungsfelder könnten die Ausbildungsbereiche DaZ in monolingualen/-kulturellen

(deutschen) Lernergruppen im Vergleich zu multilingualen/-kulturellen des studienbegleitenden Deutschunterrichts sein. Das Lerner-Tagebuch könnte Aufschlüsse über individuell bedeutsame Komponenten gesteuerter bzw. offener Lehr- und Lernprozesse geben, denn:
- es registriert und dokumentiert beobachtbare Abläufe/Phasen in ihrer Wirkung auf den Lerner,
- es ermöglicht Vergleiche zwischen den Lernern zu ein und demselben Lehr-und Lernereignis, die überindividuelle Verallgemeinerungen, Klassifikationen, Merkmalserfassungen u.a.m. zulassen,
- es macht Veränderungen im Verhalten der/des Lerner/s transparent, die auf prozessuale Wirkungszusammenhänge einzelner Komponenten gesteuerter und offener Lehr-und Lernprozesse schließen lassen,
- es öffnet über empirische Einzelbeobachtungen den Blick für Invarianten intra- und interkulturell lernerwirksamer Lehr- und Lernprozesse.

Das Lernberater-Tagebuch könnte dagegen als Regulativ wirken, wobei der Akzent bei der Ermittlung lernerdifferenzierter Beratung läge, was über Video-, Tonbandaufzeichnungen, Lernerbefragungen u.a.m. zu objektivieren wäre.

4. Einige Konsequenzen für die Lehrerbildung

Die hochschulgemäße Aus-, Fort- und Weiterbildung von DaF-/DaZ-LehrerInnen kann aus den bereits vorliegenden Untersuchungen zu den gesteuerten/offenen Lehr- und Lernprozessen im Fremdsprachenunterricht Konsequenzen ziehen, die auf verschiedenen Ebenen liegen. Dazu gehören u.a. (vgl. auch Bausch et al. 1990):
- die Erweiterung der Studieninhalte in der Ausbildung von Lehrern für den Fremdsprachenunterricht durch die vorhandenen Erkenntnisse über die Lehr- und Lernpotenzen neuer Lernkulturen innerhalb pluralistischer Methodenkonzepte und des Leitbildes vom emanzipierten Lerner,
- die durchgängige Veränderung der Darstellungsperspektive bei der hochschuldidaktischen Vermittlung des Lehrstoffes über bewährte Faktoren, Prinzipien, Methoden des institutionellen Fremdsprachenunterrichts für bestimmte Schulstufen/-arten, Lernergruppen und Aneignungsbedingungen,

- die Überarbeitung der Prüfungs- und Studienordnungen jeweiliger Lehrämter mit dem Ziel der Festschreibung adäquater Anforderungen, die sich aus den veränderten Prämissen eines mündigen Lerners in einem demokratischen Hochschulerneuerungskonzept ergeben.
- die konsequente Einbeziehung offener Unterrichtsformen in die Hochschullehre (Projekte, Werkstattarbeit, Tandemunterricht, interaktive Arbeitsformen in Seminaren, Übungen etc.),
- die Verstärkung interdisziplinärer Aufgabenstellungen, deren Lösungen auf Interaktion zwischen den Lernern und Kooperation mit der gesellschaftlichen/pädagogischen Praxis drängen,
- die Vermittlung, Erprobung und Evaluierung von unterrichtsmethodischen Varianten der Kombination von Steuerung und Offenheit auf allen Ebenen des fremdsprachigen Lehr- und Lernprozesses,
- die Bereicherung von Fortbildungsveranstaltungen für Fremdsprachenlehrer durch Inhalte zur Selbstlerndiagnostik/-therapie und Trainingsprogramme für Lernberatung. Dazu gehören einerseits Verfahren/Kriterien für die Lernerselbstbestimmung als auch Beurteilungsaspekte für Lernerleistungen innerhalb offener Unterrichtsformen. Einen besonderen Schwerpunkt sollten Lernbera tungsstrategien und Lernberatungstechniken unter Ausnutzung lernpsychologischer Erkenntnisse über die Organisation und über das Funktionieren menschlichen Wissens in der Tätigkeit bilden (vgl. dazu Hoffmann 1986:41ff., Velickovskij 1988:70ff.).

Insgesamt gesehen steht wohl die hochschulpädagogische/-didaktische Praxis noch am Anfang der Umsetzung dieser Konsequenzen, deren Gelingen nicht nur vom notwendigen Theoriezuwachs abhängig sein dürfte, sondern von der realen Chance, sich innerhalb eines integrativen Reformkonzeptes zur Demokratisierung und Humanisierung von Unterricht/(Hoch-)Schule und Leben/Gesellschaft entfalten zu können.

Literaturverzeichnis

Aebli, H. (1983). *Zwölf Grundformen des Lernens : eine allgemeine Didaktik auf psychologischer Grundlage*. Stuttgart.
Bausch, K.-R., Christ, H. & Krumm, H.-J. (Hrsg.). (1990). *Die Ausbildung von Fremdsprachenlehrern : Gegenstand der Forschung. Arbeitspapiere*

der 10. Frühjahrskonferenz zur Erforschung des Fremdsprachenunterrichts. Bochum.

Dewey, J. (1935). Der Ausweg aus dem pädagogischen Wirrwarr. In Dewey, J. & Kilpatrick, W.H. (1935). *Der Projekt-Plan. Grundlegung und Praxis.* Weimar, 85-101.

Furck, C. L. (1989). *Innere und äußere Schulreform.* Hamburg.

Gasser, P. (1989). *Eine neue Lernkultur für Sekundar-, Bezirks- und Mittelschulen.* Gerlafingen.

Hoffmann, J. (1986). *Die Welt der Begriffe.* Berlin.

Leontjew, A. N. (1979). *Tätigkeit, Bewußtsein, Persönlichkeit.* Berlin.

Pommerin-Götze, G., Jehle-Santoso, B. & Bozikake-Leisch, E. (Hrsg.). (1992). *Es geht auch anders! Leben und Lernen in der multikulturellen Gesellschaft.* Frankfurt a.M.

Velickovskij, B. (1988). *Wissen und Handeln.* Berlin.

K.-Richard Bausch/Herbert Christ/Hans-Jürgen Krumm (Hrsg.). (1993). *Fremdsprachenlehr- und -lernprozesse im Spannungsfeld von Steuerung und Offenheit. Arbeitspapiere der 13. Frühjahrskonferenz zur Erforschung des Fremdsprachenunterrichts.* Bochum, S. 27–42.

Werner Bleyhl

Nicht Steuerung, Selbstorganisation ist der Schlüssel

Mit der Themenstellung *Fremdsprachenlehr- und -lernprozesse im Spannungsfeld von Steuerung und Offenheit* ist auf den Kern des Verständnisses von Fremdsprachenunterricht gezielt. Dabei muß, will die Fremdsprachendidaktik/Sprachlehrforschung als wissenschaftliche Disziplin ernst genommen werden, sie sich auf der Höhe des Welt- und Menschenbildes ihrer Zeit befinden. Es erscheint jedoch fraglich, ob mit der Denkweise, die alltagssprachlich hinter den Begriffen *Steuerung* und *Offenheit* steht, das Phänomen Fremdsprachenlernen überhaupt adäquat erfaßt werden kann.

1. Blick auf die Theorie des Fremdsprachenlehrens und -lernens

Der Sachverhalt erfordert zunächst den Versuch, die Struktur des Lehr-/Lern-Prozesses im Sprachunterricht zu fassen.

Zuerst muß als Grundlage ein angemessenes Verständnis der Sprache vorliegen. Sprache soll hier verstanden werden als ein dynamisches Etwas, das seine Stabilität aus der Vielzahl der Beziehungen und damit aus der Vielzahl der Zusammenhänge, der Referenzen zwischen den verschiedenen Komponenten gewinnt. Um es in den Worten Jakobsons (1971 in: Oksaar 1977:202) zu sagen:

> "Jede Ebene der Sprache von ihren letzten diskreten Einheiten bis zur Totalität des Gesprächs und jede Ebene der Sprachproduktion und -perzeption ist im Hinblick auf immanente, autonome Gesetze und zugleich auf die beständige Interaktion der verschiedenen Ebenen ebenso wie auf die integrale Struktur von sprachlichem Kode und Mitteilungen (alias langue und parole) in einem fortwährenden Wechselspiel zu behandeln."

Weil sich jedes Element auf andere Elemente bezieht, entsteht dadurch ein Netz von simultan vieldimensionalen Beziehungen und wechselseitigen Bedingungen: das Ganze wird zu einem System, das (bei allen Beziehungspunkten zur Welt) selbstbezüglich oder selbstreferentiell zu nennen ist.

Ein solches System gilt es nun im Lernenden, genauer gesagt im Gehirn eines Lernenden, aufzubauen, ein Aufbau, der während der Erfahrung der *parole* geschieht. Das Gehirn ist nun seinerseits das Paradebeispiel für ein selbstreferentielles System. Seine inneren Zustände, seine (Teil-)Befindlichkeiten, interagieren zyklisch miteinander. Die Kausalität verläuft nicht linear, sondern multidimensional 'nonlinear ', eben in jenem angesprochenen fortwährenden gegenseitigen Wechselspiel. Jeder Zustand des Systems ist an der Hervorbringung des jeweils nächsten Zustands konstitutiv beteiligt. Zugleich ist es als selbstbezügliches System hinsichtlich seiner Zustände operational abgeschlossen. Diese sind zwar teilweise durch äußere Ereignisse beeinflußbar, modulierbar, sie sind aber nicht steuerbar. Das System 'verfügt' nämlich selbst aktiv über die Ressourcen der Umgebung, d.h. entsprechend seinen Fähigkeiten der Entnahme von Information aus der Umwelt und entsprechend seinen Bedürfnissen wählt es selbst aus und 'fügt' die für es passend erscheinenden Stücke bedarfsgerecht zusammen. Es bestimmt somit selbst, welche Umweltereignisse in welcher Weise auf seine Zustandsfolge einwirken können. Es wählt aus dem *input* aus und rekonstruiert sich ihn als *intake*. (Hier sei zunächst nur der Systemcharakter des Gehirns betont; auf seine Arbeitsweise wird gleich näher einzugehen sein.)

Aber der einzelne Lerner ist wiederum Teil einer größeren Einheit, der des Unterrichts. Dieses Unterrichtsgeschehen stellt als Einheit verstanden ein 'soziales System' dar. Auf dieser Ebene ist nicht eine Individualperspektive angebracht, denn der Unterricht mit all seinen Teilnehmern, seinem gesamten sozialen Denken, Sagen und Tun, kann wieder als eigenes System betrachtet werden. Auch dieses soziale System organisiert sich selbst, auch in ihm liegt, wenn es seinen Zweck erfüllen soll, eine wechselseitige, selbstreferentielle funktionelle Verkettung der Komponenten vor. Im gemeinsamen Handeln (vgl. Bleyhl 1993), im Funktionieren der Kooperation erfolgt dabei das Aushandeln der Bedeutungen und der Aufbau der gemeinsamen Kultur – und zugleich der Auf- und Ausbau des Sprachsystems im Gehirn jedes einzelnen Teilnehmers.

Um diese Beziehungen in einem (zugegeben vereinfachenden und das Trennende zu sehr betonenden) Bild zu verdeutlichen, könnte man den Komplex des fremdsprachlichen Lehr-/Lern-Prozesses so als eine Schachtel in der Schachtel in der Schachtel darstellen. (Um die Metaphorik noch zu verdeutlichen: Im Unterricht agiert der Lehrer in seiner Eigenschaft als *en-*

seignant (vgl. Edmondson in diesem Band), in seiner Eigenschaft als *professeur* ist er dagegen Teil der 'Schachtel' Institution (vgl. Bausch u.a. 1989).) Und jede Schachtel hat Systemcharakter und organisiert sich selbst, die Sprache, wie der Lerner, wie der Unterricht.

Selbst wenn das neu entstehende System der Fremdsprache anfangs parallel zur Erstsprache erlernt wird (etwa mittels der Übersetzungsmethode), muß es – will es lebendig und für die Welt tauglich werden – auch selbstbezüglich werden. Es muß sich in seinen verschiedenen Teilen aufeinander beziehen, ein Beziehungsgeflecht auf- und ausbauen, es muß sich in seinen Komponenten gegenseitig abstützen.

– Blick auf das Gehirn des Lernenden

Das Gehirn, gesehen aus der Perspektive der Neurowissenschaften bzw. der Biologie (Roth 1986), hat als Organ die Aufgabe der Steuerung des Verhaltens. Dieses Verhalten hat den Zweck, das Überleben des gesamten Organismus zu sichern. Dazu muß es sich auf die relevanten Umweltereignisse hin orientieren. Es muß deren Bedeutung, deren Relevanz für den eigenen Organismus erfassen. Es hat den Anschein, als müßte es ein offenes System par excellence sein.

Wie die systematischen Untersuchungen der funktionalen Gehirnorganisation durch die Neurowissenschaften (Changeux 1983, Singer 1989, Roth 1986) aber aufgezeigt haben, ist dies nur Schein. Zwischen Umweltreizen und Gehirn gibt es – entgegen der traditionellen Auffassung – überhaupt keine eindeutige Beziehung. Das Spezifische der erlebten Reize, ihre Qualität, hängt nicht primär von der (überhaupt nicht faßbaren) 'objektiven' Natur der äußeren Ereignisse, wie sie auf die Sinnesorgane einwirken, ab. Entscheidend ist die Art der inneren Verarbeitungsmechanismen. Auch wenn es in der Alltagssprache heißt, man sehe mit den Augen, so ist inzwischen allbekannt, daß sich die Wahrnehmung nicht in den Sinnesorganen, sondern in den spezifischen sensorischen Hirnregionen vollzieht. Die Sinnesorgane haben die Aufgabe, die relevanten physikalisch-chemischen Ereignisse um den Organismus herum in Nervenpotentiale umzusetzen. Diese hat das Gehirn zu 'verstehen'.

Bei diesen Vorgängen der Wahrnehmung bzw. des Verstehens sind Filter vorgeschaltet, die gegenüber den einlaufenden Umweltinformationen als Unterdrücker oder auch als Verstärker wirken. Keine Komponente, kein Einzelelement ist dabei im System autonom. Autonomie besteht nur für das System als Ganzes. Die Komponenten sind, wie schon erwähnt, zyklisch funktional verkettet und somit kreiskausal und selbstreferentiell. Die Wirkung einer einzelnen Komponente ist daher selten direkt und auch nie linear. Eine Veränderung betrifft viele andere Komponenten, und von deren Eigenschaften und Reaktionsweisen hängt es ab, ob und wie die Wirkung sich ausbreitet. Dank dieser reziproken Kontrolle wird dem Zufall gewehrt, das andernfalls unausweichliche Chaos vermieden und die notwendige Stabilität erreicht. Dabei muß sich jede Veränderung in der Umwelt bewähren, bedarf also einer Phase der Überprüfung.

Das Gehirn muß die in den einzelnen Gehirnarealen eintreffenden elektrischen Potentiale 'deuten'. Dies kann es allein auf Grund sekundärer Hinweise, die es wiederum nur aus sich selbst entnehmen, bei sich selbst finden kann. D.h. die Wahrnehmungsinhalte müssen vom Gehirn selbst konstituiert werden.

> "Wahrnehmung ist demnach Bedeutungszuweisung zu an sich bedeutungsfreien neuronalen Prozessen, ist Konstruktion und Interpretation. Es ist das elementare Charakteristikum des Gehirns als eines selbstreferentiellen Systems, daß es nur mit den von ihm selbst generierten kognitiven Ereignissen umgeht" (Roth 1986:170).

Die Grundlage für die semantische Selbstbezüglichkeit oder *Selbstexplikation* des Gehirns findet sich in der funktionalen Selbstreferentialität der neuronalen Netzwerke, die das Gehirn aufbauen. Zwischen den verschiedenen Zentren innerhalb der Großhirnrinde laufen vielerlei Kreisprozesse, genauso wie zu anderen Teilen des Gehirns wie dem limbischen System, selbst dem Kleinhirn, und zu den die Wachheit, Bewußtheit und Aufmerksamkeit steuernden Zentren im Hirnstamm, von der Vernetzung mit anderen Sinnessystemen ganz zu schweigen. Einen Hinweis auf die vielseitige Verknüpfung der Areale bietet auch die erstaunlich große Flexibilität des jungen Gehirns. Selbst ganze Zentren wie etwa das Sprachzentrum können nach traumatischer Zerstörung von bestimmten Gehirnarealen im frühkindlichen Alter örtlich 'verlegt' werden.

Festzuhalten gilt: Die Konstruktion von Inhalt erfolgt durch die interne zirkuläre Bedeutungszuweisung. Alle komplexen Wahrnehmungen beruhen auf derartigen kognitiven Selbstdifferenzierungsprozessen, die ihrerseits lernabhängig, und dies heißt erfahrungsabhängig sind.

Diese Erfahrungen brauchen aber keineswegs bewußt zu sein. Ja, wie die Gestaltpsychologie zeigt, sind die meisten Prozesse der kognitiven Spezifikation und Gestalt- und Ordnungsbildung ohne das Zutun des Wahrnehmungssubjekts abgelaufen. Kurz, Wahrnehmung ist eine vom Gehirn erzeugte Wahrnehmung (vgl. Watzlawick 1981).

Wie aber erfolgt nun die Umweltorientierung dieses geschlossenen Systems? Wie geschieht das Zusammenspiel zwischen Umwelt und Lernsystem? Wie erfolgt die Ankoppelung des 'geschlossenen Systems' Gehirn mit der Umwelt? Nun, sie erfolgt während der sozialen Interaktion.

Dabei ist nach Roth (1986) von einer Reihe von Grundsätzen auszugehen:

1. Es liegt ein internes Interpretationssystem der neuronalen Prozesse im Sinne einer Selbstexplikation vor.

2. Es findet eine kontinuierliche Selbstevaluation statt, ein ständiger Vergleich zwischen Handlungserwartungen und Handlungserfolgen.

3. Die Leistung des Gehirns besteht in der Komplexreduktion. Diese ihrerseits basiert auf der Reduktion von Welt auf das, was sich im Laufe der Evolution für den Organismus als wesentlich herausgestellt hat und (wieder ein zirkulärer Prozeß) von seinen Sinnen aufnehmbar ist.

4. Wie die Fähigkeit des Geistes, mit Begriffen wie Zukunft arbeiten zu können, zeigt, besitzt das Gehirn zudem die Fähigkeit, sich gegenüber der (intern erzeugten) kognitiven Wirklichkeit sekundäre oder gar tertiäre Welten zu konstruieren, Modelle der Welt zu erstellen.

Die Folgen seines Handelns und damit die Richtigkeit seiner Wahrnehmung und Erkenntnis kann das Gehirn an sich und in sich überprüfen aus verschiedenen Gründen:

(a) Hinter der Orientierungstechnik steht die lange Erfahrung der Gattung.

(b) Die Wahrnehmungen einer bestimmten Modalität werden auf ihre Konsistenz mit denen anderer Sinne überprüft.

(c) Jede Wahrnehmung wird mit früher erfahrenen verglichen und überprüft, womit sich das Gedächtnis ebenfalls als 'Sinnesorgan' erweist.

Interessant ist auch, daß den evolutionär jüngsten Hirnregionen des Menschen die Aufgabe der sekundären und tertiären Verarbeitung zugewachsen ist. Dabei ist insgesamt das menschliche Gehirn auf schnelle Entscheidungen angelegt, was wiederum zur Folge hat, daß die allermeisten Umweltdaten für die wesentlichen Entscheidungen gar nicht vonnöten sind.

Nicht unerheblich für den Komplex Sprachenlernen sind auch Ergebnisse der Wahrnehmungsforschung. Hiernach ist das menschliche Gehirn extrem auf Personenidentifikation mittels Schlüsseldaten der Körperbewegung sowie auf die Erkennung (und auch Deutung) des Gesichts spezialisiert.

Diese interne Geschlossenheit der Informationsverarbeitung hat einen entscheidenden Vorteil. Dadurch daß das menschliche Gehirn eben kein offenes System ist, wird es so nicht in jedem Augenblick von der unendlichen Flut der Umweltereignisse überschwemmt. Es wäre sonst zu keiner Entscheidung mehr fähig.

Daß sich das Gehirn mit diesem Vorgehen der zirkulären Organisation seiner Zustände als selbstreferentielles, sich selbst organisierendes System bewährt hat, steht außer Frage.

Doch betrachten wir den Gesamtkomplex Fremdsprachenunterricht mit den drei angesprochenen verschachtelten Systemen. Für jedes System gilt: Um sich optimal selbst organisieren zu können, bedarf es eines Maximums an Erfahrung. Voraussetzung dazu ist reichhaltige Umgebung. Denn je mehr Beispiele von jedem Phänomen, je mehr Erfahrung (des simultanen Zusammenspiels von Sprache, Welt und Geist) das System sammeln konnte, je vernetzter jede Information, desto sicherer wird das Spezifische jeder Information erkannt und desto rascher erfolgt die Verarbeitung bzw. die Entscheidung für das angemessene Verhalten und desto stabiler ist das ganze System.

Das soziale System Fremdsprachenunterricht hat den Zweck, das Sprachsystem möglichst optimal in seinen Lernern zu etablieren und zu verteilen. Für die Aufgabe, die Fremdsprachenlerner an die Sprache und Kultur der Zielsprache anzukoppeln, bedeutet dies methodisch: Je reicher das inhaltliche Angebot für jeden Lerner, desto interessanter, vielfältiger und aktivierender die Interaktionen unter den Einzelnen und desto rascher und gleichmäßiger erfolgt auch die Aufnahme des Sprachsystems.

Für das System des individuellen Lerners heißt dies: Je mehr Herausforderung und Gelegenheit zur Spracherfahrung, zum *intake*, für ihn bestanden hat, desto sicherer hat er das System der Fremdsprache in sich stabilisieren können, bzw. je mehr Spracherfahrung er hatte, desto sensibler und flexibler ist sein entsprechendes Sprachverhalten. Bei jeder Erfahrung, bei jeder Aktivierung der entsprechenden Nervenzellverbände erfolgt Lernen als jene 'selektive Stabilisierung' (Changeux 1984) der gemeinsam aktiven Neuronenverbindungen.

2. Relevante Lehr- und Lernforschung im Bereich des Fremdsprachenunterrichts

Die Grundvoraussetzungen für empirische Forschung außerhalb der Mechanik erweisen sich bei genauerem Hinsehen als erstaunlich brüchig. Doch selbst schon optimal geschliffene Billardkugeln sind nach einer Folge von wenigen Kollisionen nicht mehr exakt berechenbar. D.h. einfachste deterministische Systeme aus nur wenigen Teilen zeigen bereits nach wenigen Aktionen zufälliges Verhalten. Auch ein Mehr an Information über die einzelnen Teile bzw. zusammenwirkenden Faktoren verhindert nicht das entstehende Zufallsverhalten, verhindert nicht das entstehende deterministische Chaos.

Zwei Gründe (Crutchfield et al. 1987) gibt es für das Zusammenbrechen des Laplaceschen Determinismus, des Glaubens, daß bei Kenntnis aller Anfangsbedingungen das Ergebnis vorhersagbar ist:

1. Sie liegen einmal in der Entwicklung der Quantenmechanik mit ihrem zentralen Axiom des Heisenbergschen Unschärfeprinzips. Demnach gibt es eine grundsätzliche Grenze für die Genauigkeit, mit der gleichzeitig Ort und Geschwindigkeit gemessen werden können. (Diese Unschärferelationen, die in der Kern- und Atomphysik gelten, scheinen hier vermessen in andere Bereiche wie etwa die der Lernpsychologie übertragen zu werden. Daß aber in diesem Bereich ebenfalls eine prinzipielle Unschärfe bei der Fassung der beteiligten Faktoren vorliegt, ist unübersehbar.)

2. Zufälligkeit ergibt sich aber auch im makroskopischen Bereich. Nicht nur kleinste Ungenauigkeiten in der Anfangsmessung, auch minimalste Abweichungen in den ersten Bahnen unserer Billiardkugeln multiplizieren sich bei jeder Kollision und wachsen nach kurzem exponentiell an. Sie bewirken eine nichtlineare, ja chaotische Dynamik. Ähnliche Ursachen brauchen so schließlich nicht ähnliche Wirkungen zu haben, was Maxwell schon vor über einem Jahrhundert in der Physik zu schaffen machte.

Allein diese kleinen Hinweise machen offensichtlich, daß in einem nichtmechanischen, einem komplexen Bereich wie dem sozialen oder psychischen die Annahme eines von außen erkennbaren Determinismus ungerechtfertigt ist. Gäbe es eine solche deterministische, starre Abfolge, wäre die Konsequenz das reine Chaos. Wenn dagegen die komplexen, etwa die lernpsychologischen Bereiche einigermaßen stabil sind, dann nur deswegen, weil bei jedem Schritt eine Korrektur erfolgen kann, weil die Prozesse eben nach dem Prinzip der Selbstorganisation funktionieren.

Bei der Selbstorganisation ist nicht von dem Funktionsprinzip der linearen Kausalität einer *trivialen* Maschine auszugehen, wie es sich beispielsweise hinter dem *stimulus-response*-Denken verbirgt. Es gilt vielmehr das Prinzip der *nicht-trivialen* Maschine, bei der außer der von außen kommenden Antriebsfunktion noch die eigenen internen Zustandsfunktionen zusätzlich wirken und das Verhalten nichtlinear machen. Lebewesen sind, wie die Biokybernetik (von Foerster 1984) betont, eben keine *trivialen* Maschinen, sondern *nicht-triviale* Systeme, Systeme die mit rekursiver Verrechnung arbeiten. Solche Systeme (und das Gehirn wäre hierfür ein Paradebeispiel) sind

- synthetisch (also intern) deterministisch,
- historisch abhängig,
- analytisch (also von außen) unbestimmbar und auch
- analytisch unvorhersagbar.

Dank der rekursiven Verrechnung wird schon bei jeweils maximal vier Antriebsfunktionen, Zustandsfunktionen und möglichen Verhaltens-(output)-formen, mathematisch errechnet, die Zahl der Verhaltensmöglichkeiten nahezu astronomisch hoch. Eine empirische Überprüfung der Einzelfaktoren in einem solchen System ist – mathematisch erwiesen – absurd, da jede empirische Untersuchung statistisch gesehen ein anderes Ergebnis bringen muß.

Nahezu Unglaubliches ereignet sich jedoch, wenn man eine solche *nicht-triviale Maschine*, bei der zunächst jedes Ergebnis, jedes Verhalten unvorhersagbar ist, jeweils sofort mit ihren eigenen Ergebnissen füttert, ihren Output sofort wieder zu ihrem Input werden läßt. Dann ergeben sich nämlich nach relativ kurzer Zeit stabile Eigenwerte. Die anfänglich 'chaotischen' Ergebnisse, häufig genug selbst wieder als Eingabe verwendet, ergeben Ordnung. Auch das läßt sich mathematisch beweisen. Die Chaosforschung zeigt es auf.

Doch wieder zurück zum *nicht-trivialen System* des sprachenlernenden Gehirns. Will man ein solches sich selbst organisierendes, seine internen Zustände selbst verrechnendes, damit ständig sich selbst veränderndes System in seiner Arbeitsweise erfassen, so können Einzeluntersuchungen unendlich lange fortgesetzt werden. Sie bringen immer wieder etwas Neues, zumindest Anderes. Gerade an der Fehlerentwicklung läßt sich aber sehr schön aufzeigen, wie sich das *interlanguage system* entwickelt, wie jeder Lerner sich selbst sein System baut. Es sei an Beispiele wie Aussprachefehler bei dem Wort 'hotel' erinnert (Bleyhl 1982) oder an eine Art 'Horrorstudie' aus dem grammatisch-semantischen Bereich, daß ein Schüler jahrelang mit der Hypothese, 'are' bedeute 'war', den Unterricht überlebte (Bleyhl 1985) oder daran, wie sich der Lerner selbst seinen eigenen Reim auf grammatische Lehrtexte macht (Zimmermann 1993). Essentiell sind die Sprachlernprozesse in allen Bereichen vergleichbar, im Erstsprachenerwerb, beim Lesen- und Schreibenlernen wie im Fremdsprachenunterricht (Bleyhl 1990).

Erlaubt man dem Gehirn des Lernenden lange genug mit einer Sprache (der Erstsprache in der Schriftform oder einer Fremdsprache) Umgang gehabt zu haben, den Input 'rekursiv' oft genug 'verrechnen' zu können, entwickeln sich stabile Werte; es wird erstaunlich einheitlich mit der Sprache umgegangen. Bei hinreichend häufigem Eingeben des Output als Input (so verquer kann man Interaktion bzw. sprachliche Kommunikation auch bezeichnen) ergeben sich die stabilen 'Eigenwerte': Das Kleinkind spricht den Dialekt seiner Familie etc. Beim Schüler, nachdem er eine 'kritische Masse' an verstandenem Input sowie hinreichend Gelegenheit zur Interaktion erhalten hat, findet ein qualitativer Sprung statt: plötzlich spricht er recht annehmbar. (Pike nannte dies "nucleation", Higgins spricht vom "watershed effect".) Daß es anfangs auch im strukturell geordneten Verlauf des didaktisch höchst gewissenhaft vorgeplanten Sprachunterrichts in der Entwicklung der *interlanguage* des einzelnen Lerners eine Phase chaotischen Verhaltens ergibt, ist Alltagserfahrung; dies braucht nicht zu stören. Wenn auch das individuelle Verhalten im Augenblick nie sicher vorhersagbar ist, es hat auch gezeigt, daß, falls der Lerner hinreichend viel Gelegenheit zur Spracherfahrung gehabt hat, sein Verhalten aber immer angemessener wird.

Nochmals: Entscheidend für selbstorganisierende Systeme ist die jeweils interne rekursive Verrechnung und die Notwendigkeit des vielfältigen Input. Diese Selbstorganisation braucht Zeit. Anfangs sehr viel Zeit. Bei einem Kind liegen im Erstspracherwerb fünf bis sieben Monate zwischen dem Zeitpunkt, zu dem es ein Wort versteht und dem ersten aktiven Verwenden dieses Wortes. Miller und Gildea (1987) haben ja aufgezeigt, wie ein Wort zunächst sofort als neu erkannt und einem semantischen Bereich zugeordnet wird, welch langwierige Ausdifferenzierung aber anschließend in Bezug auf alle Ebenen des Sprachsystems notwendig sind, ehe es benützt wird. Der

Prozeß der Selbstorganisation eines sprachlichen Phänomens verläuft also zumindest während der Phase, die man unpräzise genug mit dem Begriff des 'passiven' Könnens bezeichnet, also während der rezeptiven Phase, ehe der Lerner sich zutraut, das Sprachphänomen selbst aktiv zu verwenden. Aber natürlich hört die Ausdifferenzierung nie auf; Sprachen und Leben sind schließlich in kontinuierlichem Wandel begriffen.

Daß dieser Selbstorganisationsprozeß nur dem aktiven Lerner überlassen, ohne das gewaltsam steuernde Eingreifen des Lehrers erstaunlich gut, ja streckenweise besser als im traditionellen Fremdsprachenunterricht funktioniert, ist hinreichend aufgezeigt worden:

Für den Bereich Aussprache etwa gilt:

> "extensive auditory input in the beginning stages of second language learning results in improved pronunciation relative to traditional procedures of language instruction" (McCandless and Winitz 1986:361).

Im Bereich Lexik ist es Allgemeingut, daß intensives, vieles Lesen den Wortschatz erhöht (vgl. z.B. Bonheim, Nagy u.a.). Daß außerdem das Lernen von Wörtern um so leichter wird, je mehr Wörter angeboten werden (Schiffler), ist für Vertreter der Konzeption des Lernens als einem linearen Geschehen ein logischer Skandal. Unter der Perspektive des Verständnisses von Lernen als einem nichtlinearen, rekursiven Prozeß ist diese Alltagserfahrung voraussagbar. (Dies zeigt sich übrigens auch darin, daß das Lernen von weiteren Sprachen immer leichter wird.)

Auch für den Bereich Syntax liegen, seit Corder 1967 den Begriff des *built-in syllabus* in die Debatte geworfen hat, interessante Untersuchungen vor. Sie zwingen, sich mit dem Gedanken auseinanderzusetzen, daß der Weg, den die Lernenden gehen, durch die Ordnung der Lehrpläne nicht verändert werden kann (vgl. z.B. Ellis 1989), bzw. so diese gegen den *built-in syllabus* verstößt, gar zu 'pädagogenen' (Bleyhl 1988), oder besser noch, zu 'didaktogenen' Schwierigkeiten führen kann. Ganz im Sinne der Selbstorganisation können auch die erstaunlich positiven Ergebnisse von Unterricht allein durch Lesen in der Fremdsprache (Elley 1991, Lightbown in press) verstanden werden.

Was die anscheinend gleichfalls sich positiv auswirkenden Hilfen durch den Lehrer betrifft (z.B. White et al. 1992), so ist mit der Abkehr vom Begriff *consciousness raising* (Sharwood-Smith 1981) zu *input enhancement* und der damit implizierten Reduzierung der Bedeutung von Bewußtheit der Sprachform beim Sprachenlernen ein Fortschritt erzielt worden. Verbesseres Lernen durch die Hinlenkung der Aufmerksamkeit auf bestimmte Sprachphänomene, eingebunden in den Prozeß der reichen Spracherfahrung, läßt sich mit der Unterrichtserfahrung und den Ergebnissen der Neurowissenschaften durchaus in Einklang bringen. Der Streit um 'bewußt' oder 'unbewußt' ist aber unfruchtbar, weil nicht entscheidbar. Viel wesentlicher ist es, die Ergebnisse der Neurowissenschaften für die Entwicklung einer Spracherwerbstheorie mit einzubeziehen. Jacobs and Schumann (1992) plädieren für deren Integration und betonen die Bedeutung von 'interaction, novelty and challenge'.

Wenn man will, erschließen sich diese Ergebnisse alle mit dem Begriff der Selbstorganisation. Er ist der Schlüssel zum Verständnis des Spracherwerbs. In diesem Begriff treffen sich auch die beiden von Jakobson (1971 in Oksaar 1977:202f.) angesprochenen Forschungsprinzipien der Autonomie und Integration:

> "Das notwendige Band zwischen diesen zwei grundlegenden Prinzipien warnt den Forscher vor zwei traditionellen Stümpereien. Diese sind, auf der einen Seite, Isolationismus, der die Interkonnektion der Teile und ihre Solidarität mit dem Ganzen überlegt mißachtet, und, auf der anderen Seite, Heteronomie (oder, metaphorisch, Kolonialismus), die eine Ebene gewaltsam den Regeln der anderen unterwirft und die Eigenheit ihrer Struktur wie die Autogenese ihrer Entwicklung leugnet.".

Diese Selbstorganisation zu ermöglichen, d.h. Herausforderungen zu schaffen für Eigenaktivität und soziales Aushandeln, ist Aufgabe des Unterrichts.

3. Konsequenzen für den Alltagsunterricht.

Traditioneller Fremdsprachenunterricht ist, etwas pointiert ausgedrückt, ein Häppchenunterricht. Eine Spracherscheinung, ein Häppchen wird eins ums andere eingeführt, von den Lernenden reproduziert, geübt und soll dann auf Knopfdruck ausgespuckt werden. Die Devise in diesem Lande Pelikanien lautet: *'Häppchen rein – Häppchen raus'*. Ein Verständnis und optimale Bedingungen für die Arbeitsweise des Gehirns als eines sich selbst organisierenden Systems sind dort nicht gegeben.

Dieser traditionellen Auffassung ist ein Unterricht entgegenzusetzen,

– der methodisch dem Verstehen (Winitz 1981) deutlich Priorität einräumt,

- der handlungsorientiert (Bleyhl 1993) Sprache und Welt zusammenführt, anfangs etwa mittels *Total Physical Response*,
- der reichen, von Medien unterstützten Input anbietet und nicht sofort zur Sprachproduktion drängt und zwingt,
- der viel hören und auch viel lesen und damit "time ... for a hundred visions and revisions" (T. S. Eliot) läßt,
- der keine Angst vor unbekannten Vokabeln oder Strukturen hat, weil er von Anfang an den Schülern die natürlichen Strategien der Bedeutungserschließung eben nicht 'ab-erzieht'.

Sicherlich ist der menschliche Geist äußerst flexibel, und Sprachunterricht läßt sich auf abstruseste Weise organisieren; es wird immer den einen oder anderen Lerner geben, der trotzdem etwas lernt. Dort wo Fremdsprachenunterricht aber offensichtlich erfolgreich ist, verfährt er nach diesen eben genannten Grundsätzen. Ein solcher Unterricht ist in der Praxis der deutschen Regelschule möglich. Er wurde in allen Schularten und im Erwachsenenunterricht der Volkshochschule in Versuchen erfolgreich durchgeführt.

Erfolgreich läßt sich deswegen sagen, weil die Aussprache der Schüler nach der Beurteilung aller, die Kontakt mit den Klassen hatten, besser als gewöhnlich war, weil das ganze Schulbuch als Pensum 'durchgenommen' worden war (wenn auch erst später damit angefangen worden war) und auch weil die Noten der vom Verlag herausgegeben Kontrollarbeiten, die im Vorjahr als Klassenarbeiten gegeben worden waren, signifikant besser waren. In der Volkshochschule gab es nach dem ersten Semester keine 'dropouts'.

Der Lehrer muß begreifen, daß eine einmal 'eingeführte' Spracherscheinung vom Lernenden nicht sofort, auch nicht nach einer bewußtmachenden Erklärung, stets fehlerfrei dem Produktionvermögen zur Verfügung steht, sondern erst in einer 'Inkubationsphase' (Billows 1961) ins Sprachsystem eingebaut werden muß. Er muß gleichfalls begreifen, daß die Lernenden zunächst nur verstehen müssen. Dazu sind die Schüler mit Hilfe ihres Weltwissens, mit Bildern, Kontext etc. weit fähiger, als ihnen der traditionelle Unterricht zutraut. Der Lehrer kann so sehr viel mehr Welt ins Klassenzimmer holen. Produktiv benützen die Schüler das schon früher Gelernte. Der Unterricht wird bunter, interessanter. Die Schüler fühlen sich herausgefordert (*challenge*), man muß nicht immer das Altbekannte wiederholen (*novelty*), alle sind bereit zu intensiver 'Interaktion'. Alle für das Lernen als positiv erachteten Momente kommen ins Spiel. Was zunächst für den Lehrer anstrengender zu sein scheint, wirkt sich paradoxerweise als energie- und kraftsparender aus. (Glücklicherweise liegt inzwischen sogar ein Grammatikübungswerk für den Englischunterricht vor (von Ziegesar 1992), das die Notwendigkeit des verstehenden Vorlaufs einer grammatischen Erscheinung methodisch ausdrücklich einbaut.)

Offen – und der weiteren Forschung bedürftig – ist die Grundsatzfrage: Inwieweit ist auch für den Zweit- bzw. Fremdsprachenerwerb von einer Prägephase (im Sinne von Konrad Lorenz) bzw. einer 'sensiblen Phase' auszugehen. Scovel (1988) bejaht sie eindeutig in Bezug auf die Aussprache. (Nach der Pubertät ist für einen Zweit- oder Fremdsprachenlerner praktisch keine muttersprachliche Aussprache mehr erreichbar.) Bezüglich des Wortschatzes ist dieser sicher in Relation zur Lebenswelt des einzelnen in einem ständigen Wandel begriffen. Eine 'critical period' ist hier kein Thema. Aber wie steht es mit der Syntax? Sollten Patkowski (1980) oder Johnson and Newport (1989) mit ihrer Hypothese einer sensiblen Phase für die L2-Syntax in der präpubertären Jugend recht haben (Performanzuntersuchungen könnten vielleicht etwas mehr Klarheit bringen), könnte dies sehr wohl Konsequenzen für den Zeitpunkt des Unterrichtsbeginns für Fremdsprachen haben.

Rückblickend bedarf es vielleicht nochmals einer Bemerkung zum Begriff 'Offenheit'. Er enthält das Risiko, daß zu einer Auffassung verleitet wird, die den Menschen als offen, funktional eng an die Umwelt angepaßt bzw. sich eng anpassend versteht. Diese Konzeption ist empirisch falsch und läuft Gefahr, dem alten mechanistischen Weltbild zu verfallen, auch wenn sich dieses Weltbild nicht mehr wie zu Laplace' Zeiten der Metapher des Uhrwerks, sondern der des Computers bedient. Der natürliche Gegenbegriff zu einer solchen Offenheit ist dann die Vorstellung der Verfügbarkeit und der 'Steuerbarkeit' der Natur, des Menschen und seines Geistes.

Es ist aber unabdingbar zu verstehen – auch wenn dies sehr schwer fällt –, daß Menschen etwas ganz anderes sind. Auch wenn der biologische Begriff des 'Systems' primär sehr technisch klingen mag, das Verständnis des Menschen als einem autonomen und auch zweckfreien 'System' wird ihm eher gerecht. Diese Autonomie als Teil der menschlichen Existenz und Evolution muß auch im Fremdsprachenunterricht Platz haben, soll er erfolgreich sein. Voraussetzung dazu ist, daß man sowohl das Geschehen im Fremdsprachenunterricht als auch das individuelle Sprachenlernen als einen Prozeß der Selbstorganisation versteht. Die methodischen Schlußfolgerungen ergeben sich zwangsläufig aus der Einsicht, daß die Erfahrung mit Sprache zugleich die Bedingung und Konsequenz des Sprachlernens ist.

Literaturverzeichnis

Bausch, K. R. et al. (Hrsg.). (1989). *Der Fremdsprachenunterricht und seine institutionellen Bedingungen. Arbeitspapiere der 9. Frühjahrskonferenz.* Tübingen.

Billows, F. L. (1961). *The Techniques of Language Teaching.* London.

Bleyhl, W. (1982). Ein harmloser Aussprachefehler des Wortes 'hotel'. *Der fremdsprachliche Unterricht, 16\slash* (63), 169-176.

Bleyhl, W. (1985). 'Aber are ist doch past!' Welche Wege gehen unsere Schüler beim Erwerb der Fremdsprache – Fossile und ihre Verlebendigung. *Englisch, 20*(3), 83-88.

Bleyhl, W. (1988). Ungereimtheiten unseres Fremdsprachenunterrichts. *Praxis des neusprachlichen Unterrichts, 35*(2), 122-127.

Bleyhl, W. (1990). Lesen- und Schreibenlernen ist, wie das Lernen einer Fremdsprache, ein hochkomplexer, nicht-linearer Prozeß, nämlich der Erwerb eines neuen sprachlichen Symbolsystems. In Biglmaier, F. (Hrsg.). (1990). *Hat Lesen Zukunft? Kongreßbericht des 6. Europäischen Lesekongresses.* Berlin, 41-48.

Bleyhl, W. (erscheint 1/1993). Handlungsorientierter Fremdsprachenunterricht. *Zeitschrift für Fremdsprachenforschung.*

Changeux, J.-P. (1983). *Der neuronale Mensch.* Reinbek.

Corder, S. P. (1967). The significance of learner's errors. *IRAL, 5*(2-3), 161-170.

Crutchfield, J. P. et al. (1987). Chaos. *Spektrum der Wissenschaft, 2,* 78-90.

Elley, W. B. (1991). Acquiring literacy in a second language: The effect of book-based programs. *Language Learning, 41*(3), 375-411.

Ellis, R. (1989). Are classroom and naturalistic acquisition the same? *Studies in Second Language Acquisition, 11,* 305-328.

von Foerster, H. (1984). Principles of self-organization in a sociomanagerial context. In Ulrich, H. & Probst, G. J. B. (Hrsg.). (1984). *Selforganization and management of social systems.* Heidelberg, 2-24.

Jacobs, B. & Schumann, J. (1992). Language acquisition and the neurosciences: Towards a more integrative perspective. *Applied Linguistics, 13*(3), 282-301.

Johnson, J. S. & Newport, E. L. (1989). Critical period effects in second language learning: The influence of maturational state on the acquisition of English as a second language. *Cognitive Psychology, 21*, 66-99.

Lightbown, P. M. (1992). Can they do it themselves? A comprehension-based ESL-course for young children. In Courchêne, R. et al. (Hrsg.). (1992). *Comprehension-based language teaching: Current trends.* Ottawa.

McCandless, P. & Winitz, H. (1986). Test of pronunciation following one year of comprehension instruction in college German. *Modern Language Journal, 70*(4), 355-362.

Miller, G. A. & Gildea, P. M. (1987). Wie Kinder Wörter lernen. *Spektrum der Wissenschaft, 11*, 120-125.

Nagy, W. E., Andersen, R. C. & Herman, P. A. (1987). Learning word meanings from context during normal reading. *American Educational Research Journal, 24*(2), 237-270.

Oksaar, E. (1977). *Spracherwerb im Vorschulalter. Einführung in die Pädolinguistik.* Stuttgart.

Patkowski, M. S. (1980). The sensitive period for the acquisition of syntax in a second language. *Language Learning, 30*(2), 449-472.

Roth, G. (1986). Selbstorganisation – Selbsterhaltung – Selbstreferentialität: Prinzipien der Organisation der Lebewesen und ihre Folgen für die Beziehung zwischen Organismus und Umwelt. In Dress, A. et al. (Hrsg.). *Selbstorganisation: Die Entstehung von Ordnung in Natur und Gesellschaft.* München, 149-180.

Schiffler, L. (1988). Hypermnesie im Fremdsprachenunterricht – Kann man 500 Vokabeln in 3 und 1000 in 5 1/2 Stunden lernen? *Neusprachliche Mitteilungen, 41*(3), 150-157.

Sharwood-Smith, M. (1981). Consciousness raising and the second language learner. *Applied Linguistics, 2*, 159-168.

Singer, W. (1989). Zur Selbstorganisation kognitiver Strukturen. In Pöppel, E. (Hrsg.). *Gehirn und Bewußtsein.* Weinheim, 45-59.

Watzlawick, P. (Hrsg.). (1981). *Die erfundene Wirklichkeit.* München.

White, L., Spada, N., Lightbown, P. M. & Ranta, L. (1992). Input enhancement and L2 question formation. *Applied Linguistics, 12*(4), 416-432.

Winitz, H. (1981). Nonlinear learning and language teaching. In Winitz, H. (Hrsg.). (1981). *The comprehension approach to foreign language instruction*. Rowley, Massachussetts, 1-13.

von Ziegesar, D. & von Ziegesar, M. (1992). *Einführung von Grammatik im Englischunterricht*. München.

Zimmermann, G. (1992). Zur Funktion von Vorwissen und Strategien beim Lernen mit Instruktionstexten. *Zeitschrift für Fremdsprachenforschung*, *3*(2), 57-79.

Lothar Bredella

Zur Dialektik von Steuerung und Offenheit bei der Rezeption literarischer Texte

Das Thema der Frühjahrskonferenz, *Fremdsprachenlehr- und -lernprozesse im Spannungsfeld von Steuerung und Offenheit*, rückt die Frage nach dem Verhältnis dieser beiden Momente in den Mittelpunkt. Wird die Steuerung nur als ein notwendiges Übel angesehen, das man eigentlich überwinden sollte, weil es die Selbstverwirklichung des Individuums behindert, oder sind diese beiden Momente notwendigerweise aufeinander angewiesen, so daß ohne Steuerung die Offenheit beliebig und unverbindlich würde und ohne Offenheit die Steuerung mechanisch und ohne Entwicklung wäre?

Ich habe Studenten in einem meiner Seminare die Frage nach dem Spannungsfeld zwischen Steuerung und Offenheit im Unterricht vorgelegt. Eine Vielzahl ihrer Antworten läßt sich dahingehend zusammenfassen, daß Offenheit im Unterricht wünschenswert sei, sich aber leider nicht realisieren lasse, weil Lehrer schließlich doch die Äußerungen und Leistungen der Schüler bewerten und benoten müssen. Steuerung wird verstanden als Unterdrückung der Subjektivität der Schüler und als Instrument der Anpassung an unsere Gesellschaft, während Offenheit als Anerkennung der Subjektivität und Kreativität der Schüler verstanden wird, die sich jedoch in unserer Gesellschaft, wie sie nun einmal ist, nicht realisieren lassen.

Ich bin mir bewußt, daß dies eine sehr einseitige Auffassung ist und daß das Spannungsverhältnis von Steuerung und Offenheit beim Sprachenlehren und -lernen in der didaktischen Diskussion anders gesehen werden muß, aber dennoch zeigt sich in den Äußerungen der Studenten eine Haltung, die sich auch in der didaktischen Diskussion findet und eine undialektische Auffassung von Subjektivität impliziert. Man geht dabei davon aus, daß sich das Subjekt nicht durch die Interaktion mit der Welt entwickelt, sondern durch diese Interaktion in seiner Entwicklung behindert wird. Nach dieser Auffassung besteht die Freiheit des Individuums in der Abwesenheit von Steuerungen. Die Welt wird als bloßes Material für die Entwürfe des Subjekts gesehen und soll keine Anforderungen an das Subjekt stellen. Auf diesem Hintergrund erscheint Steuerung als ein autoritärer

Akt, der 'dekonstruiert' werden muß, weil er die freie Entfaltung des Subjekts behindert. Die hier angesprochene Problematik zwischen Steuerung und Offenheit möchte ich im Bereich der Literaturdidaktik etwas näher verfolgen.

Wenn Jean-Paul Sartre vom Lesen als 'gelenktem Schaffen' (*création dirigée*) spricht, dann zeigt sich darin, daß hier Lenkung nicht als Verhinderung der Kreativität, sondern als deren Voraussetzung angesehen wird. Erst indem der Leser gelenkt wird, muß er auf die Herausforderungen des Textes mit seiner Phantasie und seiner Lebenserfahrung antworten. Die Rezeptionstheorie hat diese Dialektik von Lenkung und Kreativität näher untersucht und im einzelnen aufgezeigt, wie Leser durch literarische Texte angeregt werden, tätig zu werden. Im besondern haben Wolfgang Iser in seinem Buch *Der Akt des Lesens* und Umberto Eco in *Lector in fabula: Die Mitarbeit der Interpretation in erzählenden Texten* die Aufmerksamkeit auf die Dialektik von Steuerung und Kreativität gelenkt. Aber schon lange vor der Rezeptionsästhetik hat John Dewey in seinem Buch *Art as Experience* darauf hingewiesen, daß der Leser gerade bei der ästhetischen Rezeption seine Erfahrungen und Einstellungen in den Verstehensprozeß einbringen muß, wobei jedoch wichtig ist hervorzuheben, daß dies nicht bedeutet, daß sie in dem Verstehensprozeß bestätigt, sondern daß sie vielmehr in der Interaktion mit dem Text verändert werden:

> "For in order to perceive esthetically, he [the perceiver] must remake his experiences so that they can enter integrally into a new pattern. He cannot dismiss his past experiences nor can he dwell among them as they have been in the past." (Dewey 1958:138)

In der ästhetischen Erfahrung entsteht ein neues Gedicht, weil der Leser seine Individualität ins Spiel bringt und damit etwas schafft, was es so nicht gegeben hat (vgl. Dewey 1958:108). Ähnlich argumentiert Umberto Eco in *Das offene Kunstwerk*, in dem er darauf hinweist,

> "daß jedes Kunstwerk ... eine freie und schöpferische Antwort fordert, schon deshalb, weil es nicht wirklich verstanden werden kann, wenn der Interpretierende es nicht in einem Akt der Kongenialität mit seinem Urheber neu erfindet." (Eco 1977:31)

Kongenialität darf hier jedoch nicht so verstanden werden, daß der Interpretierende die Akte des Urhebers nachvollzieht; er muß vielmehr von seiner historischen Situation aus, mit seinen Erfahrungen und Einstellungen, sich den Text zu eigen machen. Wie Dewey betont auch Eco, daß dies nicht bedeutet, daß der Leser den Text unter seine Vorstellungen subsumiert, so daß dieser zu einer Bestätigung seiner bereits vorhandenen Vorstellungen wird. Nach Eco bringt ein literarischer Text den Leser hervor, den er zu seinem Verständnis braucht. So sagt er im Zusammenhang mit *Finnegans Wake*:

> "Das Buch konstruiert seinen eigenen Modell-Leser, indem es sprachliche Schwierigkeitsgrade und Bezüge herstellt, indem es in dem Text Verweise, Aufschlüsse, Möglichkeiten von durchaus verschiedenen und sich durchkreuzenden Lektüren einfügt. Der Modell-Leser von *Finnegans Wake* ist jener Operator, der in der Lage ist, die größtmögliche Anzahl dieser sich überlagernden Lektüren zur gleichen Zeit zu erfassen." (Eco 1987:7)

Nach dem hier skizzierten Modell liegt die Bedeutung des Textes weder im Text noch im Leser, sondern entsteht erst in der Interaktion zwischen beiden. Sie übersteigt daher, wie bei einem Dialog, was jeder Partner für sich allein einbringt.

Es gibt jedoch Texttheorien und Ästhetiken, die dieses interaktive Modell in Frage stellen. In einem Aufsatz *Why No One's Afraid Of Wolfgang Iser* kritisiert Stanley Fish das interaktive Modell und argumentiert, daß der Sinn des Textes nicht in der Interaktion, sondern allein durch die Lesestrategien und Interessen der Interpretationsgemeinschaft gebildet werde. Wie Fish mit dem Titel einer Aufsatzsammlung *Is There A Text In This Class?* selbstironisch andeutet, muß dem Unterricht keine bestimmte Textsammlung zugrundegelegt werden, weil nicht der Text, sondern die Interpretationsgemeinschaft entscheidet, was ein Text bedeutet. In *Interpreting the Variorum* betont er, daß wir als Leser entscheiden, ob wir beispielsweise *Lycidas* und *The Wasteland* als einen einzigen Text oder als zwei unterschiedliche Texte lesen, und kommt zu dem Schluß,

> "the notions of the 'same' or 'different' texts are fictious." (Fish 1984:180)

Obgleich nach Fish der individuelle Leser von den Interpretationsstrategien seiner Gruppe gelenkt wird, verspricht er ihm, daß er als Leser und Kritiker aufgewertet werde:

> "No longer is the critic the humble servant of texts whose glories exist independently of anything he might do." (Fish 1984:368)

Sind wir nach dem objektiven Paradigma Diener des Textes, so sind wir nach dem subjektiven Paradigma die Herren des Textes. Wir finden hier eine Entsprechung zu den Äußerungen der Studenten, die Steuerung ablehnen, weil sie die Selbstverwirklichung und Kreativität der Schüler verhindere. Man will nicht von einem Vorgegebenen abhängig sein und wünscht sich daher eine unbegrenzte Offenheit. Wenn man jedoch das Gegebene auf bloß diffuses Material reduziert, dann wird, wie Fish konsequent argumentiert, die Vorstellung von Interpretation überhaupt fragwürdig, weil es nichts gibt, was zur Interpretation herausfordert. Schreiben und Interpretieren werden identisch. Doch im gleichen Augenblick, indem wir von dem Text unabhängig werden, werden wir durch die Strategien und Interessen der jeweiligen Gruppe determiniert. Bei seiner Kritik des interaktiven Modells von Iser kann Fish daher sagen, daß bei der Lektüre eines literarischen Textes einerseits nichts vorgegeben ist und daß uns andererseits alles vorgegeben ist.

> "Earlier I concluded that the distinction between what is given and what is supplied won't hold up because everything is supplied, both the determinate and the undeterminate poles of 'the aesthetic object;' now I am arguing that the same distinction won't hold because everything is given. There is no paradox here." (Fish 1989:83)

Fish hat recht; es liegt hier kein Paradox vor, weil die unbegrenzte Offenheit – everything is supplied – sehr schnell in die Determinierung durch die eigenen Interessen und Bedürfnisse umschlägt. Totale Steuerung und totale Offenheit liegen näher beieinander, als es die Vertreter beider Richtungen wahrhaben wollen. Ähnliches gilt auch für den Gegensatz von Objektivismus und Subjektivismus. Wenn der Sinn eines Textes nur durch den Rezipienten bedingt ist, dann verselbständigt sich der Text. Der radikale Subjektivismus findet dann seine Entsprechung in einem Objektivismus, der zu erfassen versucht, was die Texte unabhängig von ihrer Rezeption sind.

David Bleich hat mit seinen Büchern *Subjective criticism* und *Readings and Feelings: An Introduction into Subjective Criticism* auf die Literaturdidaktik in vielen Ländern einen großen Einfluß ausgeübt. Seine Kritik an dem vorherrschenden 'objective paradigm' der Literaturwissenschaft und der Literaturdidaktik hat befreiend gewirkt. Aber indem das 'subjective paradigm' den literarischen Text in den Leserreaktionen aufgehen läßt, schlägt die gewonnene Freiheit in die Bindung an die eigene Person um. Nach Bleich ist es eine objektivistische Täuschung, wenn wir glauben, wir könnten an einem Text objektive Merkmale wahrnehmen und mit ihnen unsere Interpretation rechtfertigen. Wir projizieren dabei nur das, was sich in uns, 'in there', abspielt, nach außen, 'out there':

> "To say that perceptual processes are different in each person is to say

that reading is a wholly subjective process and that the nature of what is perceived is determined by the rules of the personality of the perceiver." (Bleich 1975:3)

Wenn nach Fish die Strategien der Interpretationsgemeinschaft die Bedeutung des Textes determinieren, so ist es bei Bleich die Persönlichkeit des Lesers im allgemeinen und seine Kindheitserfahrungen im besonderen. Indem die Bedeutung des Textes durch die Persönlichkeit des Lesers festgelegt wird, läßt sich auch nicht mehr über Interpretationen mit dem Ziel streiten, ein besseres Verständnis des Textes zu erreichen. Eine solche Zielsetzung wäre aus epistemologischen Gründen unmöglich, weil der Text für uns unzugänglich ist, und sie wäre aus pädagogischen Gründen nicht wünschenswert, weil das ästhetische Vergnügen auf der Bestätigung der eigenen Vorstellungen und der eigenen Persönlichkeit beruht. Ein Text kann nach dem "subjective paradigm" nicht die Vormeinungen des Lesers übersteigen, weil Verstehen auf Projektion reduziert worden ist. Da der Text den Leser nicht lenkt, begegnet dieser immer nur sich selbst, so daß das von Bleich angestrebte Ziel, sich in den Reaktionen auf den Text selbst kennenzulernen, nicht eingelöst werden kann.

Die Auffassung des Verstehens als Projektion ist eine Überschätzung des Subjekts, die dazu führt, daß das Schreiben von Literatur überflüssig wird. Wir haben dann bereits in uns, was wir in den großen Werken der Schriftsteller zu finden meinen. Die Autoren hätten sich daher, wie Hans Jonas ausführt, ihre Mühe, ihre Werke zu schreiben, sparen können. (vgl. Jonas 1970:13) Auch Dewey kritisiert diese Selbstüberschätzung des Subjekts:

"The misconception of what takes place in what is called projection is, in short, wholly dependent upon the failure to see that self, organism, subject, mind – what ever term is used – denotes a factor which interacts causally with environing things to produce an experience." (Dewey 1958:250)

Das Selbst verwirklicht sich nicht, wie der Subjektivismus meint, dadurch, daß es sich von der Welt befreit, sondern erst dadurch, daß es sich mit ihr auseinandersetzt.

"Individuality itself is originally a potentiality and is realized only in interaction with surrounding conditions. In this process of intercourse, native capacities, which contain an element of uniqueness, are transformed and become a self. Moreover, through resistance encountered, the nature of the self is discovered. The self is both formed and brought to consciousness through interaction with environment." (Dewey 1958:281f.)

Die Vorstellung, daß wir uns in der Kunst als Spiel von dem Zwang der Realität befreien, setzt nach Dewey die problematische Trennung von Notwendigkeit und Freiheit schon voraus und bestätigt sie erneut. Der Auffassung, daß man Freiheit dadurch erreicht, daß man sich von dem Objektiven befreit, setzt Dewey entgegen, daß Kunst diese Trennung gerade überwindet.

> "The very existence of a work of art is evidence that there is no opposition between the spontaneity of the self and objective order and law. In art, the *playful* attitude becomes interest in the transformation of material to serve the purpose of a developing experience. Desire and need can be fulfilled only through objective material, and therefore playfulness is also interest in an object." (Dewey 1958:279)

Der 'subjective criticism' stellt eine Reaktion auf die Unzulänglichkeiten des 'objective criticism' dar. Aber für Dewey ist der Subjektivismus, für den es nur ein 'in there' gibt, ebenso eine unzulässige Abstraktion wie der Objektivismus, für den es nur ein 'out there' gibt. Kein Organismus könnte überleben, wenn er sich über die Welt 'out there' hinwegsetzte, und in jeder Reaktion auf die Welt tritt etwas von dieser Welt in Erscheinung. Das gilt auch für die Rezeption von Kunstwerken. Deweys Kritik an der impressionistischen Literaturauffassung gilt auch für den 'subjective criticism'. Selbst der Rezipient, der seine 'responses' nur aus seiner Persönlichkeit erklären will, überschreitet das subjektive Paradigma, weil er, um sich selbst zu verstehen, auf die Interaktion mit anderen und seiner Umgebung eingehen muß:

> "... he gives the reader ground for an 'impression' on his own part that is more objectively grounded than any impression can be that is founded on a mere 'it seems to me.'" (Dewey 1958:305)

Um einen Eindruck zu verstehen, muß man über ihn hinausgehen auf das, was ihn bedingt hat. Die Weigerung, auf das Kunstwerk Bezug zu nehmen, weil dies ein objektivistischer Trugschluß sei, erweist sich selbst als Trugschluß. Verkannt wird, daß der Künstler wie auch der Rezipient nicht einem sinnleeren Material gegenüberstehen, in das sie ihre Vorstellungen projizieren, sondern einer gestalteten Welt begegnen. Erfahrung ist nicht bloße Tätigkeit als Projektion, sondern Auseinandersetzung mit einem konkret Gegebenen, das unsere Aufmerksamkeit erfordert:

> "There is ... an element of undergoing, of suffering in its large sense, in every experience. Otherwise, there would be no taking in of what prece-

ded. For "taking in" in any vital experience ... involves reconstruction which may be painful." (Dewey 1958:41)

Während das objektive Paradigma die ästhetische Erfahrung auf die Beschreibung des Gegebenen reduziert, reduziert das subjektive Paradigma sie auf die freigesetzten Emotionen und Phantasien des Lesers. Damit aber löst das "subjective paradigm" die ästhetische Erfahrung ins Unverbindliche auf:

> "An aesthetic product results only when ideas cease to float and are embodied in an object, and the one who experiences the work of art loses himself in irrelevant reverie unless his images and emotions are also tied to it in the sense of being fused with the matter of the *object*." (Dewey 1958:276)

Das subjektive Paradigma hat gegenüber dem objektiven Paradigma recht, wenn es betont, daß keine Erfahrung zustandekommen könne ohne Imagination, mit der wir unsere Vorstellungen und Werte in die jeweilige Situation einbringen:

> "Interaction of a living being with an environment is found in vegetative and animal life. But the experience enacted is human and conscious. Only as that which is given here and now is extended by meanings and values drawn from what is absent in fact and present only imaginatively." (Dewey 1958:272)

Für das subjektive Paradigma ist jedoch die Imagination nicht mehr Moment in der Erfahrung, sondern determiniert die Erfahrung. Das Kunstwerk wird dann, um einen Ausdruck von Dewey zu gebrauchen, zum Sprungbrett für die Phantasie des Rezipienten. Ein Rezipient, der jedoch ein Bild nur dazu benutzt, sich seine Phantasie anregen zu lassen, *sieht* das Bild nicht (vgl. Dewey 1958:133f.).

Sowohl in der Literaturdidaktik als auch in der Pädagogik gilt es den Gegensatz zwischen dem Objektivismus, der die Lernenden zur Anpassung zwingt, und dem Subjektivismus, der die Auseinandersetzung mit dem Objekt als Zumutung ablehnt, zu überwinden. Wenn man nach Modellen sucht, um die Entgegensetzung von Steuerung und Offenheit zu überwinden, dann bietet sich die Dialektik von Frage und Antwort an. Wer eine Frage stellt, eröffnet einen Spielraum für die Antwort, sonst wäre es keine echte Frage. Andererseits lenken Fragen und schränken Antworten ein. Auch kann die Antwort die Frage verfehlen, was es nach dem subjektiven Paradigma nicht gibt. In dem Zusammenhang der Dialektik von Frage und

Antwort weist Bernhard Waldenfels darauf hin, wie sich Steuerung und Offenheit bedingen:

> "Die Frage eröffnet einen begrenzten Spielraum; die Antwort knüpft an, indem sie innerhalb des vorgegebenen Spielraums eine Auswahl trifft. Kombination und Selektion sind nicht zu trennen. Eine Schwächung eines der beiden Momente führt zu Sprach- und Kommunikationsstörungen; Kombination ohne Selektion bedeutet ein zwangsläufiges Verhalten in einem *geschlossenen* Kontext, Selektion ohne Kombination ein beliebiges, zusammenhangloses Verhalten in einem *völlig offenen* Kontext." (Waldenfels 1977:147)

Die Sensibilität für die Schwierigkeiten und Probleme des Verstehens ist gewachsen. Wir erkennen immer deutlicher, wie wir an Sinnbildungen beteiligt sind. Das subjektive Paradigma antwortet auf diese Situation, zieht jedoch daraus den vorschnellen Schluß, daß Verstehen Projektion sei (vgl. Bredella 1992:599ff.). Wenn man jedoch Verstehen auf Projektion reduziert, dann ist die Folge ein Relativismus, der uns von der Verpflichtung befreit, uns auf ein angemesseneres Verstehen des Anderen einzulassen. Wie James Clifford in der Einleitung zu dem Sammelband *Writing Culture: The Poetics and Politics of Ethnography* ausführt, haben die Autoren des Bandes Sinnbildungen in der Ethnographie kritisch analysiert und sich zum Teil auch von ihnen distanziert, ohne jedoch damit die These zu propagieren, daß wir den anderen gar nicht verstehen können oder daß eine Interpretation so gut wie jede andere sei.

> "The authors in this volume do not suggest that one cultural account is as good as any other. If they espoused so trivial and self-refuting a relativism, they would not have gone to the trouble of writing detailed, committed, social studies." (Clifford 1986:24)

In ähnlicher Weise weist auch Clifford Geertz den Relativismus und Subjektivismus zurück. Dieser sei zwar insofern berechtigt, als wir den anderen immer nur von unseren Voraussetzungen her verstehen können. Doch wäre es falsch, daraus den Schluß zu ziehen, daß wir den anderen gar nicht verstehen können (vgl. Geertz 1977:799).

Didaktik und Pädagogik haben mit Recht das objektive Paradigma, das die Kreativität und Subjektivität des Lernenden unterdrückt, kritisiert. Jedoch die bloße Freisetzung des Subjektiven ohne Auseinandersetzung mit dem Gegenüber impliziert, daß sich das Subjekt den eigenen undurchschauten Voraussetzungen ausliefert. Zudem führt die einseitige Betonung der

Subjektivität dazu, daß wir den Anderen als Bedrohung der eigenen Souveränität erfahren. Die Folge davon ist, daß das subjektive Paradigma gerade nicht von Herrschaft befreit, sondern sie verstärkt. Auf diesem Hintergrund erscheint das interaktive Paradigma und die Dialektik von Frage und Antwort geeignet, die Steuerung weder zu überschätzen noch zu verteufeln und die Dialektik von Steuerung und Offenheit in den Blick zu bekommen.

Literaturverzeichnis

Bleich, D. (1975). *Readings and Feelings: An Introduction to Subjective Criticism.* Urbane, Illinois: National Council of Teachers of English.
Bleich, D. (1970). *Subjective Criticism.* Baltimore: University Press.
Bredella, L. (1992). Towards a Pedagogy of Intercultural Understanding. *Amerikastudien/American Studies, 37* (4), 559-594.
Clifford, J. (1986). Introduction: Partial Truths. In Clifford, J. & Marcus, G. E. (Hrsg.). (1986). *Writing Culture: The Poetics and Politics of Ethnography.* Berkeley: University of California Press, 1-26.
Dewey, J. (1958). *Art as Experience.* New York: Capricorn Books.
Eco, U. (1977). *Das offene Kunstwerk.* Frankfurt/Main: Suhrkamp.
Eco, U. (1987). *Lector in fabula: Die Mitarbeit der Interpretation in erzählenden Texten.* München/Wien: Hauser.
Fish, S. (1980). *Is There A Text in This Class? The Authority of Interpretive Communities.* Cambridge/Mass.: Harvard University Press.
Fish, S. (1984). Interpreting the *Variorum.* In Tompkins, J. P. (Hrsg.). (1984). *Reader-Response Criticism: From Formalism to Post-Structuralism.* Baltimore/London: The Johns Hopkins University Press, 70-100.
Fish, S. (1989). Why No One's Afraid of Wolfgang Iser. In Fish, S. (1989). *Doing What Comes Naturally.* Oxford: Clarendon Press, 68-86.
Geertz, C. (1977). Found in Translation: On the Social History of the Moral Imagination. *The Georgia Review, 31,* 789-810.
Jonas, H. (1979). *Wandel und Bestand: Vom Grunde der Verstehbarkeit des Geschichtlichen.* Frankfurt: Vittorio Klostermann.
Waldenfels, B. (1977). Verhaltensnorm und Verhaltenskontext. In Waldenfels, B., Broekman, J. M. & Pozanin, A. (Hrsg.). (1977). *Phänomenologie und Marxismus, 2.* Frankfurt/Main: Suhrkamp, 134-77.

Herbert Christ

Die Dialektik von Steuerung und Offenheit

1. Relevanz für die fremdsprachendidaktische Theoriebildung

Steuerung und Offenheit sind in jedem Lehr- und Lernprozeß, namentlich aber im Prozeß des Lehrens und Lernens fremder Sprachen untrennbar miteinander verbunden. Es ist undenkbar, daß jemand fremde Sprachen *ohne Steuerung* lernt; selbst der sogenannte 'natürliche' Erwerb zweiter und weiterer Sprachen ist ja alles andere als 'natürlich'; er geschieht gesellschaftlich vermittelt, wird durch andere Sprecher angeleitet; in ihm geschieht Steuerung auch ohne Lehrpersonen, Lehrbücher, formellen Lernprozeß (zur 'Dichotomie' Lernen und Erwerben vgl. Königs 1991[2]).

Ebenso undenkbar ist es, daß jemand fremde Sprachen so lehrt, daß offene Lernprozesse ausgeschlossen werden. *Die Programmierung des Fremdsprachenlernens* stößt sehr bald an Grenzen, weil die Köpfe der Lerner ihre eigenen Wege suchen. Dies gilt sowohl für eine von Lehrpersonen, von Unterrichtsmedien wie von Lehrprogrammen induzierte 'Programmierung'.

Die Dialektik von Steuerung und Offenheit ist in der Tat ein fundamentales Faktum jeglichen Lehrens und Lernens, ja sogar der gesamten Pädagogik. Theodor Litt hat in *Führen oder wachsen lassen* das Entscheidende dazu gesagt. Es ist in der Pädagogik wie in der Fremdsprachendidaktik *vom Spannungsfeld von Steuerung und Offenheit* auszugehen. Wer sich die Geschichte der Fremdsprachendidaktik ansieht, kann allerdings zu dem Eindruck gelangen, daß sich Phasen abgelöst haben, in denen abwechselnd die Steuerung und die Offenheit des Lehrens und Lernens betont worden sind. So treten die 'Reformer' der achtziger Jahre des 19. Jahrhunderts mit ihrer 'direkten Methode' für einen weitgehend offenen Lehr- und Lernprozeß ein und wenden sich gegen das, was sie als Grammatik- und Übersetzungs-Methode kannten; zu Beginn der siebziger Jahre unseres Jahrhunderts wurde die Lernerorientierung zum Schlachtruf, als es darum ging, gegen eine einseitige Betonung der Steuerung zu Felde zu ziehen, wie sie in audiolingualen, audiovisuellen oder anderen Formen weitgehend programmierten Lernens zum Ausdruck kam.

Eine Versöhnung des Widerspruchs (der im eigentlichen Sinn kein Widerspruch ist) scheint sich z.B. dort anzukündigen, wo versucht wird, Steuerungs*angebote* (als Angebote von Hilfen für den Fall, daß sie gebraucht werden) zu machen, wie sie im interaktiven Video oder in anderen Formen rechnergestützten Lernens probiert werden. Allerdings ist der Weg noch weit von den bisher vorliegenden, zumeist noch mängelbehafteten Prototypen zur Serienreife für den fremdsprachlichen Lehr- und Lernprozeß.

Die eigentliche, alltägliche Versöhnung passiert aber in einem kooperativen Fremdsprachenunterricht, in dem beide Seiten, Lehrende wie Lernende, wissen, was es mit Steuerung und Offenheit auf sich hat.

Die Theorie des Lehrens und Lernens fremder Sprachen kann die *Dialektik von Steuerung und Offenheit* jedenfalls nicht umgehen. Sie ist konstitutiv für alle Ansätze, und muß deshalb in der Theoriebildung berücksichtigt werden.

2. Untersuchungsverfahren und Forschungsansätze

Die zweite Leitfrage suggeriert, daß die systematische Erforschung offener Lehr- und Lernprozesse größere Probleme macht als die Erforschung gesteuerter Lehr- und Lernprozesse. Dies erscheint zunächst plausibel: Der Forscher hat beim gesteuerten Lehr- und Lernprozeß ein Kriterium in der Hand, an dem er den intendierten Erfolg messen kann. Beim offenen Lehr- und Lernprozeß fehlen ihm solche Kriterien.

Nun ist der meßbare Erfolg aber nicht das einzige und sicherlich auch nicht das wichtigste Anliegen einer Forschung, die Prozesse untersuchen will. Sie muß es sich vielmehr angelegen sein lassen, das gesamte Bedingungsgefüge von Fremdsprachenunterricht mitzubedenken und die zu untersuchenden Prozesse darauf abzubilden.

Dabei ist als erstes an die *vérité de La Palice* zu erinnern, daß es *den* Fremdsprachenunterricht nicht gibt und also auch keine fremdsprachlichen Lehr- und Lernprozesse schlechthin, sondern allemal solche, in je besonderen Situationen. Da in unserer Gesellschaft Fremdsprachenunterricht für alle Altersgruppen, für Personen unterschiedlichster Ausgangssprache, in Dutzenden Zielsprachen, als erste, zweite, dritte usw. Fremdsprache, als Zweitsprache im Zielsprachenland, in intensiver und extensiver Form, im schulischen und außerhalb vom schulischen Kontext, von Lehrpersonen unterschiedlichen Ausbildungsstandes, Alters, Geschlechts sowie unterschiedlicher Herkunftssprachen erteilt wird, ist die grundlegende Voraussetzung für alle Untersuchungen eher offener oder eher gesteuerter Lehr- und Lernprozesse die Offenlegung des jeweiligen Bedingungsgefüges. Mit der Offenlegung ist es natürlich nicht getan: Dieses muß in der Untersuchung berücksichtigt werden und im Resultat seinen Niederschlag finden. Es sind daher keine universalen Aussagen zu erwarten, sondern nur fallgruppenbezogene.

Als zweites ist im Auge zu behalten, daß Steuerung und Offenheit einander nicht ausschließen, sondern aufeinander angewiesen sind und aufeinander aufbauen. Also ist bei Beobachtung offener Lehr- und Lernprozesse der Grad der impliziten Steuerung durch vorhergegangene oder begleitende Steuerungsprozesse unterschiedlicher Provenienz (durch Lehrpersonen, Lehrmaterialien, Mitlernende, vorhergehende oder gleichzeitige andere Lernprozesse) festzustellen, und bei Beobachtung von bewußt gesteuerten Lehr- und Lernprozessen ist die unvermeidbare Offenheit jeden Lehrens und Lernens – z.B. bewirkt durch die äußeren Einflüsse auf die Lehr- und Lernprozesse – zu berücksichtigen.

Für mich ergibt sich aus diesen generellen Überlegungen folgendes: Als bestes Verfahren für die Erforschung von Lehr- und Lernprozessen als einem sehr komplexen Vorgang bietet sich die begleitende Beobachtung an. Natürlich sind auch isolierende, empirische Verfahren heranzuziehen, unter der Bedingung, daß sie als Untersuchung mit begrenzter Reichweite (wie sich aus dem oben Gesagten ergibt) verstanden werden.

3. Beispiel Schüleraustausch

Ich nehme als Beispiel das sprachliche und das interkulturelle Lernen im Schüleraustausch. Im Schüleraustausch wird eher offen als gesteuert gelernt. Das gilt gleichermaßen für den sprachlichen und für den interkulturellen Lernprozeß. Die Steuerung erfolgt in einem sehr komplexen Bedingungsgefüge: Lehrer (nicht nur Fremdsprachenlehrer) und Schule, ausländische Lehrer und die ausländische Schule, das eigene Elternhaus und die Gasteltern, Klassenkameraden und die ausländischen Partner, Freunde, Verwandte und je nach Programm bzw. Projekt sehr viele andere Personen nehmen an dieser Steuerung teil. In dieser Diffusion der Steuerung liegt die Chance der Offenheit. Sie ist vor allem aber im Lernen auf Gegenseitigkeit begründet – mit den ausländischen Partnern und durch die ausländischen Partner.

Der Schüleraustausch ist seit langem Gegenstand der Forschung. Dabei stand allerdings weniger das Fremdsprachenlernen als das interkulturelle Lernen im Mittelpunkt des Interesses, sowohl bei Sozialpsychologen (z.B. Thomas 1988), bei Pädagogen (Müller 1984), wie auch bei Fremdsprachendidaktikern (als Beispiele: Alix 1990, Firges/Melenk 1983, Keller 1978). Aber beides – sprachliches und interkulturelles Lernen – ist in der Lernsituation des Schüleraustauschs wie ja auch im Fremdsprachenunterricht überhaupt untrennbar miteinander verbunden (Christ 1993).

Bei diesen Untersuchungen ist sowohl die begleitende Beobachtung – auch und gerade die Beobachtung auf längere Dauer angelegter, im Dialog der Partner ausgehandelter Prozesse – wie die Untersuchung der Entwicklung und Veränderung von Urteilen, Meinungen, Einstellungen durch Befragung oder Test angewandt worden.

Auch die Entwicklung der sprachlichen Kompetenz blieb nicht unbeachtet, wobei nicht zuletzt das Sprachenlernen auf Gegenseitigkeit, die Vermittlung von sprachlichen 'Überlebensstrategien', die Wiederaufnahme des Gelernten in späterem Sprachunterricht Aufmerksamkeit erregte (Bibliographie in Christ 1992).

Die systematische Erforschung des sprachlichen und interkulturellen Lernens im Rahmen des Schüleraustauschs ist naturgemäß ein Problem der Dokumentation. Das Paradigma 'Unterrichtsbeobachtung' kann hier nicht dienen. Was jedoch sehr hilfreich ist – bei Alix (1990) und Firges/Melenk (1983) kann man dies nachlesen – das sind gute Materialzusammenstellungen, die bei der Vorbereitung, der Durchführung und der Nachbereitung des Austauschs gewonnen sind. Beim projektorientierten Schüleraustausch – der gegenüber älteren Formen an Bedeutung gewinnt – ist die Materialzusammenstellung durch Video, Photos, Tagebuch, Notizensammlungen, Presseausschnitte, Lesefrüchte usw. Teil der gemeinsamen Arbeit im Austausch. Die Materialzusammenstellungen untermauern die Untersuchungen und stellen die teilnehmende Beobachtung (die naturgemäß nur partiell sein kann, aber dennoch unverzichtbar ist) auf eine breitere und nachprüfbare Basis.

Konsequenzen für die Praxis des Fremdsprachenunterrichts

Schüleraustausch erwächst in vielen Fällen (wenn nicht in den meisten Fällen) aus dem Fremdsprachenunterricht und ist für den Fremdsprachenunterricht ein wichtiges Anwendungsfeld, zugleich eine Quelle der Motivation und der Motivierung, und naturgemäß ein nicht zu unterschätzender Lernort. Untersuchungen über den Schüleraustausch haben – wenn Lehrer einbezogen und wenn Lehrer zu Mittlern zwischen Praxis und Forschung gemacht werden – unbestreitbar Auswirkungen auf die Praxis desselben. Das Problem *Steuerung und Offenheit* ist gerade im Schüleraustausch evident. Es wird tagtäglich erlebt; darum wird hier nicht nur die Frage nach übertragbaren Erfahrungen gestellt, sondern auch nach Gründen und Begründungen gefragt. Das ist eine gute Ausgangslage für Untersuchungen, die nicht wirkungslos bleiben sollen.

Literaturverzeichnis

Alix, C. (1990). *Pakt mit der Fremdheit? Interkulturelles Lernen als dialogisches Lernen im Kontext internationaler Schulkooperation.* Frankfurt am Main.

Christ, H. (1992). *Schüleraustausch. Eine didaktische und organisatorische Handreichung* (2. erweiterte Auflage). Gießen.

Christ, H. (1993). Schüleraustausch zwischen Verstehen und Mißverstehen. In Bredella, L. & Christ, H. (Hrsg.). (1993). *Zugänge zum Fremden.* Gießen.

Firges, J. & Melenk, H. (1983). Projektorientierte Landeskunde im Schüleraustausch. In Raasch, A., Hüllen, W. & Zapp, F.-J. (Hrsg.). (1983). *Beiträge zur Landeskunde im Fremdsprachenunterricht.* Frankfurt, 178-185.

Keller, G. (1978). Werden Vorurteile durch einen Schüleraustausch abgebaut? In Arndt, H. & Weller, F.-R. (Hrsg.). (1978). *Landeskunde und Fremdsprachenunterricht.* Frankfurt, 130-150.

Königs, F. G. (1991^2). Die Dichotomie Lernen/Erwerben. In Bausch, K.-R. et al. (Hrsg.). *Handbuch Fremdsprachenunterricht.* Tübingen, 356-359.

Litt, T. (1960^8). *"Führen" oder "Wachsen lassen". Eine Erörterung des pädagogischen Grundproblems.* Stuttgart.

Müller, B. (1984). Drei Perspektiven eines pädagogischen Austausches. In (1984) *Von der Versöhnung zum Alltag interkultureller Beziehungen.*

– *Deutsch-französischer Jugendaustausch – Bilanzen und Perspektiven.* Bad Honnef, 151-162.
Thomas, A. (1988). Interkulturelles Lernen im Schüleraustausch. Abschlußbericht über eine Beobachtungsstudie. In Thomas, A. (Hrsg.). *Interkulturelles Lernen im Schüleraustausch.* Saarbrücken, 15-76.

Willis J. Edmondson

Interne und externe Spannungen beim Fremdsprachenlernen

0. Vorbemerkung

Ich möchte vermuten, daß *alle* menschlichen Tätigkeiten innerhalb des Spannungsfelds zwischen Steuerung und Offenheit stattfinden. Dies liegt u.a. daran, daß der Mensch als Individuum ein soziales Wesen ist. Es wäre z.B. interessant, die auf die Leitfragen antwortenden Statements, die sich aus früheren Frühjahrskonferenzen ergeben haben, aus dieser Perspektive empirisch zu untersuchen. Das folgende Statement ist sicherlich keine Ausnahme – eine gewisse 'Spannung' ist festzustellen. So scheint es mir notwendig, zunächst zu überlegen, wie die Leitfragen zu interpretieren sind, bevor ich sie zu diskutieren versuche, insbesondere deshalb, weil ich bei der Interpretation der Leitfragen einige Probleme habe.

1. Prozesse, soziale Rollen und Handlungen

Zunächst wenden wir uns den Begriffen 'Lernprozesse' und 'Lehrprozesse' zu. Das Lernen ist ein psychologischer/kognitiver/neurologischer Vorgang – insofern kann man durchaus über Lernprozesse reden, wobei häufig unterschieden wird zwischen z.b. Lernprozessen und Lernstrategien (Knapp-Potthoff & Knapp 1982:129-144). Das Lehren ist jedoch grundsätzlich eine Art Tätigkeit, die durch eine festgelegte soziale Rolle und durch beobachtbare Merkmale identifizierbar ist. Selbstverständlich läuft der Lernprozeß (teilweise) innerhalb eines institutionellen Rahmens (Unterricht) ab, der als Szenario für das Lehren gilt; ebenso hat das Lehren psycho-neurologische Ursachen bzw. Korrelate bei den Lehrenden. Nur haben wir es hier nicht mit vergleichbaren 'Prozessen' zu tun, wenn das Lehren und das Lernen prozedurell diskutiert werden sollen. Ich bin mir gar nicht sicher, ob der Begriff 'Lehrprozesse' überhaupt sinnvoll ist.

1.1 Lehren als offener, extern gesteuerter Vorgang

Im folgenden werde ich also über didaktische Entscheidungen bzw. didaktische Handlungen statt über 'Lehrprozesse' sprechen. Damit ist die potentielle Spannung zwischen Steuerung und Offenheit bzgl. der 'Lehrprozesse' geklärt. Lehrende haben die Aufgabe, nach verschiedenen extern festgelegten 'Vorschriften' (Richtlinien, Examina, Lehrplänen, Lehrwerken) vorzugehen. Hierdurch werden ihre didaktischen Entscheidungen und Handlungen 'gesteuert' oder sogar festgelegt. Möglicherweise stimmen die extern festgelegten Entscheidungen mit den didaktischen Überzeugungen der individuellen Lehrenden jedoch nicht überein ("Wollen Sie, liebe Schüler und Schülerinnen, das Abitur schaffen, oder wollen Sie Englisch lernen?"). Somit besteht grundsätzlich ein potentielles Spannungsfeld zwischen dem Individuum und seiner sozialen Umwelt.

Diese Spannung ist sprachenpolitisch bedingt und spiegelt sich in Fragen der Lehrfreiheit, im Grad der zentralen Curriculumplanung und in entsprechenden Fragen der Lehrerausbildung wider. Kurz gesagt, wir haben es mit den institutionellen Bedingungen des Fremdsprachenunterrichts zu tun, wozu ich – unter vielen anderen – bereits ein Statement abgegeben habe, das vielleicht nicht so ganz irrelevant ist (Bausch, Christ, Hüllen & Krumm 1989). Ich werde *diesem* 'Spannungsfeld' daher weniger Aufmerksamkeit widmen.

Ich habe soeben betont, daß die Tätigkeit 'Lehren' durch eine identifizierbare soziale Rolle und beobachtbare Merkmale charakterisiert werden kann. Es ist sinnvoll, diese beiden Aspekte analytisch zu trennen, wie Widdowson (1987) dies tut. Als Lehrer erfüllt man eine bestimmte soziale Funktion ("Er ist Lehrer.") und bei der Ausübung dieser Rolle (d.h. durch das Unterrichten) versucht man, Lernprozesse zu fördern ("Er ist ein sehr guter Lehrer"). Widdowson weist in diesem Zusammenhang auf die Unterscheidung im Französischen zwischen *professeur* und *enseignant(e)* hin. Die potentielle Spannung bzgl. des Lehrens kann jetzt als Spannung zwischen sozialer Rolle und didaktischer Tätigkeit interpretiert werden.

Der Begriff 'Lerner' dagegen entspricht nur dem zweiten Aspekt, d.h. einer zielgerichteten Tätigkeit – für die erste, mit einer sozialen Rolle verbundene Interpretation des Begriffs 'Lehrer' sind 'SchülerIn' und 'StudentIn' zwei mögliche soziale Rollen, die Lerner ausüben können (daher ist "Sie ist Lernerin." Unsinn, "Sie ist eine gute Lernerin." dagegen nicht). Ich komme auf die Zweideutigkeit des Begriffs 'Lehrer' zurück – hier sei nebenbei bemerkt, daß bei dem Begriff 'gesteuertes Fremdsprachenlernen' das Adjektiv auf die sozialen Bedingungen hinweist, im Rahmen derer das Fremdsprachenlernen abläuft und nicht auf Merkmale der didaktischen Handlungen, durch die das Lernen gefördert werden soll. Daher ist es kein Widerspruch, über 'offenes gesteuertes Fremdsprachenlernen' zu sprechen. Innerhalb dieser Kollokation bietet die/der Lehrende Steuerung als *professeur*, Offenheit als *enseignant(e)*.

1.2 Lernen als offener, extern gesteuerter Vorgang

Wie aber sollen wir das Spannungsfeld von Steuerung und Offenheit bzgl. der Lernprozesse interpretieren? Ich gebe zu, ich kann hierfür keine sinnvolle Interpretation finden. Was könnte es bedeuten, über 'offene' gegenüber 'gesteuerten' Lernprozessen zu sprechen? Ich sehe mich gezwungen, den Begriff 'Prozesse' auch bzgl. des Lernens aufzugeben – statt dessen werde ich also über Lernstrategie bzw. Lerntätigkeiten sprechen. Auch in diesem Zusammenhang können 'Steuerung' und 'Freiheit' kaum als Gegenpole verstanden werden – beim Fremdsprachenunterricht haben wir es notwendigerweise mit 'gesteuertem' Lernen zu tun. Das gesteuerte Fremdsprachenlernen kann jedoch relativ 'offen' oder relativ 'geschlossen' sein. Jetzt ist also das (potentielle) Spannungfeld von Steuerung und Offenheit zu interpretieren als eine Spannung zwischen einer eher geschlossenen, lehrzentrierten und einer eher offenen, lernerzentrierten Unterrichtsform.

1.3 Vergleich

Die potentielle Spannung aus der Lehrerperspektive kann als 'externes' Spannungsfeld bezeichnet werden, da die 'Steuerung' außerhalb der unterrichtlichen Situation entsteht: die potentielle Spannung aus der Lernerperspektive soll daher als 'interne' Spannung bezeichnet werden. Selbstverständlich gibt es Überlappungen. Wenn durch externe Steuerung alle Lernschritte und didaktischen Arbeitsformen festgelegt und im Unterricht umgesetzt werden, dann liegt notwendigerweise auch eine 'interne' Steuerung vor. Wenn jedoch Lehrende Offenheit genießen bzgl. didaktischer Entscheidungen, dann ist dies zwar eine Voraussetzung für eine unterrichtsinterne 'Offenheit', aber keine Garantie dafür. D.h. Lehrende können ihren Handlungsspielraum dazu ausnutzen, ein sehr rigides Unterrichtskonzept durchzusetzen.

2. Offenheit und Steuerung im Fremdsprachenunterricht: Forschungsfragen und Forschungsmethoden

Beide Perspektiven (externe und interne) der Spannung sind natürlich von zentraler Bedeutung für die Erforschung und Praxis des Fremdsprachenlernens und -lehrens. Bei der Diskussion einiger Forschungskomplexe, die hiermit verbunden sind, fokussiere ich eher auf Fragen der 'Offenheit' der unterrichtlichen Darstellung, ohne im voraus die implizite positive Bewertung zu akzeptieren, die mit dem Konzept 'Offenheit' verbunden ist.

2.1 Relevante Forschungsfragen bzw. -ergebnisse

(a) Eine zentrale Frage in der Sprachlehrforschung/Zweitsprachenerwerbsforschung ist immer noch, inwiefern alle LernerInnen grundsätzlich eine Fremdsprache auf ähnliche Art und Weise lernen oder inwiefern individuelle kognitive/affektive Unterschiede unterschiedlich bevorzugte oder effektivere Lernstile mit sich bringen. Didaktisch umgesetzt lautet die Frage: inwiefern sind individuelle Unterschiede zwischen Lernern bei der unterrichtlichen Planung und Durchführung zu berücksichtigen und inwiefern sind sie auszugleichen (s. Edmondson 1990:75-77). Hiermit verbunden sind Fragen der Lehrbarkeit und Lernbarkeit unterschiedlicher Lernstrategien sowie Fragen der Nützlichkeit kommunikativer Strategien beim Fremdsprachenlernen (O'Malley & Chamot 1991, Bialystok 1990).

(b) Von zentralem theoretischen Interesse sind (m.E.) die *Teachability Hypothesis* von Pienemann (1989) und die *Projection Hypothesis* von Zobl (1983). In der Tendenz deuten beide Hypothesen auf eine eher 'gesteuerte' Unterrichtsform hin, zumindest was die Festlegung der Reihenfolge bestimmter Aspekte der Zielsprache im Curriculum bzw. Lehrplan betrifft.

(c) Andererseits gibt es mehrere Ansätze, die das gesamte Konzept eines zeitlich festgelegten Lehrplans bzw. Curriculums problematisieren (Allwright 1979, Holec 1981). Die bevorzugte Alternative ist eine eher 'offene' Unterrichtsgestaltung, wobei Begriffe wie 'Responsibility-sharing' oder sogar 'Lernautonomie' von zentraler Bedeutung sind. Einige empirische Studien lassen vermuten, daß es möglicherweise Variationen in der Interaktion zwischen den Dimensionen 'Steuerung/Offenheit' und dem

Lernerfolg für unterschiedliche Lerner gibt. So kann ein stark strukturierter Unterricht für Lerner überdurchschnittlicher Intelligenz von Nachteil sein – anders ausgedrückt, 'intelligente' Lerner machen größere Fortschritte beim Fremdsprachenlernen, wenn sie mehr Eigenkontrolle über ihr eigenes Lernen haben (s. zusammenfassend Skehan 1989:122-129).

(d) Für eine bestimmte 'Offenheit' bei der unterrichtlichen Planung und Durchführung spricht ferner die Themenkontroll-Hypothese, die besagt, daß das Sprachenlernen besser gefördert wird, wenn Lerner selbst über Gesprächsthemen entscheiden und auch darüber, wer wann an dem Gespräch teilnehmen soll. Es gibt einige Befunde aus dem Erstsprachenerwerb und ebenfalls aus dem natürlichen Zweitsprachenerwerb, die mit dieser Hypothese konsistent sind (s. zusammenfassend Ellis 1990:123). Unterstützung findet die Hypothese auch in einigen Studien, in denen der Einfluß bei der Themenauswahl auf das Gelingen von Interaktionen zwischen Lernern und native speakers untersucht wird (für eine Zusammenfassung siehe z.B. Zuengler im Druck und Larsen-Freeman & Long 1991:120-126).

2.2 Forschungsmethodische Perspektiven

(a) Bislang wurden individuelle Unterschiede, die möglicherweise einen Einfluß auf den Lernerfolg ausüben, häufig unabhängig voneinander psychometrisch untersucht. Mit solchen Forschungsströmungen sind u.a. folgende Probleme verbunden:

- Die Operationalisierbarkeit sowohl der untersuchten Hauptvariablen ('Motivation', 'Sprachlerneignung', 'Umfeldunabhängigkeit' usw.), als auch der Aspekt der Sprachbeherrschung, der vermutlich damit korrelieren könnte, bleibt problematisch.

- Wegen dieser Probleme sind allzu häufig die Ergebnisse unterschiedlicher Studien, die im Prinzip das gleiche Phänomen untersuchen, kaum vergleichbar.

- Die Ergebnisse solcher psychometrisch angelegten Forschungen werden in Form eines Korrelationsindex vorgelegt, der (für den Fall, daß die Ergebnisse signifikant sind) selten über 0.40 liegt, mit einem Reliabilitätsindex von typischerweise $p > .05$. D.h. es wird bestätigt, daß man mit 95%iger Sicherheit sagen kann, daß Faktor X mit circa

16% der Leistungsergebnisse nach Meßinstrument Y korreliert. Es bleibt unklar, welche (nicht-mathematische) Signifikanz solche Studien für eine Theorie des Spracherwerbs oder eine Theorie der Fremdsprachenvermittlung haben.

In der Zwischenzeit haben jedoch einige Forscher versucht, solche Studien in einem breiteren theoretischen Rahmen zu interpretieren, und z.B. herauszufinden, was genau sich hinter dem Meßinstrument versteckt (vgl. Skehan 1989:31-48; s. auch Crookes & Schmidt 1991). Forschungsmethodisch verstehe ich den Versuch, vorhandene psychometrische Studien durch neue zu ergänzen und neu zu interpretieren, als einen forschungsstrategischen Gewinn.

(b) Insgesamt gibt es eine Korrelation zwischen Top-down (experimentellen) gegenüber Bottom-up (holistisch/ethnographischen) Forschungsstrategien und eine Fokussierung auf 'gesteuerte' gegenüber 'offenen' Aspekten des Fremdsprachenunterrichts. Dies spiegelt sich in der Tatsache wider, daß innerhalb des Second Language Acquisition Research der Begriff 'Instruction' als Bezeichnung für Lehre allgemein verwendet wird. Dabei wird die Bezeichnung einer bestimmten Art von Unterricht als Bezeichnung für die institutionalisierte Lehre benutzt.

Da Fremdsprachenunterricht immer sowohl 'offene' als auch 'gesteuerte' Elemente enthält und da ferner beide Forschungsansätze eine valide Funktion haben, ist es wünschenswert, daß diese Zuordnung durchbrochen wird. (Man kann z.B. experimentelle Forschungen mit 'offenen' Unterrichtsformen und ethnographische Studien zum Erwerb expliziter grammatischer Kenntnisse im Lockstep-Verfahren durchführen!)

(c) Wenn wir davon ausgehen können, daß das Konzept 'Fremdsprachenlehrmethode' keine Relevanz für das Verstehen bzw. die Verbesserung der Sprachlehre und des Sprachenlernens hat, dann ist es angebracht zu fragen, welche Relevanz die 'steuernden' Konzepte Lehrwerk und Lehrplan (bzw. Curriculum) haben. Es wäre z.B. interessant zu wissen, ob Lehrende, die mit demselben Lehrwerk unterrichten, dies auf eine ähnliche Art und Weise einsetzen und warum dies so ist. Die gleiche Frage gilt für Lehrpläne. Werden vorgegebene Inhalte, didaktische Strategien oder Übungstypen absichtlich von verschiedenen Lehrenden *nicht* eingesetzt, die unter ähnlichen externen 'gesteuerten' Bedingungen arbeiten? Gleichzeitig könnte man untersuchen, wie Lerner verschiedene Inhalte im Lehrwerk bzw. Aufgaben im Unterricht einschätzen, und ob es z.B. Überlappungen zwischen Lehrer- und Lerner-Perspektiven gibt. Der forschungsmethodische Ansatz ist bei einer solchen Fragestellung längst bekannt. Breen (1991) berichtet aber über eine interessante Variante zum Komplex *Lehrerbefragung – Lernerinterviews – Unterrichtbeobachtung – retrospektive Analyse* und schildert ein Forschungsverfahren, das m.E. für die Lehrerfort- und -ausbildung sehr nützlich sein könnte.

3. Konsequenzen für die Praxis des Fremdsprachenunterrichts

Die wichtigste, mit der Spannung zwischen Steuerung und Offenheit verbundene Frage ist die nach der Rolle und Form eines Lehrplans – d.h. ganz allgemein, wie oben kurz erwähnt, wie Unterrichtsplanung und Curriculumentscheidungen mit einer 'offenen' und lernerbezogenen Unterrichtsform verbunden werden können (s. Clarke 1991). Linguistische bzw. funktionale Curricula basieren grundsätzlich auf linguistischen bzw. pragma/soziolinguistischen Theorien. Das Konzept eines lernorientierten Curriculums kann als eine Aufforderung verstanden werden, ein Curriculumkonzept zu entwickeln, das auf einer Theorie des Fremdsprachenlernens basiert. Die traditionelle Vorstellung eines Curriculums als eine Sequenz detailliert festgelegter Lernschritte, die Lerner akkumulativ beherrschen sollen (wobei normalerweise begleitende Lernkontrollen vorgesehen sind), kann nicht mehr aufrechterhalten werden. Curriculumentscheidungen sollten nicht mehr unabhängig von einer Fremdsprachenlerntheorie getroffen werden. Ein alternatives Modell hierzu ist in Edmondson und House (1993:Kapitel 15) enthalten.

Literaturverzeichnis

Allwright R. L. (1979). Abdication and Responsibility in Language Teaching. *Studies in Second Language Acquisition, 2*, 103-121.
Bausch K.-R., Christ H., Hüllen W. & Krumm H.-J. (1989). *Der Fremdsprachenunterricht und seine institutionellen Bedingungen.* Tübingen.
Bialystok E. (1990). *Communication Strategies. A Psychological Analysis of Second-Language Use.* Oxford.
Breen M. (1991). Understanding the Language Teacher. In Phillipson R. et al. (1991). *Foreign/Second Language Pedagogy Research.* Cleveland. 213-233.

Clarke D. F. (1991). The Negotiated Syllabus: What is it and How is it Likely to Work? *Applied Linguistics, 12*(1), 13-28.

Crookes G. & Schmidt R. W. (1991). Motivation: Reopening the Research Agenda. *Language Learning, 41*(4), 469-512.

Edmondson W. J. (1990). *Eleven Lectures on Second Language Acquisition.* Universität Hamburg.

Edmondson W. & House J. (1993). *Einführung in die Sprachlehrforschung.* Tübingen.

Ellis R. (1990). *Instructed Second Language Acquisition.* Oxford.

Holec H. (1981). *Autonomy and Foreign Language Learning.* Strasbourg: Council of Europe/Oxford.

Knapp-Potthoff A. & Knapp K. (1982). *Fremdsprachenlernen und -lehren.* Stuttgart.

Larsen-Freeman D. & Long M. (1991). *An Introduction to Second Language Acquisition Research.* London/New York.

O'Malley J. M. & Chamot A. U. (1990). *Learning Strategies in Second Language Acquisition.* Cambridge.

Pienemann M. (1989). Is Language Teachable? Psycholinguistic Experiments and Hypotheses. *Applied Linguistics, 10*(1), 52-79.

Skehan P. (1989). *Individual Differences in Second-Language Learning.* London.

Widdowson H. (1987). The Roles of Teacher and Learner. *English Language Teaching Journal, 14*(2), 83-88.

Zobl H. (1983). Markedness and the Projection Problem. *Language Learning, 33*, 293-313.

Zuengler J. (im Druck). Explaining Nonnative Speakers' Conversational Behavior: the Effects of Conversational Topic. In Kasper G. & Blum-Kulka S. (Hrsg.). (im Druck). *Interlanguage Pragmatics.* Oxford/New York.

K.-Richard Bausch/Herbert Christ/Hans-Jürgen Krumm (Hrsg.). (1993). *Fremdsprachenlehr- und -lernprozesse im Spannungsfeld von Steuerung und Offenheit*. Arbeitspapiere der 13. Frühjahrskonferenz zur Erforschung des Fremdsprachenunterrichts. Bochum, S. 67–73.

Reinhold Freudenstein

Über die 'gesteuerte Offenheit' zur kommunikativen Kompetenz

Ein Denkmodell im Spannungsfeld zwischen Theorie und Praxis

Drei Beispiele aus meinem persönlichen Erfahrungsbereich und Zitate aus der Sekundärliteratur sind gut geeignet, mögliche Formen und Resultate der Realisierung von *Offenheit* und *Steuerung* beim Sprachenlernen zu illustrieren. Sie sind weder repräsentativ, noch erheben sie den Anspruch, die Leitfragen der Frühjahrskonferenz systematisch erschließen zu wollen. Dennoch handelt es sich keineswegs nur um kuriose Einzelfälle, die zur Beschreibung des fremdsprachlichen Lehr- und Lernprozesses nicht angeführt werden dürften, weil sie untypisch wären. Es sind vielmehr Fallstudien, die in der dargestellten oder in einer davon modifizierten Form immer wieder beobachtet werden können, wenn sich Menschen – mit unterschiedlichem Erfolg – darum bemühen, ihre Einsprachigkeit als Muttersprachler zu überwinden.

Dimension 'Offenheit'

Beispiel 1: ein junger Koreaner

Vor einigen Jahren traf ich in Peking einen jungen Nordkoreaner, der so perfekt Deutsch sprach, daß ich meinte, er müßte sich dieses Wissen bei einem längeren Deutschlandaufenthalt angeeignet haben. Als ich ihn fragte, wo er denn Deutsch gelernt habe, antwortete er lapidar: "Bei der Deutschen Welle." Ohne Lehrbuch, ohne Lehrer, aber mit viel Motivation und mit ausschließlich authentischen, nicht für Lernzwecke aufbereiteten Sprachvorbildern. Er hatte die deutsche Sprache im Alter von zwanzig Jahren 'erworben', ohne dafür Asien jemals verlassen zu haben.

Beispiel 2: ein Deutscher in Amerika

Vor dreißig Jahren lernte ich im Mittleren Westen der Vereinigten Staaten einen etwa fünzigjährigen Deutschen kennen, der nach einem längeren Spanienaufenthalt bereits über zehn Jahre als Einwanderer in Indiana gelebt und gearbeitet hatte. Er sprach perfekt Deutsch, aber sein Englisch grenzte an Unverständlichkeit, obwohl er im Bereich des Hörverstehens keine nennenswerten Probleme zu haben schien. Zehn Jahre später traf ich ihn wieder, und an seiner englischen Sprechkompetenz hatte sich nicht das geringste verbessert. Er war am Arbeitsplatz und in weiten Teilen seiner Freizeit nur mit Menschen zusammen, die amerikanisches Englisch sprachen. Und dennoch blieb er im Sprachproduktiven mehr oder weniger 'einsprachig', weil er nicht gelernt hatte (oder lernen wollte), seine Rede phonologisch angemessen auf englisch zu realisieren.

Zwischenbilanz

Beide Männer hatten in verschiedenen Stadien der 'Offenheit' unterschiedliche Spracherfahrungen machen und dabei fast gegensätzliche Sprachlernerfolge erzielen können. Der Koreaner war offensichtlich fest entschlossen gewesen, Deutsch zu lernen, und ihm ist es gelungen, über ständiges Hören, grammatisches Kombinieren und intelligentes Analysieren zum inhaltsbezogenen Verstehen und schließlich auch zum richtigen Sprechen zu gelangen. Der Deutsche in Amerika hatte eigentlich die besseren Lernchancen gehabt; während seines Arbeitsverhältnisses in Spanien konnte er bereits fremdsprachliche Erfahrungen sammeln, und in den Vereinigten Staaten hatte er Gelegenheit, die englische Sprache im täglichen Umgang zu erproben, zu korrigieren, zu verbessern – und doch ist sie ihm nicht vertraut geworden. Er hat das amerikanische Englisch – übrigens bis zu seinem Lebensende – weder unreflektiert 'erworben', noch hat er es jemals (richtig) 'gelernt'. Gelang es ihm deshalb nicht, weil sein Wunsch, nach Deutschland zurückzukehren, unerfüllt blieb?

Beispiel 3: eine amerikanische Austauschstudentin

Nachdem sie sich zwei Jahre lang auf einem College im Mittleren Westen mit 'Beginning German' ("Grammar, composition, reading of easy prose and poetry, conversation. *4 hours, the year*") und mit 'Intermediate German' ("Reading of German novels and German poetry. Composition and conversation. *4 hours, the year"*) befaßt hatte (Manchester College Catalog 1960/61:83), kam sie nach Deutschland, studierte Germanistik in Marburg und wohnte in der benachbarten Schwalm. Nach einem Jahr konnte man sie immer dann, wenn sie Dialekt sprach, von einer Schwälmerin kaum unterscheiden, und im Hochdeutschen war sie – auch lautlich – kommunikativ voll kompetent. Nach zwei Jahren kehrte sie in die Vereinigten Staaten zurück und belegte in ihrem College 'Advanced German' ("Study of life and writing of Goethe, fall term; Schiller, winter term; and Lessing, the spring term. *4 hours, the year"*); trotz der literarischen Inhalte handelte es sich dabei um einen Spracherlernungskurs für Studenten im dritten Ausbildungsjahr (Manchester College Catalog 1960/61:83). Am Ende des akademischen Jahres erhielt sie als Abschlußnote ein 'F'. Im gesteuerten Lehrgang hatte sie also total versagt, während sie sich im Umgangssprachlichen vollständig zu Hause fühlte und sich wesentlich flexibler und gewandter auszudrücken verstand als ihre amerikanischen Professoren.

Ähnliche Situationen ergeben sich nicht selten auch in Deutschland auf der Oberstufe des Gymnasiums, wenn Austauschschülerinnen oder Austauschschüler von einem Studienjahr aus England oder Amerika zurückkehren, sprachlich keinerlei Schwierigkeiten haben, auf englisch das zu formulieren, was sie sagen möchten, aussprachemäßig ihren Lehrerinnen und Lehrern weit überlegen sind und dennoch im Zeugnis oft nur eine 3 oder gar eine 4 erhalten. Das hat Gründe, und die hängen mit den Zielen des Sprachunterrichts zusammen.

Dimension 'Steuerung'

Es ist relativ einfach, Beispiele sowohl für gelungene als auch für mißlungene 'Steuerung' beim Sprachenlernen anzuführen. Seit mehr als hundert Jahren kann man in der Fachliteratur Klagen über die schlechten Erfolge schulischen Lernens nachlesen. Man braucht durchaus nicht nur Viëtor zu zitieren (1882), dessen Streitschrift bis zum Jahre 1905 in drei unveränderten Auflagen nachgedruckt wurde. Um die Jahrhundertwende beklagte beispielsweise auch Wendt, daß der neusprachliche Unterricht "von *jeder* Reform unberührt geblieben ist; hier führt ... die alte Methode ihr beschauliches Dasein weiter fort" (Flechsig 1965:179). In den siebziger Jahren war es dann Piepho, der darauf hinwies, man könne erst auf der Oberstufe des Gymnasiums "mit der Redebereitschaft einiger weniger Schüler rechnen", und zwar nur bei solchen Schülern, "denen eine natürliche Orientierungsfähigkeit im Sprachlichen, ein Auslandsaufenthalt oder häusliche Begegnungen mit Ausländern Anstöße, Motivation und die nötige Übung vermittelt" hätten (Piepho 1974:7). Und knapp zehn Jahre später zeigte ein anonymer Autor – es soll sich bei ihm um den Sprachwissenschaftler Ewald Standop handeln – im einzelnen auf, "warum der Sprachunterricht nicht umkehrt" (Aliusque Idem 1982) – weil er sich nämlich von seiner streng geführten grammatischen Steuerung nicht lösen kann. Wenn Fremdsprachenkenntnisse allein über Grammatikregeln und Literaturwissen vermittelt werden, bleibt der Unterricht unter dem Gesichtspunkt der immer wieder postulierten 'Kommunikationsfähigkeit' in der Regel ergebnislos. Von der Dimension 'Steuerung' (allein) können also keine überzeugenden Lernerfolge erwartet werden. Andererseits darf jedoch auch nicht verkannt werden, daß es – gerade im Erwachsenenbereich – viele Menschen gibt, die über kleinschrittig gesteuerte Lernprozesse zu beachtlichen Erfolgen gelangen können. Anders ist z.B. die Popularität der alternativen Methoden kaum zu erklären; sie 'steuern' auf dogmatische Weise bis ins kleinste Detail, was beim Lernen geschehen soll, und führen auf diese Weise viele Sprachenlerner zu den von ihnen erhofften Zielen.

Am besten läßt sich das Verhältnis von 'Steuerung' und 'Offenheit' im fremdsprachlichen Lehr- und Lernprozeß an Situationen aufzeigen, in denen beide Dimensionen auftreten, legitime Aufgaben erfüllen und sich dabei gegenseitig stützen und ergänzen. Das ist etwa dann der Fall, wenn 'verschüttete Schulkenntnisse' in einem Konversationskurs erfolgreich und schnell wieder aufgefrischt werden können, oder wenn Absolventen eines Intensivkurses ins Ausland gehen und dort auf der Grundlage von Kenntnissen, die sie im formalen Sprachunterricht erworben haben, in kurzer Zeit nahezu muttersprachliche Kompetenz erreichen. Meine Antwort auf die erste Leitfrage kann darum nur lauten: *Steuerung* und *Offenheit* müssen bei der Entwicklung einer fremdsprachlichen Lehr- und Lerntheorie in gleichem Maße Berücksichtigung finden.

Vom Dilemma der Sprachlehrforschung

Es kann also nicht um ein 'Entweder-Oder' gehen. Wie meine Beispiele gezeigt haben, folgen auch diejenigen, die 'offen' lernen, einer wie auch immer gearteten Steuerung, und wer streng lehrgangsbezogen 'gegängelt' wird, erlebt seine motivierenden Erfolge zumeist dann, wenn sich Sprache frei, offen, ungelenkt entfalten kann. 'Steuerung' und 'Offenheit' müssen darum *beide* einen legitimen Platz im Sprachlehr- und Sprachlernprozeß erhalten. Aber – und das ist entscheidend – die Platzzuweisung beider Dimensionen läßt sich weder vorausberechnen, noch läßt sie sich systematisch erforschen. Sie kann einem Lernenden weder von den Unterrichtenden noch von einem Curriculum vorgeschrieben werden. Sie spielt sich nämlich im Inneren eines jeden Menschen – und bei jedem auf individuell verschiedene Weise – ab. Ob es sich bei diesem Sprachlernmechanismus nun um einen *language acquisition device* nach Chomsky, um einen 'Monitor' nach Krashen oder um das Zusammenspiel von linker und rechter Gehirnhälfte handelt, wie die Neurophysiologie postuliert, spielt letztlich eigentlich gar keine Rolle. Die bestmögliche 'Steuerung' und eine situativ ideal motivierende 'Offenheit' bleiben folgenlos, wenn der individuelle Lerner nicht mitspielt, wenn er nicht mitspielen kann oder wenn er nicht mitspielen will. Und hier beginnt für mich das Dilemma der Sprachlehrforschung. Es äußert sich unter zwei Aspekten.

1. Vom Methodendiktat zum individuellen Lernprozeß

Die Entwicklungsgeschichte der fremdsprachenmethodischen Verfahren seit der Mitte dieses Jahrhunderts kann als Modell dienen: dachten die Unterrichtsplaner zunächst, Fremdsprachenlehre dadurch verbessern zu können, indem eine bestimmte Methode durch eine 'bessere' ersetzt wird, gelangten sie schließlich zu der Einsicht, daß es keine 'perfekte' Methode geben kann, die allen Lernern auf gleiche Weise optimale Voraussetzungen für einen wirksamen Unterricht bietet. So trat der Methodenpluralismus an die Stelle einer einseitig ausgerichteten Methodengläubigkeit. Ähnlich verhält es sich mit 'Steuerung' und 'Offenheit'. Jede Dimension vermag – für sich genommen und isoliert – in der Regel kaum lang anhaltende Lernerfolge zu bewirken. Beide bewegen sich nämlich beim Lernprozeß in einem komplexen Bezugsfeld, in dessen Mittelpunkt ein Individuum mit einer eigenen Sozialisation, mit persönlichen Vor- und Lernerfahrungen sowie mit ganz bestimmten Erwartungen steht. Anders gesagt: beim Sprachenlernen ist jeder Einzelfall anders gelagert. Forschungsvorhaben, die in der zweiten Leitfrage angesprochen sind, können sich darum immer nur auf Einzelfallstudien beziehen, die auf andere Menschen oder Situationen nicht pauschal übertragbar sind.

2. Von Einzelfallstudien zu Trendberechnungen

Das wirft eine grundsätzliche Frage auf. Kann es eigentlich gerechtfertigt werden, personen-, zeit- und finanzaufwendige Vorhaben im Bereich der Sprachlehrforschung durchzuführen, wenn von vornherein feststeht, daß es niemals möglich sein wird, Forschungsergebnisse über Einzelfallstudien hinaus für eine abgesicherte Planung von organisiertem Unterricht – in Schule, Hochschule und in der außerschulischen Weiterbildung – bereitstellen zu können? Die Sprachlehr- und Sprachlernforschung kann (möglicherweise) ermitteln, warum in einem ganz konkreten Fall eine größere Offenheit oder eine starke Steuerung zu besseren oder schlechteren Lernerfolgen geführt haben, sie kann daraus aber keine Verallgemeinerungen und damit auch keine gültigen Strategien für künftige Entwicklungen ableiten. Mit dieser Feststellung soll nicht behauptet werden, empirische Forschung im Sprachlernbereich sei verzichtbar. Aus der Summe einer größeren Anzahl von Einzeldaten können nämlich Werte ermittelt werden, die Tendenzen und Trends erkennen lassen; sie wiederum können dazu beitragen, Hypothesen zu formulieren, die dann in nachfolgenden Untersuchungen zu verifizieren – oder zu falsifizieren – wären. Auch für die Entwicklung von Sprachlehrmaterialien sind Einzelergebnisse der Forschung wichtig und notwendig. Je mehr Detailkenntnisse im Bereich individueller Lerner vorliegen, umso sicherer lassen sich Lernangebote entwickeln und einsetzen, unter denen die Adressaten dann individuell-persönlichkeitsbezogen auswählen können.

Perspektiven für die Zukunft

Das beschriebene Dilemma teilt die Sprachlehrforschung mit allen anderen Untersuchungen im Bereich der empirisch-pädagogischen Forschung. Man mag dies bedauern und neidisch auf die Naturwissenschaften schauen, die Experimente beliebig oft auf gleiche Weise wiederholen können. Man kann sich aber auch darüber freuen, denn wo immer es um Menschen geht, ist Individualität wichtiger und wertvoller – 'einmaliger' –, als die Suche nach konkret-objektiven Parametern für Forschungen im Humanbereich.

Eine weitere Schlußfolgerung ist zugleich meine Antwort auf die dritte Leitfrage der Frühjahrskonferenz. Die Überlegungen zu 'Steuerung' und 'Offenheit' im fremdsprachlichen Lehr- und Lernprozeß haben gezeigt, wie unsinnig die gegenwärtige schulische Praxis des Fremdsprachenunterrichts mit lernenden Kindern umgeht. Die Sprachlehrforschung sollte deshalb alles, was ihr möglich ist, tun, um dafür zu sorgen, daß die starre Steuerung – von Lehrbuchgläubigkeit, Frontalunterricht, einzelnen Klassenarbeiten über bestimmte, in das Belieben der Lehrenden gestellte methodische Verfahren bis hin zur Einteilung in Jahrgangsstufen (!) – gelockert wird, und sie sollte Wege aufzeigen, auf denen mehr Offenheit in die Planung und Durchführung von Unterricht im allgemeinbildenden Schulwesen geraten kann. In einem solchen Einwirken auf die Praxis findet die Sprachlehr- und Sprachlernforschung ihre eigentliche Legitimation.

Literaturverzeichnis

Aliusque Idem (1986). *Mister Knickerbocker und die Grammatik – oder warum der Sprachunterricht nicht umkehrt.* München.
Flechsig, K.-H. (Hrsg.). (1965). *Neusprachlicher Unterricht I.* Weinheim.
(1960). *Manchester College Catalog 1960/61.* North Manchester, Indiana.
Piepho, H.-E. (1974). *Kommunikative Kompetenz als übergeordnetes Lernziel im Englischunterricht.* Dornburg-Frickhofen.
Viëtor, W. (1882). *Der Sprachunterricht muß umkehren.* Heilbronn.

Albert-Reiner Glaap

Literaturunterricht als Fremdsprachenunterricht: Offenheit und/oder Steuerung?

1. Offenheit *oder* Steuerung: *Keine* Alternative

Lehr- und Lernprozesse spielen sich immer zwischen den Polen "Steuerung" und "Offenheit" ab. Totale "Offenheit" wird allzu schnell zur Ziellosigkeit. Durch und durch geplantes Lernen wiederum läßt den Lernprozeß zu einem Vollzugsmechanismus verkommen. Dies gilt insbesondere auch für das Lernen und Lehren von Fremdsprachen.

Wenn es darum geht, spezielle Fremdsprachenkenntnisse für die Arbeits- und Lebenswelt verfügbar zu machen, dann läßt sich das kaum ohne jede Steuerung erreichen. Deren Instrumente sind Operationalisierung der Lernziele, lineare Progression und sog. objektive Leistungskontrolle. Wenn es sich bei der zu erlernenden Fremdsprache aber nicht um eine bloße Verkehrssprache mit Esperanto-Funktion, also um eine lingua franca, handelt, sondern um die Sprache einer (ganz bestimmten) Kultur, dann ist immer auch fremdkulturelles Verstehen gefordert, dann läßt sich Lernen und Lehren nicht in vorgefertigte Schablonen pressen, dann handelt es sich in hohem Maße um eigenes Entdecken und Erschließen, um *trial and error*; dann müssen auch Um- und Abwege erlaubt sein. Im Extremfall werden Lernende und Lehrende sozusagen zu Spähtrupps in Minenfeldern.

"Offenheit" und "Steuerung" sind zwar Gegenpole. Aber für Lern- und Lehrprozesse kann die Alternative nicht "Offenheit" oder "Steuerung" heißen. Beide (mit-, neben- oder nacheinander) konstituieren ein Spannungsfeld – so wie es das Thema der diesjährigen Frühjahrskonferenz nahelegt. Hier aber stellen sich sogleich entscheidende Fragen:

Wieviel an "Offenheit" ist möglich, wieviel an "Steuerung" nötig?
Wer oder was soll "offen" sein und für wen oder was?
Wer oder was "steuert" wie wohin?

Sprachlern- und -lehrforscher fordern, daß sich Lernprozesse für das Vorwissen und die lebensweltlichen Vorerfahrungen der Lernenden "öffnen".

"Steuerung" muß in Grenzen gehalten werden, wenn der Lernende in der Lebenswelt den Transfer erworbener Kenntnisse und Fähigkeiten auf ähnliche oder andere Gegenstände selbständig und erfolgreich leisten soll. Gesellschaftliche Veränderungen und technologische Innovationen verlangen "Offenheit" gegenüber neuen Zielen, Inhalten und Perspektiven. Rezeptionsästhetik und Verstehensforschung betonen, daß literarische Texte "offen" für Leser/innen sind.

Doch kein Lernprozeß kann gänzlich ungesteuert ablaufen. Selbst autodidaktisches Lernen wird gesteuert – durch Arbeitsmaterialien, Medien und andere Hilfsmittel. Wenn eine Fremdsprache in einer Lerngruppe oder in einem Sprachkurs gelernt und gelehrt wird, hat "Steuerung" einen relativ hohen Stellenwert, weil hier auf ganz bestimmte Abschlüsse oder Anschlüsse hingeführt werden muß. Erst recht gilt dies für den Fremdsprachenunterricht an *öffentlichen* Schulen: allein schon wegen der für die spätere Berufslaufbahn geforderten Qualifikationen muß die Vergleichbarkeit von Leistungen durch einheitliche Kontroll- und Bewertungsmaßstäbe (als Steuerungsinstrumente!) sichergestellt werden.

Für die Entwicklung einer Theorie des Fremdsprachenlernens und -lehrens ist das Beziehungsverhältnis von "Offenheit" und "Steuerung" ein Schlüsselproblem. Einschlägigen Studien zufolge ist der Unterricht an unseren Schulen

> durch eine Monostruktur gekennzeichnet, bei der mehr als drei Viertel des Unterrichtsgeschehens durch die Lehrenden allein bzw. in intensiver Lenkung durch sie bestimmt wird [...]. Zwar werden relativ häufig Gespräche geführt, und auch rein äußerlich gesehen stehen die Anteile von Lehrer- und Schüleräußerungen gar nicht mal in einem so schlechten Verhältnis zueinander (3:2), die Gespräche sind jedoch häufig sehr eng auf die Aneignung vorbestimmter Inhalte bezogen (Haenisch 1982:5).

Diese Feststellung bezieht sich zwar nicht ausdrücklich auf den Fremdsprachenunterricht; ist der aber in aller Regel soviel anders?
Offene Lernprozesse sind vor allem bei der Beschäftigung mit den literarischen Texten im Rahmen des fremdsprachlichen Literaturunterrichts, der eines meiner Forschungsobjekte ist, unabdingbar. Denn Literatur spiegelt keine Wirklichkeitsausschnitte, die in der Lebenspraxis überprüfbar sind, sie legt eher Wirklichkeitsentwürfe vor, die verschiedenen Lesern Unterschiedliches "sagen". Literatur stiftet Neugier, führt individuelle Leser auf individuelle Fährten, läßt aber keine eindeutig formulierbaren Schlußfolgerungen

zu; der Verstehensprozeß endet hier niemals bei einem eindeutigen *Ja* oder *Nein, Richtig* oder *Falsch, Entweder – Oder*. Literatur wird nicht geschrieben, um durch Steuerung von außen letztlich anatomisiert oder atomisiert zu werden. Jede Art von Methodenmonismus verbietet sich. Literarische Texte "schreien" geradezu nach Offenheit, sie wollen Neugier und Endeckerfreude wecken, ohne die die Chance, daß Inhalte über längere Zeit behalten werden, gering ist.

2. Leseverstehen und Textmaterialien: Ansätze für die Forschung

Offene Lehr- und Lernprozesse sind naturgemäß einer systematischen Erforschung weniger zugänglich als gesteuerte. Deshalb nämlich, weil sie Operationalisierung nur bedingt zulassen, zwar zu feststellbaren Ergebnissen führen, diese aber nicht in Relation zu vorab eindeutig definierten Lernzielen setzen können, die – wenn es sie denn gäbe – den Lehrprozeß von Anfang an steuern würden. Gespräche mit Lehrerinnen und Lehrern bei der Entwicklung eines neuen Lehrplans für den Englischunterricht machen mir immer wieder deutlich, daß offener Unterricht, Handlungs- und Projektorientierung als solche positiv bewertet werden und dennoch auf Skepsis stoßen, weil die im gesteuerten Fremdsprachenerwerb "bewährten" Verfahren der Leistungskontrolle nun aufgegeben, zumindest aber modifiziert werden müssen und so – wie es heißt – Offenheit nicht "festzumachen" sei.

Erkenntnisse über offene Lernprozesse lassen sich aus meiner Sicht zunächst nur in Mikrostudien gewinnen, d.h. indem nebeneinander solche Segmente des Fremdsprachenunterrichts empirisch untersucht werden, die entweder einer sorgfältig geplanten Lernprogression folgen oder als Lernplateaus konzipiert sind, auf denen kein grammatisch, lexikalisch oder pragmatisch bestimmter Lernfortschritt angestrebt, sondern die Eigentätigkeit der Lernenden gefordert wird.

In meinem speziellen (oben bereits erwähnten) Interessenbereich bietet es sich an, offene Lernprozesse dort systematisch zu erforschen, wo durch literarische Texte solche Prozesse geradezu herausgefordert werden:

Wie gehen Leser an diese Texte heran?
Welche Fragen wirft der Text auf, welche stellen sich die Leser?
Wie reagieren sie beim spontanen Zugriff?

Welche Hypothesen stellen sie auf? Wo stolpern sie? Wo verlieren sie die Lust?
Wie läuft beim individuellen Leser der Verstehensprozeß ab? (ganzheitlich-analytisch, elementhaft-synthetisch, durch schrittweisen Nachvollzug der Textsegmente, durch plötzliches Entdecken?)
Wo besteht die Gefahr, daß der Text vor lauter "Offenheit" zu einem "Selbstbedienungsladen" für die Interessen des Lesers wird?

Antworten auf solche Fragen lassen naturgemäß noch keine allgemeinen Schlüsse zu, können aber bei systematischer Erforschung der Leseverstehensprozesse möglichst vieler Leser Aufschluß darüber geben, ob bestimmte Textsorten oder literarische Gattungen "Offenheit" in höherem Maße fordern und fördern als andere, ob die Zugriffsweisen des "nicht-gesteuerten" Lesers bei der Beschäftigung mit jedem neuen Text immer neue Facetten eines offenen Lernprozesses sichtbar machen oder ob der Leser letztlich (unabhängig von der Individualität des literarischen Textes) *sein* spezifisches "Instrumentarium" bewußt oder unbewußt einsetzt und damit selbst zum "Steuerungsinstrument" wird.

Einen weiteren Forschungsansatz können die für den Fremdsprachenunterricht konzipierten – didaktisierten und annotierten – Ausgaben literarischer Texte bieten. Eine kontrastive Analyse von Textbänden, Begleitmaterialien und Lehrerhandreichungen könnte zeigen, ob und in welchem Umfang selbsttätiges Vorgehen garantiert oder der Lernprozeß gesteuert wird. Dabei ist insbesondere zu untersuchen, welche Denk- oder Gesprächsimpulse "Offenheit" fördern, wie sog. Leitfragen zu Steuerungsmechanismen werden, die "Offenheit" von Anfang an verhindern, wo vorgefertigte Antworten dem Leser Denkprozesse abnehmen, welcher Art die Erklärungsapparate sind, wo durch vorgegebene Modelle kleinschrittig gesteuertes Vorgehen oktroyiert wird, wo und wie eigene Verstehensprozesse in Gang gebracht werden.

3. Literaturunterricht: Die Dimension "Offenheit"

Wenn "Offenheit" – aus einsichtigen Gründen – heute mehr denn je für den fremdsprachlichen Literaturunterricht vonnöten ist, dann kann es in diesem Unterricht nicht darum gehen, Texte linear "anzugehen" und zu möglichst vollständigen und objektiv überprüfbaren Ergebnissen zu führen. Dann gilt es vielmehr, Einsichten zu vermitteln, den Blick für die Erkenntnisse von Zusammenhängen freizumachen, den Leser vor eilfertigen Urteilen zu bewahren. Das aber bedeutet, daß mehr als bisher selbständige und verschiedenartige Wege zum Verstehen eines literarischen Textes erlaubt sein müssen, daß bei überschaubaren Inhalten und bei der Aneignung von Sachwissen Steuerung eher vertretbar ist als bei der Entschlüsselung komplexer Inhalte mit vielen Details, die eigenes Entdecken und Kombinieren erfordert. Dies hat naturgemäß Konsequenzen im Hinblick auf die Anforderungen an Unterrichtsmaterialien und insbesondere an Lektüreausgaben.

Authentische (also: nicht didaktisch-aufbereitete) Texte zu lesen und zu verstehen, stellt nach wie vor Lehrer und Lernende nicht selten vor große Probleme; insbesondere dann, wenn es um *zeitgenössische* Literatur geht, in der Referenzen und Anspielungen auf aktuelle Ereignisse, Entwicklungen und Veränderungen in der zielkulturellen Lebenswelt erst einmal erkannt und erfaßt werden müssen. Es fragt sich nur, *wie* solches und anderes für das Textverständnis notwendiges (Hintergrund-)Wissen vermittelt wird, *wie* der Boden für die Rezeption des Textes bereitet wird. Sicherlich nicht dadurch, daß die Summe der Antworten auf die vom Lehrer gestellten Fragen die "Interpretation" ausmacht. Eher wohl durch ein Angebot an Zusatztexten zur Kontrastierung und zur Ausweitung der Perspektive; durch Bereitstellung von nicht-annotierten Texten für Plateauphasen, die es den Lernenden überlassen, selbst Fragen an die Texte zu stellen und Probleme zu benennen, ohne sie sogleich lösen zu sollen.

In einem Unterricht, der weitgehend unter ökonomischen Prinzipien geplant ist, der in einer ganz bestimmten Zeit ganz bestimmte Leistungsanforderungen erbringen muß, läßt sich "Offenheit" nicht in allen Bereichen erreichen, schon gar nicht erzwingen. Solange Schulbücher in Lektionen portioniert sind, solange *ein* Lehrwerkband in *einem* Lehrjahr "abgearbeitet" werden muß – 6 Bände in 6 Jahren – bleibt nur wenig Zeit, Umwege zu gehen oder gar eigene Wege zu finden ("Der Kollege in der Parallelklasse ist schon bei Lektion 12."), und traditionelle Muster geben offensichtlich sehr viel Stütze und Sicherheit!

Doch neue Konzepte in Richtlinien und Lehrplänen fordern "Offenheit" in Lehr- und Lernprozessen heraus. "Handlungsorientierung", "interkulturelles Lernen" beispielsweise und *learning by doing*. Der fremdsprachliche Literaturunterricht kommt ohne "Offenheit" nicht aus; ihn können die immer lauter artikulierten Forderungen der neuen Lehrpläne nur beflügeln. Literatur läßt sich niemals zwingen, läßt eine Steuerung von außen, d.h.

eine durch Leitfragen oder Interpretationsmodelle kanalisierte Steuerung nicht zu.

Allein der Text "steuert", indem er Reaktionen und Verstehensprozesse beim (Schüler-)Leser provoziert. Nicht wenige Lehrer/innen glauben, daß sich dadurch der Unterricht ihrer Kontrolle entzieht. Sie messen daher dem Literaturunterricht wenig Bedeutung bei der Förderung der Sprachkompetenz zu.

Schon in der Zeit der "Lernzielbuchhaltung" der siebziger Jahre sagte Hans Magnus Enzensberger:

> Was [...] die Literatur betrifft, so verdankt sie ihren Charme nicht zuletzt der Tatsache, daß es jedermann frei steht, sie zu ignorieren – ein Recht, vom dem bekanntlich die Mehrheit unserer Mitbürger entschieden Gebrauch macht. Zwar wäre es theoretisch denkbar, analog zur allgemeinen Schulpflicht den staatlichen Lesezwang für die Erzeugnisse der Poesie einzuführen, und es mag Kollegen geben, die sich davon eine Aufbesserung ihrer Einkünfte versprächen, doch ist eine solche Maßnahme kaum zu befürchten.

Literaturverzeichnis

Enzensberger, H.M. (1976). Ein bescheidener Vorschlag zum Schutze der Jugend vor den Erzeugnissen der Poesie. Den Deutschlehrern der Republik zugedacht. *Frankfurter Allgemeine Zeitung.* 25. September.

Haenisch, H. (1982). Erfolgreich unterrichten – Wege zu mehr Schülerorientierung. Forschungsergebnisse und Empfehlungen für die Schulpraxis. *Schularbeiten 4,* ("Schülerorientierung"). Soest.

Claus Gnutzmann

Steuerung und Offenheit im Fremdsprachenunterricht: Zwei Kehrseiten derselben Medaille?

1. Offenheit und Steuerung als pädagogische und fremdsprachendidaktische Kategorien

In einer Zeit, in der die pädagogische Diskussion durch Begriffe wie Lernerzentriertheit, autonomes Lernen, Eigenverantwortlichkeit des Lerners, entdeckendes und forschendes Lernen etc. geprägt ist, mag ein Begriff wie Steuerung als Faktor für die Entwicklung einer Theorie des Fremdsprachenunterrichts problematisch, wenn nicht gar deplaziert erscheinen, kann Steuerung doch Lenkung und Unmündigkeit von Lernern und Lernerinnen implizieren wie auch die gezielte, manipulative Beeinflussung von Lernvorgängen zum Erreichen bestimmter Wirkungen. Es bleibt unter Linguisten, aber sicherlich auch unter Fremdsprachendidaktikern nicht aus, in diesem Zusammenhang an die 'Reiz'-wörter des Behaviorismus zu denken, sich jedoch gleichzeitig auch – und möglicherweise erleichtert – seiner Überwindung durch Chomskys Rezension von Skinners *Verbal Behavior* (Chomsky 1959) zu erinnern, durch die seitdem das sprachliche Kreativitätsprinzip als das wesentliche Merkmal von sprachlicher Kompetenz und Performanz im Gedankengebäude nicht-behavioristischer Sprachlerntheorien fest verankert schien. Und nun soll ein Begriff wie Steuerung, der (bezeichnenderweise?) nicht im Index des *Handbuch Fremdsprachenunterricht* verzeichnet ist (in dem Offenheit allerdings auch nicht aufgeführt wird) als konstitutive Kategorie für Fremdsprachenlehr- und -lernprozesse herangezogen werden. Besteht also Anlaß zur ernsthaften Sorge, daß hiermit die Wende nach rückwärts in der Fremdsprachendidaktik eingeleitet werden soll? Wenn von den Autoren des Fragenkatalogs tatsächlich die Auffassung vertreten würde, daß beide Begriffe, also Steuerung und Offenheit, als in gleicher Weise konstitutiv für die Theorie und Praxis des Fremdsprachenunterrichts anzusehen wären, müßte man die Frage wohl bejahen, insbesondere wenn man unter Steuerung auch verwandte Begriffe wie Beeinflussung von außen oder gar Manipulation verstünde, und im Sinne einer nach vorn gerichteten Fremdsprachendidaktik konsequent gegen eine solche Entwicklung steuern! Wenn man sie allerdings nicht als absolute und ebenbürtige Begriffe begreift, sondern sie als abstrakte Konzepte versteht, die dazu beitragen können, die verschiedenen Konkretisierungen von Fremdsprachenunterricht auf einer durch die Endpunkte Öffnung und Steuerung definierten Skala zu orten, dann wäre der Gebrauch eines deskriptiven (wertneutralen) Begriffs Steuerung sicherlich weniger dramatisch, und in dieser Lesart soll Steuerung in diesem Beitrag verstanden werden.

Auch wenn in die pädagogische und in die fachdidaktische Diskussion mittlerweile – wie oben erwähnt – Elemente einer offenen, an den Interessen und Bedürfnissen der Lerner und Lernerinnen orientierten Unterrichtstheorie und deren Methoden eingeflossen sind, so bleibt doch festzuhalten, daß schulisches Lernen, also auch Fremdsprachenlernen, im wesentlichen inhaltsorientiert geblieben ist und im Kontext einer lernzielorientierten Vermittlungsdidaktik geplant und durchgeführt wird. Das hat zur Folge, daß eine solche lehrplan- und lernzielorientierte Didaktik den Stoffen und Inhalten der Bezugswissenschaften Priorität einräumt und im Vergleich dazu die Beziehungsdimension in den Hintergrund des Unterrichtsgeschehens rückt. Angesichts der sich aus der Grundsituation des schulischen Fremdsprachenunterrichts ergebenden Hauptaufgabe, nämlich die Schüler und Schülerinnen mit einem weiteren, bisher nicht oder nur teilweise vorhandenen sprachlichen Regelsystem auszustatten, erhält das Prinzip Steuerung im Fremdsprachenunterricht eine größere Gewichtung als im Muttersprachenunterricht, in dem die instrumentelle Dimension der Sprache offensichtlich weniger bedeutsam ist bzw. für weniger bedeutsam gehalten wird; aber im Fremdsprachenunterricht geht es zunächst einmal um den Aufbau von sprachlicher Kompetenz in einer zweiten, dritten etc. Sprache.

Im Einklang mit unserem Vorschlag, die Begriffe Steuerung und Offenheit als abstrakte Konzepte zu verstehen, und vor dem Hintergrund der in den letzten Jahren geführten Diskussion zur kommunikativen Didaktik lassen sich zwei idealisierte Grundpositionen von Unterricht beschreiben, die in der folgenden Weise kontrastiert (vgl. Bönsch 1991:26) und entsprechend mit den Begriffen Steuerung und Öffnung belegt werden können:

eher autoritative und vorschreibende Didaktik
vs. eher emanzipatorische und kommunikative Didaktik

eher fachorientierte und vorschreibende Inhaltsauswahl
vs. eher fachübergreifende, der Verabredung zugängliche Inhaltsauswahl

Der Einsatz von Unterrichtsmethoden und -medien ist eher effektivitätsorientiert.
vs. Unterricht ist gemeinsames Handeln in Planung, Realisation und Reflexion.

Während bei dem Unterrichtstypus, der mit dem Begriff Steuerung belegt werden kann, das Planungsmonopol beim Lehrer liegt, zeichnet sich offener Unterricht durch Mitbestimmungsmöglichkeiten hinsichtlich der Ziele und Inhalte sowie der Arbeitsformen und ihrer zeitlichen Abläufe aus. Da andererseits wohl einsichtig ist, daß offener Unterricht zu einer Geringschätzung der instrumentellen Seite schulischen Lernens führen und somit durchaus Probleme im Hinblick auf den Erwerb des fremdsprachlichen Regelsystems mit sich bringen kann, sind Offenheit *und* Steuerung relevante Dimensionen für eine Theorie des Fremdsprachenlehrens und -lernens, wobei man hoffen möge, daß in der Praxis die offenen Anteile überwiegen.

2. Forschungsansätze

Die Komplexität des Phänomens Fremdsprachenunterricht macht es äußerst schwierig, seine zahlreichen und z.T. interagierenden Variablen zu kontrollieren und somit zu (auch im Hinblick auf statistische Signifikanz) verallgemeinerbaren Ergebnissen zu kommen. Die Einschränkung gilt umso mehr für einen sich durch Offenheit (der Lehr- und Lernziele, der Inhalte, Methoden und Sozialformen) auszeichnenden Fremdsprachenunterricht, bei dem eine kontrollierte Beobachtung der Unterrichtsvariablen sich als besonders schwierig, wenn nicht gar unmöglich erweist. Aber auch ein durch ein hohes Maß an Steuerung gekennzeichneter Fremdsprachenunterricht läßt nur mit Einschränkung die umfassende und systematische Untersuchung von Einflußfaktoren zu, wobei ungeklärt bleiben muß, inwieweit andere, möglicherweise konstitutive, Faktoren dann ungebührend ausgeschlossen werden. Systematische, die Lerner einbeziehende Befragungen, wie sie etwa im Rahmen des Bochumer Tertiärsprachenprojekts durchgeführt worden sind, wären möglicherweise geeignet, den Erfolg oder Mißerfolg offener Lernprozesse zu überprüfen. Zum Problem der Fehlerkorrektur kann Königs (1992:173) beispielsweise in diesem Zusammenhang auf der Grundlage der Auswertung von Schülerfragebögen feststellen, "daß Schüler umfassende Fehlerkorrekturen wünschen und diejenigen Lehrer kritisieren, die weniger häufig korrigieren". Weiterhin wäre hier auf die Arbeiten von Raabe zum lernerorientierten Grammatikunterricht hinzuweisen (zuletzt Raabe 1991 und 1992), in denen anhand von Untersuchungen zu Lernerfragen Aufschlüsse über die Rolle des Sprachbewußtseins (vgl. hierzu Candelier/Gnutzmann 1989) und der sprachlichen Kognition im Fremdsprachenunterricht gewonnen werden können. In seinen Arbeiten kann Raabe zeigen, daß Lernerfragen als bewußte und intentionale Prozesse zu verstehen sind, die sowohl Mutter- und Zielsprache wie auch die Interimsprachen der Lerner betreffen. Auch wenn solche Fragen und die entsprechenden Antworten darauf noch keine Garantie dafür abgeben, daß sie den Transfer zum sprachlichen Vollzug tatsächlich leisten, so scheint doch außer Frage zu stehen, daß durch das 'Zulassen' derartiger Fragen einem 'natürlichen' Lernerbedürfnis nach metasprachlichem Diskurs und Thematisierung von sprachlichen Problemfällen entsprochen wird und hierdurch eine wichtige Voraussetzung eines die Dimensionen Offenheit und Steuerung einschließenden kognitions- und lernerorientierten Unterrichts erfüllt werden kann.

Eine eindeutige Antwort auf die Frage, ob und inwieweit Schüler durch Wissen über die Sprache in ihrer Sprachfertigkeit und in ihrer Fähigkeit, Grammatik und Wortschatz in bezug auf ein Kommunikationsziel möglichst effektiv zu verwenden, gefördert werden können, steht weiterhin aus. Diese in der Fremdsprachenforschung unter der Bezeichnung *interface hypothesis* bekannte Hypothese ist für den Muttersprachenunterricht immer weniger akzeptabel gewesen als im Fremdsprachenunterricht, obwohl ein eindeutiger Nachweis ihrer Gültigkeit auch dort bis heute nicht gelungen ist. Aber gerade im Hinblick auf das Fehlerphänomen scheint aus der bisherigen (und zukünftig zu intensivierenden) Beobachtung und Untersuchung von Lernerbiographien einiges dafür zu sprechen, daß die Bewußtmachung von Fehlern und ihre Bewußtwerdung einen Beitrag zur Verbesserung der sprachlichen Kompetenz leisten kann.

3. Fehlerkorrektur und Fehlertoleranz als Konkretisierungen von Steuerung und Offenheit

Die Auffassung, daß Fremdsprachenunterricht immer Elemente von Offenheit und Steuerung in sich trägt, die aufgrund spezifischer didaktischer Konstellationen jeweils unterschiedlich verteilt sind, soll im folgenden anhand der Fehlerproblematik, insbesondere der Korrekturproblematik (vgl. hierzu Henrici/Herlemann 1986, Kleppin/Königs 1991) erläutert werden.

Wenngleich in der Vergangenheit, vor allem in einem durch Steuerung markierten Fremdsprachenunterricht immer wieder 'absolute' Haltungen zur Fehlerproblematik propagiert worden sind (z.B. *Fehler soll man ausmerzen, bei der Wurzel packen, gar nicht erst aufkommen lassen*), so scheint sich inzwischen ein an der konkreten fremdsprachlichen Kommunikationssituation und den spezifischen Lernzielen des Unterrichts orientiertes Fehlerverständnis und eine Fehlerpraxis herauszukristallisieren, die einerseits (notwendige) präskriptive Züge in sich trägt, aber andererseits ebenso durch ein hohes Maß an Fehlertoleranz gekennzeichnet ist. Im Hinblick auf die Analyse und Bewertung von Fehlern im Fremdsprachenunterricht kann je nach Forschungsperspektive und Anwendungsbezug sowohl für eine *relationale*, dem Konzept Offenheit und somit der Fehlertoleranz verpflichtete Fehlerbetrachtung, wie auch für eine *präskriptive*, durch das Konzept Steuerung legitimierte Fehlerkorrektur argumentiert werden. Allerdings bedarf es für einen solchen Umgang mit Fehlern einer noch zu entwickelnden integrativen Fehlertheorie, in der Begriffe wie Norm und Normabweichung/Fehler theoretisch geklärt und in ihren jeweiligen Funktionszusammenhängen gesehen werden; denn erst eine solche Fehlertheorie kann den

> "für die verschiedenen Zwecke manipulierbaren Charakter von Fehlerakzeptanz und Normnotwendigkeit aufheben und beide Facetten des gleichen Spektrums für den gesellschaftlich wie fachlich notwendigen Dialog über Sprache, Schule und Bildung verwendungsfähig machen" (Gnutzmann/Köhring 1987:108).

Ein relationaler Fehlerbegriff *kann* dem Lehrer als wichtiger Indikator für den Stand der fremdsprachlichen Kompetenz der Lerner dienen, er kann darüber hinaus eine psycholinguistische Begründung für eine entspannte und 'lernersprachlich natürliche' Lernatmosphäre liefern. Eine pädagogische Legitimation für einen (zumindest partiell) normativen Fehlerbegriff im Fremdsprachenunterricht ist z.B. grundsätzlich so lange gegeben, bis verläßliche und verallgemeinerbare Untersuchungsergebnisse zu den 'natürlichen' Entwicklungssequenzen für den Erwerb der Fremdsprache vorliegen. Sie kann weiterhin mit der Besonderheit des Fremdsprachenunterrichts erklärt werden, die sich unter anderem in der Unterscheidung zwischen sprach- und mitteilungsbezogener Kommunikation manifestiert. Die generell erhobene und im Grundsatz auch nicht anzuzweifelnde Forderung, Fehlertoleranz in kommunikationsbezogenen/offenen Phasen des Unterrichts konsequent zu verwirklichen und in sprachbezogenen/gesteuerten Phasen Fehlerkorrekturen zu praktizieren, ist allerdings angesichts der Tatsache, daß diese Unterscheidung idealtypische Züge in sich trägt, möglicherweise zu modifizieren; denn die Korrektheit bzw. Inkorrektheit von sprachlichen Äußerungen kann durchaus von erheblicher Bedeutung (sic!) für das Gelingen oder Mißlingen einer Kommunikation sein, auch wenn dadurch nicht der propositionale Gehalt und die Funktion einer Äußerung direkt entstellt werden. So ist beispielsweise bei einem Vortrag oder einer Diskussion – sei es im schulischen, aber auch im Hochschulkontext – zu bedenken, daß durch die häufige, ja penetrante Wiederholung derselben Fehler die Teilnehmer der Kommunikation vom Inhalt und der Bedeutung des Kommunikationsereignisses abgelenkt werden, weil die formalen Verstöße gegen Wortschatz, Grammatik, aber auch Aussprache in einem Maße auf sie irritierend und sogar aggressionsaufbauend wirken können, daß der Erfolg der Kommunikation unter Umständen nur durch die Richtigstellung der sprachlichen Form herzustellen ist.

Unabhängig davon, wie die Relativierung oder die Abschaffung des Fehlerbegriffs begründet wird, ob sie nun aus der Spracherwerbsforschung oder von einem sozialwissenschaftlich motivierten Emanzipationsbegriff abgeleitet wird, ist diesen Begründungen gemeinsam, daß sie von ihren spezifischen Untersuchungskontexten und ursprünglichen Erkenntnisinteressen verallgemeinern und diese auf andere, z.T. nicht ohne weiteres kompatible Bereiche übertragen, ohne daß diese Form der Normativität immer erkannt worden ist. In diesem Zusammenhang mag es anzeigt sein, die Fehlerthematik im Hinblick auf die soziolinguistische Interpretation nichtstandardsprachlicher Varietäten kurz auszuweiten: Eine Verabsolutierung des pädagogischen Konzepts Offenheit und des sprachlichen Toleranzprinzips, wie es z.B. in der Differenzkonzeption und in der damit verbundenen These der funktionalen Äquivalenz von Varietäten zum Ausdruck kommt (vgl. zur Kritik der Differenzkonzeption im Kontext Englisch als Fremdsprache u.a. Quirk 1990), reduziert die kommunikativen Möglichkeiten ihrer Sprecher und Sprecherinnen auf den Verwendungsbereich ihres Dialektes und verhindert somit die Möglichkeiten zur überregionalen, 'öffentlichen' Kommunikation, wie sie erst durch die Standardsprache eröffnet wird.

So kann man den Eindruck gewinnen, daß sich hinter dem Prinzip der funktionalen Äquivalenz letztlich ein statischer Gesellschaftsbegriff verbirgt, der aus einem übersteigerten Toleranzprinzip standardsprachliche Kompetenz nicht weitergibt und somit gesellschaftliche Mobilität von Nicht-Standardsprechern einschränkt (vgl. Gnutzmann 1988). Auch auf die Fehlerproblematik des Fremdsprachenunterrichts kann dieses Phänomen in modifizierter Form angewendet werden: Es unterstreicht aus einer anderen Perspektive die Komplementarität von normativer und relationaler Fehlerbetrachtung und -bewertung, wie auch die (partielle) Komplementarität von Offenheit und Steuerung.

Literaturverzeichnis

Bausch, K.-R., Christ, H., Hüllen, W. & Krumm, H.-J. (Hrsg.). (1989). *Handbuch Fremdsprachenunterricht.* Tübingen.

Bönsch, M. (1991). *Variable Lernwege. Ein Lehrbuch der Unterrichtsmethoden.* Paderborn.

Candelier, M. & Gnutzmann, C. (1989). Sprachbewußtsein und Zweitsprachenerwerb: Zur Beziehung von Mutter- und Fremdsprachenunterricht im 'integrativen Grammatikunterricht'/Conscience linguistique et acquisition d'une seconde langue: La relation entre enseignement de la langue maternelle et de la langue étrangère dans un 'enseignement grammatical intégré'. In Goethe-Institut, The British Council & ENS-CREDIF (Hrsg.). (1989), 103-135.

Chomsky, N. (1959). Rezension von B. F. Skinner, Verbal Behavior. *Language, 35,* 26-58.

Gnutzmann, C. & Köhring, K. H. (1987). Einleitung zum Themenschwerpunkt Fehlerlinguistik/Fehlerdidaktik. *Englisch Amerikanische Studien, 9,* 188-189.

Gnutzmann, C. (1988). 'Sprachkultur' und sprachliche Normen. Zur linguistischen und politischen Analyse eines sprachpolitischen Zusammenhangs. *Englisch Amerikanische Studien, 10,* 359-371.

Goethe-Institut, The British Council & ENS-CREDIF (Hrsg.). (1989). *Die Rolle der Grammatik im Fremdsprachenunterricht/The place of Grammar in Foreign Language Teaching and Learning/La Place de la Grammaire dans l'Enseignement et l'Apprentissage des Langues Etrangères.* Paris (Triangle 8).

Henrici, G. & Herlemann, B. (1986). *Mündliche Korrekturen im Fremdsprachenunterricht*. München.
Kleppin, K. & Königs, F. G. (1991). *Der Korrektur auf der Spur – Untersuchungen zum mündlichen Korrekturverhalten von Fremdsprachenlehrern*. Bochum.
Königs, F. G. (1992). 'Lernen' oder 'Erwerben' Revisited. Zur Relevanz der Zweitsprachenerwerbsforschung für die Sprachlehrforschung. *Die Neueren Sprachen, 91*, 166-179.
Quirk, R. (1990). Language varieties and standard language. *English Today, 21*, 3-10.
Raabe, H. (1991). Lernende als Linguisten? Zum prozeduralen Wissen Lernender. *Fremdsprachen Lehren und Lernen, 20*, 161-173.
Raabe, H. (1992). Analysen zum prozeduralen Wissen beim Fremdsprachenlernen. In Barrera-Vidal, A., Raupach, M. & Zöfgen, E. (Hrsg.). *Grammatica vivat. Konzepte, Beschreibungen und Analysen zum Thema "Fremdsprachengrammatik"*. Tübingen, 242-252.

Frank G. Königs

Von der Schwierigkeit des Steuerns in offenen Meeren oder: was heißt eigentlich Steuern im Fremdsprachenunterricht?

1. Das Verlassen des (sicheren?) Hafens oder: zwei nebulöse Begriffe

Die Leitfragen zu dieser Frühjahrskonferenz suggerieren, daß die Begriffe *Steuerung* und *Offenheit* selbstredend sind oder daß zumindest jeder sofort versteht, was im Zusammenhang mit der Erforschung des Fremdsprachenunterrichts darunter gemeint sein mag. Möglicherweise wird jeder der Behauptung zustimmen, daß Steuerung *ein*, wenn nicht *das* Merkmal von Fremdsprachenunterricht ist und daß außerunterrichtlicher Erwerb von Fremdsprachen eben offen erfolge. Unvoreingenommenen Beobachtern mag da sofort die Dichotomie von Lernen (= gesteuert) und Erwerben (= offen, d.h. nicht gesteuert) einfallen, wie sie von Krashen (1982) akzentuiert wurde und gerade auch über den Begriff der Steuerung definiert wurde. Für die extreme Polarisierung mag eine solche griffige Trennung hilfreich sein. Will man jedoch das Funktionieren von Spracherwerb im allgemeinen, von Fremdsprachenunterricht im speziellen untersuchen und verstehen, so stellt man fest, daß die Begriffe 'Steuerung' und 'Offenheit' zunächst nicht sehr hilfreich sind, wie man anhand von plakativen Fragen wie 'Wo verläuft die Grenze zwischen Steuerung und Offenheit?' oder 'Wie sind Steuerung und Offenheit beobachtbar?' erkennen kann. So wird man bei näherer Betrachtung feststellen, daß Begriffe wie 'Offenheit' durch den Methodenbegriff in Frage gestellt werden: Auf der einen Seite intendieren Methoden die Steuerung von Lernprozessen, auf der anderen Seite herrscht heute eine (leider nicht immer explizite) Einigkeit dahingehend vor, daß Methoden letztlich Empfehlungscharakter haben und daß damit die konzeptuell intendierten Steuerungen durch unterrichtliche Bedingungen entweder aufgegeben oder durch andere Steuerungen ersetzt werden. Wenn damit aber letztlich jede unterrichtliche Handlung als Steuerung interpretierbar wird, stellen sich grundsätzliche Fragen: Ist die Annahme gerechtfertigt, daß außerunterrichtliche Erwerbsvorgänge ungesteuert erfolgen? Oder ist dort nicht vielmehr der Lernende die (stärker als im Fremdsprachenunterricht) steuernde Instanz? Anders ausgedrückt: Gibt es überhaupt steuerungsfreie Lernprozesse? Wenn das nicht der Fall ist (und ich neige zu dieser Annahme), dann ist das Kriterium der Steuerung letztlich für die Beschreibung von sprachlichen Aneignungsvorgängen wenig tauglich.

Löst man sich von der eher konkreten unterrichtlichen Ebene und wendet sich der Lernzielebene zu, so findet Steuerung dort gleichfalls statt, und zwar auf einer allgemeineren, die Rahmenbedingungen von Fremdsprachenunterricht tangierenden Ebene. Dabei fällt auf, daß einer nachhaltigeren Steuerung auf dieser Ebene eine tendenziell größere 'Offenheit' auf der konkreten unterrichtlichen Mikroebene gegenübersteht: Die Steuerung auf der konzeptuellen Ebene impliziert eine (etwas größere) Offenheit auf der Ausführungsebene; exemplarisch verwiesen sei auf Unterrichtsprinzipien wie Einsprachigkeit, die in den Richtlinien und Lehrplänen fest verankert sind, in der Unterrichtspraxis jedoch aufgeweicht werden. Anders formuliert: Offenheit und Steuerung (wenn man denn bei dieser Dichotomie bleiben will) interagieren ständig und befinden sich auf einem Kontinuum.

Aus den vorangehenden Überlegungen resultiert, daß man das Verhältnis von Steuerung und Offenheit kaum alternativ behandeln kann. Es gibt kein 'Entweder-oder', sondern ein 'Sowohl als auch'. Und das Maß für dieses 'Sowohl als auch' wechselt u.a. mit dem vermittlungsmethodischen Konzept, das dem jeweiligen Unterricht zugrunde liegt. Während traditionelle Vermittlungskonzepte dazu neigen, den Unterricht stärker zu steuern, deuten alternative Unterrichtsverfahren eine potentiell größere Offenheit an, ohne daß damit allerdings bereits das Maß dieser Offenheit angebbar wäre. Die in den siebziger und achtziger Jahren feststellbare Lernerorientierung (nicht: Lernerzentrierung) belegt nicht nur, daß der Lernende eine entscheidende Steuerungsinstanz ist, sondern sie läßt ferner erkennen, daß diese Steuerung sich einer allzu weitreichenden Generalisierung entzieht. Weil wir wissen, daß Lernen auf unterschiedlichen Wegen zu vergleichbaren Resultaten führen kann (vgl. exemplarisch einige Beiträge dazu in Duda/Riley 1990), können wir guten Gewissens behaupten, daß sich das Kriterium der Steuerung zwar auf die individuengerechte *Entscheidung über* Lernwege, nicht jedoch auf *die Universalität von Lernwegen* bezieht.

Die Begriffe 'offen' und 'gesteuert' spielen (sicherlich als alltagssprachliche Begriffe und ohne tiefgreifende Reflexionen) in der fremdsprachendidaktischen Literatur eine nicht unbedeutende Rolle. Nicht selten werden dabei als offen eingeschätzte Konzepte den stärker steuernden, normierenden oder geschlossenen Konzepten vorgezogen. So wird Kreativität nicht selten als freie und nicht erwartbare Abweichung vom Üblichen definiert; kreatives Unterrichtsverhalten – auf Lehrer- und auf Lernerseite – zeichnet sich dementsprechend durch ein möglichst offenes, sich einer 'traditionellen' Steuerung entziehendes unterrichtliches Vorgehen aus (auf der Ebene der Vermittlungskonzepte ebenso wie auf der Ebene der konkreten Lehrer- und Lernerreaktionen).

Einen weiteren zentralen Begriff in diesem Zusammenhang stellt das Konzept der Progression dar. Es bezeichnet die Abfolge der Präsentation sprachlicher Einheiten, orientiert an der vermeintlichen Lernsequenz. Durch die Progression soll Lernen erleichtert und an den Lern(er)voraussetzungen ausgerichtet werden. Unabhängig davon, ob man eher einer linearen oder einer konzentrischen Progression den Vorzug geben mag (soweit ich sehe, folgen neuere Konzepte eher der konzentrischen), gilt wohl, daß mit zunehmender Progression das Maß an Steuerung sinkt. Je weiter der Lernende im Erwerb sprachlicher Strukturen fortschreitet, desto mehr steigt die Anzahl der Möglichkeiten, die neuen sprachlichen Informationen mit bereits vorhanden Informationen zu verknüpfen; die konkrete Verknüpfung (im Kopf des Lernenden) entzieht sich also potentiell immer mehr einer rigiden Steuerung von außen; dabei implizieren Arbeiten zur Lernertypologie allerdings, daß sich nicht so sehr das absolute Maß der Steuerung selbst reduziert, sondern daß sich vielmehr die Steuerungsinstanz verlagert, und zwar weg von außen (z.B. vom Lehrer) und hin nach innen (d.h. zum Lernenden) (vgl. die Befunde z.B. bei Stasiak 1990, vgl. ferner den Ansatz der prozeßorientierten Fremdsprachendidaktik bei Multhaup/Wolff 1992, der bereits im Forschungskonzept der Sprachlehrforschung integriert ist, so etwa bei Koordinierungsgremium 1983, Bausch/Krumm 1989).

Blickt man auf die Entwicklung der Forschung zum Fremdsprachenunterricht, so läßt sich im Zuge der den wissenschaftlichen Disziplinen inhärenten Pendelbewegungen (vgl. Gnutzmann/Königs 1992) ein Wechsel von einer traditionellen, eher die möglichst weitgehende Steuerung favorisierenden Tendenzen zu eher offenen, sog. kommunikativen Strömungen feststellen, die sich aber letztlich auch nicht als voll befriedigend herausgestellt haben und zu einem veränderten Denken über kognitive, das lernerseitige Sprachbewußtsein integrierenden Tendenz geführt haben (vgl. Königs 1991). Vor einer simplistischen Gleichsetzung zwischen kommunikativem Ansatz mit einem offenen und dem traditionellen Ansatz mit einem stärker steuernden Verständnis von Unterricht sei also gewarnt. Auch hier zeigt sich wieder, daß eine strikte Trennung weder begrifflich zu fassen noch auf einer konkreten unterrichtlichen Ebene nachvollziehbar ist. Vielmehr wird deutlich, daß die bisweilen als Offenheit bezeichnete Auffassung von Fremdsprachenunterricht nicht so sehr die absolute Offenheit im Sinne fehlender Steuerung meint, sondern eine *streuende Steuerung*, die das Phänomen der Steuerung nicht auf eine Ebene und auf einen Unterrichtsaktanten einschränkt, sondern Steuerung auf zahlreiche, den Unterricht konstituierende Variablen bezieht. Dies führt allerdings automatisch zur Frage der forschungsmethodischen Konsequenzen und damit zur zweiten Leitfrage.

2. Das Ermitteln des Kurses

Wie oben bereits erwähnt, lassen sich Steuerung und Offenheit nicht so ohne weiteres beobachten. Das hängt sowohl mit der Subjektivität dessen zusammen, was man unter Steuerung und Offenheit verstehen will (siehe oben), als auch mit der weitgehend fehlenden Möglichkeit einer zweifelsfreien Zuordnung von Beobachtungen zu den Merkmalen Offenheit oder Steuerung. Was z.B. lehrerseitig als Offenheit intendiert war, kann lernerseitig als Steuerung interpretiert werden, wie z.B. die unterschiedlichen Kategorien unterrichtlicher Erwartungshaltungen (vgl. Kleppin/Königs 1987) demonstrieren. In letzter Zeit zeichnen sich in der Erforschung von Fremdsprachenunterricht deutlich zwei, in diesem Punkt ineinander greifende Trends ab: Die Erhebung introspektiver Daten zielt darauf, die durch Beobachtung gewonnenen Daten und deren Interpretation durch den Forscher an die Forschungssubjekte und deren (mögliche) Intentionen und/oder Theorien rückzubinden. Wir haben Daten dieses Typs im Rahmen unserer Analysen zur mündlichen Fehlerkorrektur erhoben und dabei u.a. festgestellt, daß lehrerseitig als offen geplante und durchgeführte Korrekturmaßnahmen von den Lernenden als steuernd und den eigenen Lernprozeß behindernd erlebt werden können (vgl. einige Belege dazu in Kleppin/Königs 1991). Der zweite Trend tritt flankierend hinzu und läßt sich unter dem Stichwort 'subjektive Theorien' subsumieren; er ist vor allem von Groeben et al. (1988) für Unterrichtsforschung entwickelt und von Grotjahn (1991) für den Fremdsprachenunterricht adaptiert worden. Diesem Konzept liegt die (m.E. nachvollziehbare)

Annahme zugrunde, daß gerade die an Verhaltensprozessen beteiligten Individuen über eine in dieser Form nur ihnen vorliegende stehende 'Theorie' verfügen, die eben diese Verhaltensprozesse steuern und daß diese Theorie auch (z.B. durch Verbalisierungen) zugänglich ist. Dabei zeigt sich m.E. allerdings, daß Lehrprozesse der Beobachtung und Analyse (nicht nur auf diesem Wege) eher zugänglich sind als Lernprozesse: Dies gilt unter der Voraussetzung, daß mehrere unterschiedliche Datensätze erhoben und miteinander verzahnt werden und in der Annahme, daß Lehrprozesse leichter erfaßbar sind, da sie sich auf einzelne Individuen erstrecken und ihre introspektive Erfassung weniger organisatorischen Aufwand erforderlich macht als bei den Lernenden als Gruppe.

Ein grundsätzliches forschungsmethodisches Problem ergibt sich hinsichtlich des Ursache-Wirkung-Zusammenhangs: Wie kann sichergestellt werden, daß eine bestimmte Beobachtung bzw. ein bestimmtes Lernresultat ursächlich zweifelsfrei auf ein bestimmtes Element der Offenheit bzw. der Steuerung zurückgeführt werden kann? Die intensiven Forschungen der siebziger und achtziger Jahre haben deutlich gemacht, daß Lernen im Fremdsprachenunterricht kein eindimensionaler Zusammenhang von *Input* und *Intake* ist, sondern daß der Aufbau des *Intake* und ferner seine Realisierung vielfältigen Ursache-Wirkung-Zusammenhängen unterliegen kann. Dies schlägt sich auch zunehmend in den Lernkonzepten nieder, die man den unterschiedlichen vermittlungsmethodischen Konzepten zuweisen kann. Während man den älteren Vermittlungsmethoden eher ein geschlossenes Verständnis von Lernen bescheinigen muß, lassen sich neuere (und vor allem alternative) Vermittlungskonzepte hinsichtlich des Lernbegriffs eher als offen charakterisieren. Die Stichworte von der Lernerorientierung bzw. vom Ernstnehmen der Lernenden weisen darauf hin, daß es in stärkerem Maße als früher angenommen der Lernende selbst ist, der für den Aufbau fremdsprachlicher Kompetenz letztlich verantwortlich zeichnet. Die Forschung trägt diesem Umstand beispielsweise dadurch Rechnung, daß sie sich nunmehr verstärkt um die Thematisierung von Lernen im Unterricht (vgl. hierzu z.B. die anwendungsorientierten Teile der Strategiediskussion) sowie im Gefolge davon um die Ermittlung von Lernertypologien kümmert oder um die Frage, worin denn genau autonomes Lernen besteht und wie man die Teilnehmer am Fremdsprachenunterricht darauf vorbereiten kann. Von den übergeordneten Forschungskonzepten her gilt das Phänomen der Faktorenkomplexion weithin als akzeptiert; diese besagt, daß die angemessene Beschreibung und Analyse von Fremdsprachenunterricht sich mit der Tatsache abfinden muß, daß unterschiedliche Faktoren in einer letztlich doch sehr offenen Weise miteinander interagieren und von daher zur prinzipiellen Offenheit fremdsprachenunterrichtlichen Lernens entscheidend beitragen. Dies gilt auch hinsichtlich der untersuchungsmethodischen Notwendigkeit, das Spektrum möglicher Faktoren empirisch durch Konzentration auf jeweils einzelne Faktoren zu reduzieren. Dies ändert aber nichts an der prinzipiellen Offenheit der Beziehung zwischen einzelnen Faktoren. Genau diese Offenheit ist es, die Unterrichtsforschung dem in den Naturwissenschaften zumeist nachweisbaren generellen Zusammenhang von Ursache und Wirkung weitgehend entzieht. Mit anderen Worten: Die systematische Erforschung von Fremdsprachenunterricht impliziert eine prinzipielle Offenheit im Verhältnis der möglichen Faktoren zueinander, die ihrerseits zum Lernresultat führt.

3. Steuerversuche auf dem offenen Meer

Bei den Arbeiten, die sich der Erforschung des Fremdsprachenunterrichts widmen, lassen sich zwei grundsätzliche Strömungen unterscheiden, nämliche diejenige, deren Ziel es ist, auf der Grundlage erarbeiteter Konzepte und nur unter teilweiser Berücksichtigung erzielter (empirischer) Ergebnisse den Soll-Zustand des Unterrichts zu definieren, und diejenige, die sich darauf konzentriert, den beobachteten Unterricht zu beschreiben, zu interpretieren und daraus *begründete* Handlungs*empfehlungen* für den Fremdsprachenunterricht abzuleiten. An den vorangehenden Ausführungen kann abgelesen werden, daß ich stärker der zweiten Position verpflichtet bin (vgl. auch Königs 1986). Unter Bezug auf eigene Forschungen möchte ich an drei Beispielen kurz andeuten, welche Auswirkungen ich mir für die Praxis des Fremdsprachenunterrichts verspreche.

In unseren Analysen zum mündlichen Korrekturverhalten (vgl. Kleppin/Königs 1991) haben wir sehr detailliert Korrekturen untersucht und an die uns zur Verfügung stehenden weiteren Daten rückgebunden. Mit unseren Analysen verbinden wir nicht den Anspruch, normative Vorgaben für Unterricht zu machen, sondern wir wollen dazu beitragen, die Geschlossenheit des eigenen Handlungsinventars von Lehrern durch die Sensibilisierung und Aufarbeitung von (individuellen) Korrekturmechanismen zu überwinden. Es geht also darum zu zeigen, wie eigenes Verhalten zustandekommt, begründbar ist und durch Bezug auf andere Verhaltensformen erweitert werden kann.

In meinen Forschungen zum Übersetzungsprozeß (vgl. z.B. Königs 1988; 1990) habe ich zu zeigen versucht, daß mentale Problemlösungsprozesse auch bei gleichem Resultat durchaus divergieren können; salopp ausgedrückt: Es führen mehrere Wege nach Rom, und nicht immer muß der kürzeste der beste sein. Umzusetzen versuche ich dies gerade in der Zusammenarbeit mit Kollegen der Deutschabteilung der Universität Florianópolis in Brasilien, wo wir das Curriculum für die Germanistikstudenten umgestaltet, eine Übersetzungskomponente mit einigen traditionell philologischen Inhalten verzahnt und den Übersetzungszweig um selbstreflexive Unterrichtseinheiten ergänzt haben. In diesen Einheiten geht es gerade darum, den eigenen Lösungsprozeß (für Übersetzungsprobleme) bewußt zu erleben, differenziert zu betrachten und mit anderen Lösungsprozessen von Lernenden systematisch zu vergleichen.

In eher auf übergreifende Zusammenschau angelegten Arbeiten (vgl. Königs 1991; Gnutzmann/Königs 1992) werden Entwicklungen nachgezeichnet und z.T. prognostiziert mit dem Ziel, diese Entwicklungen als Belege für die Tatsache zu werten, daß Fremdsprachenlernen ein prinzipiell offener Vorgang ist, dem durch geschlossene Unterrichtskonzepte nicht angemessen Rechnung getragen werden kann.

Wenn ich versuche, aus den vorangehenden Überlegungen ein Fazit bezüglich der Bedeutung der beiden Begriffe Steuerung und Offenheit für das Lehren und Lernen von Fremdsprachen zu ziehen, so läßt sich dies – zugegebenermaßen etwas plakativ – wohl so formulieren:

– Lernprozesse ohne Steuerung gibt es nicht. Welche Steuerungsinstanz letztlich den Ausschlag für die Gestaltung eines Lernvorgangs gibt, entscheidet sich im konkreten Einzelfall, und dort auch möglicherweise jeweils anders.

– Daraus folgt: Jede Steuerung impliziert Offenheit. Selbst dort, wo z.B. seitens des Lehrenden extrem gesteuert wird, gibt es keine Garantie dafür, daß diese Steuerung Lernen hervorruft und vor allem, daß es nur eine Form von Lernen evoziert.

– Die empirische Erfassung von Steuerung und Offenheit scheint mir – jenseits der Extreme – relativ schwierig; dafür möchte ich drei Gründe anführen, bin aber sicher, daß es deren noch mehr gibt:

- erstens wird nicht genau definiert, was unter diesen Begriffen verstanden werden soll;
- zweitens kann davon ausgegangen werden kann, daß beide Begriffe zu großen Teilen als zwei Seiten einer einzigen Medaille interpretiert werden *können*, so daß wir es also je nach Perspektive bei einem beobachtbaren Phänomen mit Steuerung oder mit Offenheit zu tun haben können;
- drittens haben wir in der Forschung zum Fremdsprachenunterricht Persönlichkeitsmerkmale (besonders auf Lehrerseite) doch noch weitgehend ausgeblendet.

Mit Blick auf den metaphorischen Titel dieses Beitrags scheint mir zu gelten, daß wir das Zeitalter lange verlassen haben, in dem Meere ausschließlich durch Segelschiffe befahren werden. Sie sind durch z.T. hochkomplizierte maschinengetriebene Schiffe ersetzt worden, weil uns unser Wissen deren Konstruktion und Bedienung erlaubt. Auch vom Lehren und Lernen von Fremdsprachen wissen wir zuviel, als daß wir seine Analyse und Erforschung noch mittels der Begriffe 'Offenheit' und 'Steuerung' zufriedenstellend vornehmen könnten. Das schließt deren Gebrauch zwar ebensowenig aus, wie im zu Ende gehenden 20. Jahrhundert das Befahren der Meere mit Segelschiffen ausgeschlossen ist. Aber wir sollten im Auge behalten, daß die bei weitem größte Anzahl der Schiffe auf dem offenen Meer Motorschiffe sind und deshalb von den Begriffen 'Offenheit' und 'Steuerung' bei der Erforschung des Fremdsprachenunterrichts nicht zu viel erwarten.

Literaturverzeichnis

Bausch, K.-R. & Krumm, H.-J. (1989). Sprachlehrforschung. In Bausch, K.-R., Christ, H., Hüllen, W. & Krumm, H.-J. (Hrsg.). (1989). *Handbuch Fremdsprachenunterricht.* Tübingen, 7-12.

Duda, R. & Riley, P. (Hrsg.). (1990). *Learning Styles. European Cultural Foundation. Proceedings of the First European Seminar (Nancy, 26-29 April 1987).* Nancy.

Gnutzmann, C. & Königs, F. G. (1992). Methodische und politische Dimensionen des Fremdsprachenunterrichts zu Beginn eines neuen Jahrzehnts. In Gnutzmann, C., Königs, F. G. & Pfeiffer, W. (Hrsg.). (1992). *Fremdsprachenunterricht im internationalen Vergleich: Perspektive 2000.* Frankfurt, 9-47.

Groeben, N., Wahl, D., Schlee, J. & Scheele, B. (1988). *Forschungsprogramm Subjektive Theorien. Eine Einführung in die Theorie des reflexiven Subjekts.* Tübingen.

Grotjahn, R. (1991). The Research Programme Subjective Theories. A New Approach in Second Language Research. *Studies in Second Language Acquisition, 13*(2), 187-214.

Kleppin, K. & Königs, F. G. (1987) 'Was willst du, daß ich tun soll?' Überlegungen und Beobachtungen zur Rolle der Erwartungen im Fremdsprachenunterricht. *Zielsprache Deutsch, 1,* 10-22.

Kleppin, K. & Königs, F. G. (1991). *Der Korrektur auf der Spur. Beobachtungen und Analysen zum mündlichen Korrekturverhalten von Fremdsprachenlehrern.* Bochum.

Königs, F. G. (1986). Und sie bewegt sich doch! Forschungsmethodische Antworten auf kritische Fragen an die Sprachlehrforschung. In Seminar für Sprachlehrforschung der Ruhr-Universität Bochum (Hrsg.). (1986). *Probleme und Perspektiven der Sprachlehrforschung. Bochumer Beiträge zum Fremdsprachenunterricht in Forschung und Lehre.* Frankfurt, 35-50.

Königs, F. G. (1988). Auf der Suche nach dem richtigen Wort. Analysen zum lexikalischen Suchverhalten beim Schreiben in der Fremdsprache und beim Hinübersetzen. *Fremdsprachen lehren und lernen 17,* 99-117.

Königs, F. G. (1990). Übersetzen und Schreiben in der Fremdsprache: psycholinguistische Beziehungen und didaktische Konsequenzen. In Arntz, R. & Thome, G. (Hrsg.). (1990). *Übersetzungswissenschaft. Ergebnisse und Perspektiven. Festschrift zum 65. Geburtstag von Wolfram Wilss.* Tübingen, 278-288.

Königs, F. G. (1991). Auf dem Weg zu einer neuen Ära des Fremdsprachenunterrichts? Gedanken zur 'postkommunikativen' Phase der Fremdsprachendidaktik. *Taller de Letras, 19,* 21-42.

Koordinierungsgremium im DFG-Schwerpunkt 'Sprachlehrforschung' (Hrsg.). (1983). *Sprachlehr- und Sprachlernforschung: Begründung einer Disziplin.* Tübingen.

Krashen, S. D. (1982). *Principles and Practice in Second Language Acquisition.* Oxford et al.

Multhaup, U. & Wolff, D. (Hrsg.). (1992). *Prozeßorientierung in der Fremdsprachendidaktik.* Frankfurt.

Stasiak, H. (1990). Barrieren beim Fremdsprachenerwerb und Weg ihrer

Überwindung. In Duda, R. & Riley, P. (Hrsg.). (1990). *Learning Styles. European Cultural Foundation. Proceedings of the First European Seminar (Nancy, 26-29 April 1987)*. Nancy, 107-115.

K.-Richard Bausch/Herbert Christ/Hans-Jürgen Krumm (Hrsg.). (1993). *Fremdsprachenlehr- und -lernprozesse im Spannungsfeld von Steuerung und Offenheit*. Arbeitspapiere der 13. Frühjahrskonferenz zur Erforschung des Fremdsprachenunterrichts. Bochum, S. 99–109.

Hans-Jürgen Krumm

Fremdsprachenlehren und -lernen zwischen Fremd- und Selbststeuerung

1. Offene Lehr- und Lernprozesse unter den Bedingungen von Unterricht

Sprachenlernen ist ein grundsätzlich 'gesteuerter' Prozeß. Schon der Erwerb der Muttersprache verläuft in der Regel nicht naturwüchsig, sondern beeinflußt durch die Selektion der Sprachkontakte (Wahl von Kindergarten, Schule und Spielkameraden, 'Korrekturen' und Spracherziehung durch alle Gesprächspartner): so zeichnet Grimm auf Grund ihrer Analyse von Mutter-Kind-Interaktionen z.B. gerade den frühkindlichen Spracherwerb als einen Lehr-Lern-Prozeß nach, in dem die Mütter gezielte Lehrtechniken einsetzen. Daß dies erst recht für den Erwerb von Zweit- und Fremdsprachen gilt, ist in der Debatte um 'Erwerben' versus 'Lernen' wiederholt formuliert und nachgewiesen worden (vgl. Krumm 1978) – interaktionistische Modelle und Theorien haben sich daher weitgehend durchgesetzt. In einem interaktionistischen Paradigma kann es also nicht darum gehen, Steuerung zu negieren, sondern die Qualität des Lehrens und Lernens innerhalb von grundsätzlich gesteuerten und institutionalisierten Lehr-Lernprozessen zu untersuchen – in diesem Sinne sind auch Auslandsaufenthalte, Klassenreisen, Unterrichtsprojekte ja immer gesteuerte und institutionalisierte Lernsituationen. Sie sind aber gleichzeitig – aus einem anderen Blickwinkel heraus – 'offen": wenn man sie etwa dem Unterricht im geschlossenen Klassenzimmer, der Orientierung an einem geschlossenen Curriculum u.ä. gegenüberstellt. Was unter Steuerung und Offenheit zu verstehen ist, bestimmt sich also je nach Untersuchungsbereich innerhalb des Gesamtkomplexes 'gesteuertes Fremdsprachenlernen' innerhalb jeder Dimension von Fremdsprachenunterricht neu, z.B. (und ohne Anspruch auf Vollständigkeit) auf den folgenden Beschreibungsebenen:

1. Curriculare Ebene

Hier steht die Frage nach einem *offenen oder geschlossenen Curriculum* im Mittelpunkt: Nach der politischen Öffnung und Demokratisierung ist zum Beispiel in den mittel- und osteuropäischen Ländern an die Stelle der ehemaligen Zentrierung und Vereinheitlichung im Bildungswesen die Tendenz zur Dezentralisierung und Diversifizierung getreten. Offene Curricula sollen es erlauben, die individuellen Erfahrungen der Lernenden und die speziellen Fähigkeiten der jeweiligen Lehrkräfte einzubeziehen und aktuelle Ereignisse und Entwicklungen zu berücksichtigen. Die *Katwijker Empfehlungen zur Curriculumentwicklung* (1992) formulieren dies für Deutsch als Fremdsprache wie folgt:

> "Die Zweckmäßigkeit staatlicher Bildungsplanung wird in den letzten Jahren durch Entwicklungen und Erfahrungen auch in einigen westeuropäischen Ländern bestätigt, in denen – nach einer Phase der Verlagerung der Planung und Entscheidung bis auf die Ebene der einzelnen Schulen – die Forderung nach staatlichen Rahmenvorgaben erhoben wurde. Das betrifft z.B. Entwicklungen in Großbritannien (GCE) und den Niederlanden (Nationaler Lernzielkatalog; basisvorming). ... Die Kenntnis der deutschen Sprache ist eine unterschiedlich wichtige Voraussetzung für persönliche, kulturelle, berufliche und wirtschaftliche Kontakte mit einem bedeutenden Sprachgebiet. Umfang und Art des anzustrebenden Wissens und Könnens in der deutschen Sprache werden dabei unter Berücksichtigung von Lehr- und Lerntraditionen, von geographischer und kultureller Nähe oder Entfernung zum deutschsprachigen Raum sowie von den aktuellen kommunikativen Bedürfnissen eines Landes bestimmt. ... Die Curriculumentwicklung wird als demokratischer Prozeß verstanden, an dem frühzeitig die interessierten und betreffenden Gruppen (Regierungsbeauftragte, Institutionen und Organisationen, Wissenschaftler, Lehrer, Lernende und Eltern) in unterschiedlicher Weise zu beteiligen sind."

Für das Fach Deutsch als Fremdsprache muß das Spannungsfeld Steuerung – Offenheit auch im Hinblick auf die Frage zentraler gegenüber regionalen Lehrwerken und Lehrmethoden gestellt werden. Der Import von Materialien aus der Bundesrepublik hat oft die Entwicklung eigener, viel besser auf die Bedürfnisse vor Ort eingehender Materialien und Methoden verhindert: seit Mitte der 80er Jahre wird versucht, 'angepaßte Lernformen' und regionale Lehrwerke zu entwickeln, mit denen der Unterricht nicht durch die ferne Kultur völlig vorprogrammiert wird (vgl. Gerighausen/Seel 1986); wir können hier von einem Curriculum bzw. einer Methodenkonzeption sprechen, die offen ist für regionale, kulturspezifische Inhalte und Vermittlungsformen.

2. Die Unterrichtsebene

(M. Marcks, Krümm dich beizeiten. Heidelberg 1977, S. 82)

Die Karikatur von Marie Marcks verdeutlich das Spannungsfeld von Steuerung und Offenheit auf der Ebene des Unterrichtsprozesses: gerade der Fremdsprachenunterricht hat sich – unter Berufung auf die notwendige Sequenzialität des Spracherwerbs – vielfach aus pädagogischen Reformbewegungen hin zu einem 'offenen Unterricht' ausgeklinkt (vgl. Dietrich 1979:3ff.), seit der 'kommunikativen Wende' jedoch zumindest eine *inhaltliche Öffnung* (authentische Texte, außerunterrichtliche Sprachverwendungssituationen – in der Karikatur von M. Marcks: zumindest der Blick aus dem Fenster) vollzogen. Der französische Reformpädagoge Célestin Freinet hat demgegenüber eine radikalere Abkehr vom vorgeplanten und verschulten Unterricht und eine Öffnung der Schule in und für das Leben der Schüler gefordert (vgl. etwa Laun 1982) – *offener Unterricht* steht hier als Sammelbezeichnung für eine Vielzahl von Ausprägungen. Für die heutige Fachdiskussion haben sich solche Reformansätze in den folgenden Bereichen konkretisiert:

a) *Lerner- bzw. Teilnehmerorientierung* zielt darauf, die Lernenden mit ihren Lebens- und Lernerfahrungen (insbesondere auch den schon vorhandenen Sprachkenntnissen und Sprachlernerfahrungen) zum Ausgangspunkt des Fremdsprachenunterrichts zu machen und damit eine Offenheit für die lernenden Subjekte herzustellen, die auch Konsequenzen für die Lernziele und -inhalte des Fremdsprachenunterrichts hat; dies schließt ein, die Lernenden möglichst weitgehend an der Planung und Gestaltung des Unterrichts zu beteiligen.

b) Auch im Fremdsprachenunterricht sind Formen des Projektunterrichts entwickelt worden, die es erlauben, die Grenzen des Klassenraums zu überwinden und direkte Kontakte mit der Zielsprache und Zielkultur zu entwickeln – hierzu zählen Techniken der Freinet-Pädagogik wie etwa die Klassenkorrespondenz, aber auch weitergehende Unterrichtsprojekte in Form von Recherchen, Tandem-Verfahren u.ä. (vgl. Edelhoff/Liebau 1988, Krumm 1991).

c) *Differenzierung*, in der Vergangenheit vielfach verstanden als Instrument der Steuerung, um noch 'lehrleichtere' homogene Lerngruppen zu erreichen, ist gleichfalls zu einem Verfahren der Öffnung des Unterrichts für die individuellen Fragestellungen, Erfahrungen und Lerntechniken der Lernenden weiterentwickelt worden: "Eingehen auf individuelle Eigenarten der Lernenden unter Verzicht auf ihre Isolierung (wie dies bei einer vollständigen Individualisierung des Lehrens/Lernens der Fall wäre – d.Verf.) soll Binnendifferenzierung, genauer kooperative Binnendifferenzierung heißen", schreibt Göbel zur Begründung seines Differenzierungsmodells (Göbel 1986:77).

d) In Göbels Differenzierungskonzept klingt bereits ein Gedanke an, der in jüngster Zeit in Forschung und Unterrichtspraxis stattgefunden hat und sich meist mit dem Begriff der 'Lerntechniken' bzw. 'Lernstrategien' verbindet: gemeint ist damit, daß im Unterricht neben der Fremdsteuerung durch den Lehrenden auch *Selbststeuerung durch die Lernenden* wirksam ist, deren vorhergehende Sprachlernerfahrungen zur Entwicklung von Sprachlernstrategien geführt haben, die sie nunmehr im Sinne eines autonomen Lernens verstärkt nutzen können. Die vom Lehrer planmäßig betriebene Vermittlung bzw. Bewußtmachung solcher Lernstrategien kann somit als Beitrag zur Verlagerung der Unterrichtssteuerung vom Lehrer auf die Lernenden gesehen werden (vgl. Oxford 1989,

Legutke/Thomas 1991, besonders 259ff.).

3. Die Leistungsebene

Solange sich Fremdsprachenunterricht an definierten Lernzielen orientiert, die wenig Spielraum für die Entfaltung individueller Schwerpunkte lassen, sind der Offenheit des Unterrichts Grenzen gesetzt: Prüfungen und Leistungsanforderungen wirken als besonders stark steuernde Elemente auf die Unterrichtsgestaltung zurück. Die Öffnung der Sprachlehr- und Sprachlernprozesse würde zu einem stärker als Baukastensystem strukturierten 'offenen Weiterlernsystem' führen, in dem individuelle Schwerpunkte sowohl hinsichtlich der Inhalte als auch der Fertigkeiten gesetzt werden können, wie dies die Diskussion um das freie Schreiben im Sprachunterricht verdeutlicht.[1]

Zusammenfassend möchte ich festhalten: Fremdsprachenlernen ist ein in der Regel durch eine Vielzahl von Faktoren strukturierter, geplanter und gesteuerter Prozeß – Offenheit kann im Kontext des Fremdsprachenlernens daher zunächst einmal nur bedeuten,

– diesen Prozeß inhaltlich für die Lebenswelt der Lernenden, ihre Erfahrungen, Fragen und Interessen zu öffnen,
– diesen Prozeß so zu gestalten, daß der Autonomiegrad der Betroffenen (das gilt durchaus auch für die Lehrer), ihre Möglichkeiten der Mit- bzw. Selbststeuerung erhöht werden (vgl. Steinig 1989).

Offene Curricula, Formen eines 'offenen Unterrichts" (Projektarbeit, Partnerarbeit und innere Differenzierung) stellen hierfür günstige Voraussetzungen dar.

2. Die Rolle von Steuerung und Offenheit in der Theorie und Praxis der Sprachlehr- und Sprachlernforschung

Das skizzierte Verständnis von Fremdsprachenunterricht ist für die Entwicklung einer Lehr-Lern-Theorie insofern konstitutiv, als die Lernenden

---

[1] Ich verweise hierzu auf die Diskussion um die Volkshochschulzertifikate sowie offenes Weiterlernen. Vgl. Tietgens 1980.

in das Zentrum dieser Theorie rücken und damit die Dominanz sprachlicher Entscheidungskriterien für Unterrichtsplanung, unterrichtliche Interaktion und die Untersuchung sprachlicher Lernprozesse in Frage gestellt wird; an die Stelle primär lernzielorientierter Theorieansätze treten solche, die stärker an Fragen der Identitätsentwicklung des Individuums und den sozialpsychologischen Aspekten der Realisierung individueller und gesellschaftlicher Mehrsprachigkeit orientiert sind. Nicht mehr das Lernen einer Fremd- oder Zweitsprache, sondern die Entfaltung dieser Mehrsprachigkeit und die Rolle, die die jeweils konkret zu lehrende und zu lernende Sprache darin spielt, bilden den Kern einer solchen Theorie. Insofern entwickeln sich Sprachlehr- und -lerntheorien zu Theorien der (auch individuellen) Mehrsprachigkeit, von denen her sich neue Forschungsschwerpunkte herauskristallisieren: Von besonderem Interesse sind dabei der Sprachbesitz, die mitgebrachten Sprachlernerfahrungen der Lernenden und die Frage, wie weit Unterricht offen ist für ihre Nutzung: nicht mehr die isolierte Untersuchung des Ausschnitts der (gerade zu lernenden) Lernersprache, sondern die 'lebensweltliche Zweisprachigkeit' (Gogolin 1988), die von den Lernenden eingebrachten Lernstrategien aus verschiedenen Sprachen bilden die Datenbasis für die entsprechende empirische Forschung (vgl. hierzu im einzelnen Bausch/Heid 1990). Das hat forschungsmethodische Konsequenzen: die konkreten Sprachdaten bedürfen der Ergänzung durch Lernerdaten, die über Befragungen und Nachträgliches Lautes Denken oder auch Sprachlerntagebücher erhoben werden, ebenso wie der Ergänzung durch Lehrerdaten und Unterrichtsbeobachtung – als ein gelungenes Beispiel einer solchen Methodentriangulation vgl. Kleppin/Königs 1991). In einer kleinen Studie wurde in einem Hamburger Arabischkurs untersucht, welche Erfahrungen Studierende, die Arabisch als vierte bzw. fünfte Fremdsprache lernen, in diesem Arabischunterricht fruchtbar machen. Neben Lernerbefragungen wurde hier das 'Lehrtagebuch' einer Tutorin genutzt, um zu klären, wie weit der Sprachlernprozeß in einer so fremden Sprache wie dem Arabischen zugänglich ist für die mitgebrachten Lernerfahrungen:

> Lerngewohnheiten und -erwartungen aus vorhandenen Sprachlernerfahrungen prägten stark die Einstellung zum Arabischlernen. So wurde z.B. über das Vokabellernen mit Karteikarten diskutiert, ich wurde nach Eselsbrücken, Tips zum systematischen Lernen, Tabellen und Übersichten gefragt. Der Mangel an praktischen Übungen zum Hörverständnis und zur Sprechfähigkeit, die aus dem Unterricht anderer moderner Sprachen bekannt waren, wurde beklagt, sowie die enttäuschte Erwartungshaltung,

Arabisch in kürzerer Zeit zu lernen wie andere Sprachen auch. Die Möglichkeit eines Sprachkurses im Ausland wurde in Erwägung gezogen, da man damit bei anderen Sprachen gute Erfahrungen gemacht hatte. (Mitter 1992:27)

Mit der Erhöhung der Eigenverantwortlichkeit der Lernenden und einer stärkeren Selbststeuerung verändert sich die Rolle der Lehrenden von der Steuerung hin zur Lernberatung (vgl. genauer Tietgens 1980:224). Erstaunlicherweise aber ist die Frage, wie denn eine wirkungsvolle Sprachlernberatung aussehen könne, noch kaum Gegenstand der Forschung geworden. In seiner Hamburger Dissertation hat Plüghan für den Bereich des Englischunterrichts an Volkshochschulen ein Verfahren zur Einstufungsberatung entwickelt und empirisch erprobt, das "an den Bedürfnissen der Ratsuchenden zu orientieren ist, d.h. nicht die Interessen der Institution Volkshochschule..., sondern die Wünsche, Neigungen und Probleme der Ratsuchenden" konstituieren den Beratungsprozeß" (Plüghan 1990:300). Plüghan macht deutlich, daß Offenheit der Institution für die Bedürfnisse der Lernenden und ein auf diese Bedürfnisse hin orientiertes 'offeneres' Kursangebot nur unter Etablierung einer solchen Lernberatung wirksam werden können. Auch bei Plüghan stehen Befragungen der Lernenden und Beratenden sowie die Analyse von Beratungsgesprächen im Mittelpunkt der Untersuchung. Als forschungsmethodische Konsequenz läßt sich folgern, daß die Kombination von Beobachtungsdaten und Befragungen mit subjektiven Daten im Sinne einer 'kommunikativen Validierung" einen sinnvollen Zugriff auf das 'Spannungsfeld von Steuerung und Offenheit' im Fremdsprachenunterricht erlauben. Im engeren Sinne quantitativ-empirische Studien und Experimente verbieten sich bei dieser Fragestellung, würde doch dann gerade das aus dem Unterricht entfernt werden müssen, was seine Offenheit ausmacht. Soweit Fremdbeobachtungen oder quasi-experimentelle Untersuchungen z.B. zur Wirkung 'offener Lehrerfragen', 'offener' Methoden (Projektarbeit, Tandem o.ä.) durchgeführt werden, bedürfen sie einer begleitenden Aufnahme der subjektiven Wahrnehmung und Situationsinterpretation bei den Lernenden (evtl. auch Lehrenden), die Offenheit und Steuerung aus ihren subjektiven Erwartungen und Erfahrungen heraus oft anders interpretieren (z.B. Offenheit negativ als Fehlen von Planung und erwarteter Steuerung).

3. Konsequenzen

Ich fasse die didaktischen Konsequenzen in den folgenden Thesen zusammen:

1. Für die Curriculumentwicklung zeichnet sich ein mittlerer Weg zwischen geschlossenen und offenen Curricula ab – eine Sprachenpolitik, die auf 'transnationale Kommunikationsfähigkeit' zielt, kann auf Rahmenplanungen nicht verzichten, diese bedürfen jedoch der regionalen Adaption sowohl in den Lerninhalten wie auch in den Lernformen.
2. Unter dem Stichwort 'Lernerorientierung' sind alle Versuche zu fördern, autonomes Lernen im Unterricht zu entwickeln: dies setzt voraus, die Lernenden an der Planung und Gestaltung des Unterrichts möglichst weitgehend zu beteiligen und ihre (Lebens-) Erfahrungen einzubeziehen. Voraussetzung hierfür ist allerdings, daß auch die Lehrenden in stärkerem Maße Notiz von den Lernbedürfnissen und der Lernmotivation der Lernenden nehmen (vgl. Düwell 1979).
3. Projektunterricht stellt eine erprobte Form dar, Unterricht für die Fragen der Gesellschaft zu öffnen, in der die Lernenden leben. In Form von Fallstudien und Praxisevaluation sollten erfolgreiche Beispiele stärker als bisher in die Lehreraus- und -fortbildung Eingang finden. In der Freinet-Pädagogik, den Tandem-Modellen u.ä. Einrichtungen gemachte Erfahrungen zeigen, daß es mit Hilfe von Lernkontrakten und gemeinsamer Unterrichtsplanung möglich ist, gerade bei Unterrichtsprojekten eine gute Verbindung von Steuerung und Offenheit herzustellen.
4. Innere Differenzierung kann als ein sinnvoller Weg entwickelt werden, die individuellen Lernbedürfnisse und die vorgegebenen Lernziele und -wege aufeinander zuzubewegen. Modelle und erprobte Kriterien für die Differenzierung im Fremdsprachenunterricht liegen vor (vgl. Perrey 1983, Göbel 1986). Erforderlich ist allerdings, daß in der Lehreraus- und Lehrerfortbildung die Lehrkräfte befähigt werden, diese Modelle wirksam zu realisieren:

So wie das Lernen selbst ist die innere Differenzierung weniger Sache der Schule, des Unterrichtsträgers, des Lehrers, als vielmehr die der Lernenden. Dennoch spielt der Lehrer in diesem Zusammenhang eine entscheidende Rolle: der ihm traditionell zugewiesene Status des 'Leiters' macht es erforderlich, daß er Freiräume schafft und Anregungen gibt, wenn die

Lernenden die Verantwortung für ihre eigene Tätigkeit übernehmen sollen und damit wirkliche innere Differenzierung ermöglicht wird. (Göbel 1986:160)

5. Erst das Verfügen über gezielt zu nutzende Lernstrategien verhilft den Lernenden dazu, aus der vorgeplanten Lernerrolle auszusteigen und selbständig zu lernen. Die Vermittlung solcher Lernstrategien gehört daher zu den wichtigsten Aufgaben im Unterricht der ersten Fremdsprache.

... schließlich gilt es mit Blick auf die Ausbildung einer Fremdsprachenlernkompetenz, Lernstrategien und -techniken, die individuell für ein lebenslanges Erwerben von Fremdsprachen befähigen, zu schulen und systematisch bewußt zu machen ... (Thesen S. 15)

Die Untersuchung solcher Lernstrategien und ihrer Wirksamkeit hat allerdings gerade erst begonnen und bedarf dringend einer weiteren empirischen Fundierung.

6. Eine wichtige Voraussetzung dafür, daß offene Lernsituationen von den Lernenden überhaupt wahrgenommen und genutzt werden, besteht in einer guten Lernberatung – dies gilt für die Erwachsenenbildung ebenso wie für die Beratung der Eltern und Schüler im Kurssystem der Schule. Diese Beratung darf sich nicht an dem Ziel einer möglichst gleichen Auslastung aller Kurse orientieren, sondern muß bei einer Diagnose der Lernbedürfnisse einsetzen und an diesen orientiert bleiben.

7. Für die Verwirklichung von offenem Unterricht bedarf es einer Lehreraus- und -fortbildung, die Lehrende dazu befähigt, ihr unterrichtliches Handeln zu reflektieren, das ständige Handeln unter Handlungsdruck abzubauen zugunsten eines interaktiven Unterrichtsstils und neue Formen der Lehrer-Schüler-Interaktion probehandelnd zu entwickeln (vgl. Krumm 1982).

Empirische Untersuchungen können die skizzierten unterrichtspraktischen Ansätze nicht im strengen Sinne verifizieren, sie können aber Indikatoren bereitstellen, die eine Abschätzung der Wirkung der jeweiligen Verfahren und das heißt, Maßnahmehypothesen erlauben. Dabei ist wichtig zu sehen, daß 'Steuerung' und 'Offenheit' nicht als Gegensätze, sondern als Pole gesehen werden müssen, zwischen denen der Ausgleich von Lernbedürfnissen, Lernerwartungen und institutionalisierten Angeboten des Fremdsprachenunterrichts zu suchen ist. Steuerung und Offenheit sind dabei Kategorien, die – insbesondere im Kontext von empirischen Untersuchungen und didaktischen Maßnahmen – für jede Zielgruppe und die unterschiedlichen Ebenen des Lehr- und Lernprozesses neu zu definieren sind.

Literaturverzeichnis

Bausch, K.-R. & Heid, M. (Hrsg.). (1990). *Das Lehren und Lernen von Deutsch als zweiter oder weiterer Fremdsprache.* Bochum.

Dietrich, I. (1979^2). *Kommunikation und Mitbestimmunjg im Fremdsprachenunterricht.* Königstein.

Düwell, H. (1979). *Fremdsprachenunterricht im Schülerurteil.* Tübingen.

Edelhoff, Ch. & Liebau, E. (1988). *Über die Grenze. Praktisches Lernen im fremdsprachlichen Unterricht.* Weinheim/Basel.

Gerighausen, J. & Seel, P. C. (Hrsg.). (1986). *Methodentransfer oder angepaßte Unterrichtsformen.* München.

Göbel, R. (1986^2). *Kooperative Binnendifferenzierung im Fremdsprachenunterricht.*

Gogolin, I. (1988). *Erziehungsziel Zweisprachigkeit.* Hamburg.

Greber, U. et al. (Hrsg.). (1991). *Auf dem Weg zur 'Guten Schule': Schulinterne Lehrerfortbildung.* Weinheim/Basel.

Grimm, H. (1985). Der Spracherwerb als Lehr-Lern-Prozeß. *Unterrichtswissenschaft, 13*(1), 6-16.

(1992). *Katwijker Empfehlungen zur Curriculumentwicklung* (Manuskript). Katwijk.

Kleppin, K. & Königs, F. G. (1991). *Der Korrektur auf der Spur. Untersuchungen zum mündlichen Korrekturverhalten von Fremdsprachenlehrern.* Bochum.

Krumm, H.-J. (1978). Lehrerverhalten im Hinblick auf Lernerverhalten: entwicklungsgemäßer Fremdsprachenunterricht? In *Kongreßberichte der 8. Jahrestagung der GAL, I.* Stuttgart, 29-42.

Krumm, H.-J. (1982). *Wie führe ich Lehrer hin zur Auseinandersetzung mit eigenem und fremdem Unterricht?.* Hamburg.

Krumm, H.-J. (Hrsg.). (1991). *Unterrichtsprojekte.* (= Fremdsprache Deutsch, 4).

Laun, R. (1982). *Freinet – 50 Jahre danach.* Heidelberg.

Legutke, M. & Thomas, H. (1991). *Process and Experience in the Language Classroom.* London.

Mitter, U. (1992). *Arabisch als vierte oder weitere Fremdsprache.* Hamburg.

Oxford, R. (1992). *Language Learning Strategies.* New York.

Perrey, G. (1983). *Differenzierung im Fremdsprachenunterricht an Volkshochschulen.* Hamburg.
Plüghan, W. (1990). *Einstufungsberatung in Englischkurse an Volkshochschulen.* Frankfurt.
Steinig, W. (1989). Kann man eine fremde Sprache autonom in der Schule lernen? In Müller, M., Wertenschlag, L. & Wolff, J. (1989). *Autonomes und partnerschaftliches Lernen.* Berlin.
(1990). *Thesen und Empfehlungen zu den Besonderheiten des Lehrens und Lernens von Deutsch als zweiter Fremdsprache.* In Bausch, K.-R. & Heid, M. (Hrsg.). (1990). *Das Lehren und Lernen von Deutsch als zweiter oder weiterer Fremdsprache.* Bochum, 14ff.
Tietgens, H. (1980). Teilnehmerorientierung als Antizipation. In Breloer, G. et al. (1980). *Teilnehmerorientierung und Selbststeuerung in der Erwachsenenbildung.* Braunschweig, 177-231.

K.-Richard Bausch/Herbert Christ/Hans-Jürgen Krumm (Hrsg.). (1993). *Fremdsprachenlehr- und -lernprozesse im Spannungsfeld von Steuerung und Offenheit*. Arbeitspapiere der 13. Frühjahrskonferenz zur Erforschung des Fremdsprachenunterrichts. Bochum, S. 111–118.

Friedhelm Lach

Steuerung und Offenheit in seriellen Prozessen

Vorüberlegungen

Die Dimensionen 'Steuerung' und 'Offenheit' sind für kurzfristige und langfristige Lehr- und Lernprozesse zu behandeln. Man sollte – so apodiktisch es klingen mag – von folgenden Voraussetzungen ausgehen.

1) Der Lernprozeß beim Fremdsprachenerwerb ist lebenslang und offen. Der Unterrichtsbereich hat sich darin einzuordnen. Die Steuerung dient einerseits der Vernetzung von Vorbereitung, Nachbereitung und Kontaktstunde mit dem Lernumfeld, andererseits der Bewußtmachung der Lernprozesse, alles um den autonom arbeitenden Sprachlerner zu fördern, der viel Offenheit braucht.

2) Die kurzfristigen, mittelfristigen und langfristigen Ziele sollten so hoch wie möglich gesteckt werden, etwa zu Beginn das spontane flüssige Aussprechen der eigenen neuen Erfahrungen, später – bei Programmstudenten z.B., der professionelle Gebrauch der Fremdsprache als Lehrer, Übersetzer, Dolmetscher.

Die folgenden Vorschläge erhalten ihre Besonderheit dadurch, daß sie von den langfristigen Prozessen des Lernens von Fremdsprachen ausgehen und erst nach deren Klärung über die mittel- und kurzfristigen sprechen. Wenn vorausgesetzt wird, daß der Lernprozeß beim Fremdsprachenerwerb lebenslang und offen ist, dann müssen 'neue' Folgen nach der Organisation des Lernens, nach der Verarbeitung vorgängiger Erfahrungen und nach einer weitgesteckten, den Gesamtprozeß bestimmenden, Zielsetzung gestellt werden. Im Rahmen dieser Weitperspektiven werden dann die heute üblichen Methodenkonzepte, die hauptsächlich dem kommunikativen Ansatz folgen, kritisch betrachtet werden können und konkrete Entscheidungen für die Unterrichtswirklichkeit überprüft werden können. Die Diskussion um die Theorie autopoetischer Systeme hat bereits unsere Aufmerksamkeit auf die gerichteten zielorientierten autoreferentiellen Prozesse gelenkt. Die Selbstorganisation des autonomen Lerners ist eine der konsequenten Anwendungen dieser Gedanken. Zur genaueren Beschreibung der langfristigen Lernprozesse möchte ich einen für die Didaktik neuen Begriff vorschlagen, der dem der selbstreferentiellen Organisation nicht widerspricht, aber erlaubt, differenzierter diese Prozesse zu beschreiben. Dieser Begriff aus der Kunst- und Literaturdiskussion erlaubt ein Netz von Beziehungen bei den einzelnen Lernschritten zu sehen und methodische Anwendungen vorzuschlagen:

I für den Lernprozeß:

1) die Forderung nach *seriell* zu verwendenden Arbeitsschemata, die langfristig und autonom zu gebrauchen sind: hier ist eine klare Steuerung anzunehmen,

2) die Förderung eines Methodenbewußtseins beim Lerner, insbesondere die Bewußtmachung der Organisationsweisen und der Funktionen des Lerners, der Lern- und Selbstlernstrategien,

3) die experimentelle Arbeit mit der totalen Erfahrung, wie sie etwa in alternativen Methoden vorgeschlagen wird,

4) die bewußte Vertiefung der Zielsetzung,

5) das Verfolgen von Strategien, die alles Arbeiten auf die Sinnerstellung orientieren und die evokative Initiativen fördern und heuristisches Interesse erwecken (hier werden die offenen Lernprozesse gefördert).

II für den Lerner Bewußtheit der Lern- und Selbstlernstrategien, Reflexion und Dokumentation der Lernvorgänge

III für das Umgehen mit Sprache Verpersönlichung der Sprache, evokative Benutzung der Sprache

IV für den Unterricht Einbeziehung des Lernerumfeldes, der Nach- und Vorbereitung, Arbeit mit einem Lernerbuch, Vergrößerung des Sprachhandlungsbegriffs multiple Unterrichtsformen mit verschiedenen Offenheitsgraden

V für den Lehrer

1) die Erarbeitung mentaler Programme für den Unterricht und das Lernumfeld,

2) die Adaption des Schemawissens auf verschiedenartige Lernertypen,

3) die Einbeziehung der in der neuen Technologie gegebenen Möglichkeiten.

Von diesem umfassenden Arbeitsprogramm soll hier der Punkt I,1 behandelt werden:
Hypothese: *Serielle Lern- und Arbeitsweisen fördern die langfristigen Lernprozesse.*
Das Wort 'serielle Arbeit' ist in der Didaktikdiskussion genauer zu bestimmen. Angestrebt ist, die langfristigen Lernprozesse und die Applikation auf die Organisation des Unterrichts über längere Zeiträume damit zu charakterisieren, dabei nicht Strukturen, sondern Prozesse beschreibbar zu machen. Das Wort 'seriell' ist sowohl von der Technik wie von der Wissenschaft und der Kunst belegt worden. 'Technisch' wird die genaue Replika nach einem Modell als serielles Verfahren bezeichnet (z.B. die serielle Produktion eines Autos). Nicht die Replikation, sondern die Variation ist im Bereich der Wissenschaft und Kunst charakteristisch für das Serielle. Eine Serie von Vorträgen zur Lernerorientiertheit des Unterrichts z.B. wird einerseits von jedem Vortrag neue überraschende Perspektiven erwarten lassen und andererseits einen Gesamtüberblick über dieses Thema geben müssen. Zwei Vorgänge sind hierbei genannt, und zwar die

1) zum wachsenden Perspektivenreichtum und zur Variation des Themas,

2) zur Ausrichtung auf eine immer umfassender werdende Gesamtschau.

Seriell gesehen läßt sich das Lernen von Fremdsprachen in einer Weise als zielorientiert darstellen, daß man in allen Lernschritten dieses Ziel eingeschlossen sieht: nämlich ganzheitlich eine persönliche lebendige Sprache zu lernen und zur 'neuer' Selbsterfahrung in der Fremdsprache zu gelangen. An jedem Punkt innerhalb des seriellen Lernprozesses werden dabei vorweg erfahrene Sensibilisierungstechniken, Selbstlernstrategien und Lernerfahrungen aktiviert, je bewußter desto intensiver. Mit jedem Lernschritt wird einerseits das Spracherlebnis verstärkt, variiert, modifiziert und andererseits die Zielsetzung vertieft. Akzeptiert man diese Hypothesen, dann sind eine Reihe von Auswirkungen auf das Fremdsprachenlernen anzunehmen.

1) Wichtig ist, die persönlichen Methoden, Strategien und Arbeitsweisen bewußt zu machen, mit denen der einzelne individuell und autonom lernt,

2) ganzheitliche Vermittlungsverfahren sind zu fördern,

3) die Zielsetzung ist zu vertiefen, zu existentialisieren,

4) Sprachen sind als offene, lebendige, vom Lerner verwandelbare Systeme zu behandeln.

Wie können wir nun serielle Arbeit etwa auf den Anfangsunterricht beziehen? Die ersten Arbeitsschemata haben davon auszugehen,
1) daß neue Erlebnisse zu schaffen sind, die zur Information drängen lassen,
2) daß die einfachsten Arten zu lernen sind, das auszudrücken, was man sagen will,
3) daß die Verbindungen zwischen dem Bekannten und Neuerkannten zu lernen sind.

Ausgangspunkt ist dabei die Ich-Erfahrung im sozialen Kontext der Klasse/Gruppe. Wie kann die Ich-Darstellung zu Beginn zu einer seriellen Unterrichtsarbeit führen? Wähle ich als Form das sprachliche Selbstporträt, dann kann ich zu immer neuen persönlichen Projektionen anregen, indem ich Aufgaben wie ein Geschenkporträt, ein Reiseporträt, ein Berufsporträt, ein Arbeitsporträt, ein Bildungsporträt usw. gebe. Der Lerner wird seinerseits zunächst Signalinformationen geben, welche Rolle er spielen will, andererseits eine Vernetzung der Informationen aus verschiedenen Erlebnis- und Bildungsbereichen vornehmen.

Zur Ausweitung der Perspektiven kann der Lehrer Negativporträts vorschlagen oder Rätselporträts von Anwesenden aufgeben. Er kann auch unterstützend Pantomime und Rollenspiel hinzufügen. Andererseits kann er die Lerner vom typisierenden zum beschreibenden und analysierenden Porträt-Schreiben führen. Genaue Beobachtungen, die zwei Rücken an Rücken Sitzende voneinander geben, können den Weg hierzu bereiten. Wichtig ist psychologisch die Führung zur Realitätsbezogenheit und zur emotionalen Stellungnahme, formal zu einer Bewußtheit der Unterrichtsorganisation. Der Lehrer kontrolliert also die seriellen Prozesse im Wissen um die Zielsetzung und im Eingehen auf die Schülertypen. Bei allem ist nicht das Material, der gewählte Stoff, das spezifische Thema an sich interessant, sondern der serielle Gebrauch all dessen weckt immer größere Teilnahme, nicht die einzelne Verpersönlichung, Steigerung und Aktualisierung hilft dem Unterrichtserlebnis, sondern die serielle Wiederholung dieser didaktischen Entscheidungen. Es geht bei der seriellen Arbeit also nicht um eine Sammlung guter Ideen oder das Einhalten einer Struktur, sondern um eine Arbeit, die sich – in der Abfolge – durch eine Ausweitung der Perspektiven, durch eine Präzisierung der Wirklichkeitserfahrung, durch eine Vernetzung der persönlichen und allgemeinen Erkenntnisse und eine Basisarbeit für Engagement und Verantwortung auszeichnet. Damit diese ersten Schritte zu selbständiger weiterer Arbeit führen, müssen die *Arbeitsschemata* genau erklärt werden. Im einzelnen wird deutlich gemacht,

1) daß Text schreiben einerseits Übung ist für das, was überhaupt schon gesagt werden kann,

2) daß der Text mehrfach zu interpretieren ist, vor allem als sinngebender Text, in dem sich der Lerner über sich selber orientiert. Große Überraschung dabei: gerade die fremde Sprache erlaubt Aussagen, die in der Muttersprache nicht zu machen sind,

3) daß jeder seinen nur ihm eigenen Text verfaßt, daß es aber andererseits textbezogene Diskurse gibt,

4) daß die Texte den Rollen entsprechen, die wiederum Lernertypen entsprechen die mit bestimmten Arbeitsstrategien arbeiten,

5) daß schließlich jeder den gegebenen Arbeitsanweisungen persönlich folgt und Schemawissen individuell anwendet.

Implikationen der seriellen Arbeit

Der Lehrer ist Kontrolleur und Animateur. Er schafft die gemeinsame Komplizität und gestaltet die Prozesse durch die *Gerichtetheit*, die *Dynamisierung* und die *Rhythmisierung*. Im seriellen Prozeß ist allerdings grundsätzlich die Erweiterung und Vernetzung enthalten, die Nähe zum künstlerischen Prozeß also gegeben. Der Lehrer erklärt den Lernern ein klares Vierschritteprogramm: er will dadurch zu Informationsreichtum, Engagement, Bildung und sozialer Kommunikation führen, wobei er durch die Gerichtetheit des Unterrichts zu immer neuen spontanen, vertieften emotionalen Ich-Botschaften anregen will. Im einzelnen geht es darum:

A. Durch Beobachtung zum Informationsreichtum zu gelangen.

1) Er fordert die Lerner auf, ungewohnte Situationen zu schaffen, z.B. den Raum, in dem er lebt, zu verändern.

2) Er regt an, den Beobachtungsprozeß zu verlängern, wenn sie etwa die Wand, das Fenster während eines Tagesablaufs sehen.

3) Er regt kleine Happenings an. Er läßt sie etwa verschiedene Unbekannte auf der Straße ansprechen.

B. *Durch Analyse zum Engangement*
1) Er läßt beschreiben, was der Schüler ist, hat, macht und wird.
2) Er regt an, in der Umgebung die emotionalen Bindungen zu beschreiben, Freunde, Familie, Nachbarn, Völker.
3) Er führt Zeitschnitte und Raumschnitte ein, läßt ideologische Konstanten und Varianten entdecken.

C. *Durch Sensualisierung zur Bildung*
1) Er läßt Raum, Lebewesen, Objekte hören, ertasten, erriechen, farbig und bewegt entdecken, darauf proxemisch reagieren.
2) Er führt Rhythmen ein und fragt die Interaktionen ab.
3) Er arbeitet mit übertriebenen Gestiken und Rollenspielen.

D. *Durch Sozialisierung zur Kommunikation*
Auf der Beziehungsebene werden Notwendigkeiten zur Kommunikation geschaffen durch:

– Selbstdarstellung

– Frage/Antwort Spiele

– Rätsel

Einmal eingestellt auf die serielle Arbeit, sollten sich die Lerner nicht nur einer bestimmten Organisation des Unterrichts bewußt sein, sie sollten sich selbst beim wiederholten Aufkommen bestimmter Aktivitäten höhere Leistungsgrenzen setzen. Beim ersten Porträt-Schreiben mögen sie sich mit drei bis vier Sätzen begnügen, beim zweiten, wenn sie ihre Leistung mit einfach formulierten und gelobten Arbeiten anderer vergleichen konnten, haben sie ihre Furcht verloren, suchen, da es sich um eine Performanz handelt, an Esprit, an Informationsreichtum, an Vertiefung zu übertreffen, je nachdem wie sie bei der seriellen Arbeit angeregt werden, verpersönlichen sie, verallgemeinern sie, analysieren sie, synthetisieren sie, arbeiten sie multimedialer, erlebnisreicher, phantasievoller, zeitgemäßer, sachlicher, bewußter. Es ist nämlich in der seriellen Arbeit stets ein besonderer Serieneffekt, eine Gerichtetheit des Lernprozesses und eine Steigerung enthalten. Ein Wachsen des Beteiligtsein und ein Performanzfaktor müssen auch beachtet und psychologisch kontrolliert werden. Der Lehrer hatte bei der seriellen Arbeit eine entscheidende Funktion: er hatte die Kommunikation zu eröffnen und er bestimmte die Gerichtetheit des Prozesses.

Regte er an, wirklichkeitsnah, aktuell, postmodern, sozialpolitisch engagiert oder kulturell zu reagieren, so würde sich diese Grundeinstellung in der Serie verstärkt aufzeigen und den Unterrichtsverlauf für Wochen bzw. Monate bestimmen. Der Lehrer würde – einmal serienbewußt – die Konstanten, die Unterrichtsstrukturen bewußt setzen, auch wenn er ständig bereit wäre, variationsreich, erfinderisch zu reagieren.

Hypothese: *der Serieneffekt*
Serielle Arbeitsweisen fördern die Lehr- und Lernprozesse und bereiten ein lebenslanges, autonomes Sprachlernen vor. Im seriell verlaufenden Unterricht gibt es gesteigerte Aktivitäten.

Der *Serieneffekt* tritt ein, wenn die serielle Arbeit bewußt als Organisationsform des Lernens aufgefaßt wird. Festzustellen sind:

1) eine Zunahme der persönlichen Projektionen,

2) eine aktive Einbeziehung der Erlebnisse und ihrer Kontexte,

3) gruppendynamisch entsteht eine größere Kommunikationsbereitschaft und Komplizität,

4) emotional finden wir ein wachsendes Engagement,

5) intellektuell wird ein reflektives analytisches Vorgehen gefördert,

6) arbeitstechnisch wird die Vielfalt bzw. die *Ausfächerung* der Aktivitäten und Erarbeitungsweisen gefördert. Es gab etwa multimediale Experimente mit Tonband- und Videoaufnahmen, präzise Ausarbeitungen von Beobachtungen, Dokumentationen, Dialoge, Diskussionen, Bildmaterialienbeschaffung usw. Ist dieser Serieneffekt einmal bewußt geworden, so können verschiedenste bekannte Lernpraktiken durch bewußten Einsatz des *Serieneffekts* verfeinert werden. Der Serieneffekt wirkt sich dabei nicht auf den Unterricht aus, sondern ist auch in den Praktiken der Lernumwelt sowie bei der Nachbereitung und Vorbereitung spürbar.

Hypothese: *Offenheit und Geschlossenheit als komplementäre Erscheinungen*
Seriell gesehen ist jeder Prozeß eine Variationsfolge, bei der im Detail offene Wahlmöglichkeiten vorhanden sind, wo aber zugleich der Gesamtprozeß gesteuert ist – durch Zielsetzung, Lern- und Arbeitsstrategien beim autonomen Lerner, und durch Steuerungsmaßnahmen des bewußt seriell arbeitenden Lehrers. Auch der Unterricht als multiple Kommunikationsform kennt das Miteinander offener und gesteuerter Phasen. In diesem Kontext sollte über folgende Aspekte nachgedacht werden:

1) Wie weit könnte die in der Großperspektive richtige Differenzierung des Lehr- und Lernbereichs auch auf den Unterricht im Detail appliziert werden,

2) wie weit kann ein Lernerbuch, das ein Bewußtsein von Arbeits- und Lernmethoden vermittelt und zum autonomen Spracherwerb beiträgt, als ernstzunehmendes Hilfsmittel entwickelt werden?

Franz-Joseph Meißner

'Steuerung' und 'Offenheit': zentrale Begriffe für die Didaktik des lebenslangen Sprachenlernens

1. Steuerung und Offenheit – eine didaktische Kombination für eine neue Qualität des Sprachenlernens

Das Begriffspaar des '*offenen* Lernens und Lehrens' ist nur schwer präzisierbar, da es mehrere, von verschiedenen Wissenschaften bearbeitete Objektbereiche und deren unterschiedliche Forschungsergebnisse umschließt. Es setzt in jedem Falle voraus, daß 'Lernen' als ein zielgerichteter Erfahrungszuwachs letztlich eine Grundeigenschaft des Humanums darstellt: Menschen lernen zwangsläufig und es liegt in ihrer Natur zu lernen. Lernen setzt Affektionen voraus – die Piaget am Anfang kognitiver Entwicklungen feststellt: den Lustgewinn beim spielerischen Lernen, unsere Neugierde, unsere Genugtuung über eine 'gelöste' Frage, unseren Wunsch, eine subjektiv bereichernde Lernerfahrung an einem neuen Gegenstand zu wiederholen, uns selbst in einem so oder so gelegten Erkenntnisentwurf fortschreiten zu sehen, im Sprachenlernbereich die Erfahrung interkultureller Handlungskompetenz. Letztlich bedeutet Lerngewinn immer ein Stück Wandlung der lernenden Persönlichkeit, eine ergänzende Selbstschöpfung im Sinne von *schizé*: das Hinter-uns-lassen eines früheren Status und in diesem Sinne grenzt Lernen an Entwicklung, an eine weitere Kategorie der "Offenheit", welche u.a. das Menschsein ausmacht. Die Grundkonditionierung des Lernens im Wesen des Humanum selbst, d.h. seine selbstschöpferische Fähigkeit zu lernen, erklärt zugleich, daß von außen gesteuerte Lernprozesse und Lernverfahren nicht immer geradlinig und exhaustiv das erreichen, was ihr lehrender Autor beabsichtigt. Gesteuerte Lernprozesse sind eigentlich nicht mehr als Lernpropositionen. Sie treffen lernerseitig stets auf einen Entscheidungsraum und eine 'Offenheit', die, kurz- und langfristig wirkend, jede Außensteuerung so oder so modifizieren, d.h. abprallen lassen, aufnehmen, verändern, relativieren und/oder verstärken. Die Bemühungen des

Lehrenden, Lernende zu motivieren, entspricht dem Wunsch, sie für eine (außengesteuerte) Lernproposition 'aufzuschließen'; zu verhindern, daß eine Lehrintention wirkungslos verpufft. Welche sekundären Wirkungen die Lehrproposition oder der Lehrversuch selbst auslösen, entzieht sich jeder Lernzielanalyse. Sie gehören in die Kategorie der Offenheit.

Das an das Begriffspaar geknüpfte wissenschaftliche Frageinteresse ergibt sich aus der Absicht der Fremdsprachendidaktik, den einer 'Steuerung' nicht mehr konkret zugänglichen offenen Lern- und Lehrbereich, also das unmittelbare und möglichst mittelbare Wirkungsfeld eines Lehr- und Lern-*input* transparent und damit letztlich doch wiederum wissenschaftlich beschreibbar zu machen. Es ist offensichtlich, daß das Erreichen dieser Absicht nicht ohne Rückwirkung auf die Fremdsprachendidaktiken und/oder Fremdsprachenerwerbsforschung bleiben kann. Die didaktische Relevanz des Desiderats wird deutlich, wenn man sich vor Augen hält, daß 'gesteuertes Lernen' nur immer einen minimalen Bereich des Lernpotentials füllen kann.

Erfolgreiches Lernen hat viele Voraussetzungen, deren konkrete Kenntnis sich uns entzieht: Sie liegen z.T., wie F. Lach unterstreicht, in der Physis, in neuronalen Prozessen, des weiteren in den von der Umwelt und der Lebensgeschichte der Lernenden und Lehrenden gesetzten Konditionierungen und offensichtlich – dies machte die Diskussion in ihren kontroversen Anteilen sehr deutlich – in vielen letztlich kaum erschließbaren Faktoren begründet. Bezüglich einer allenfalls hypothetischen Konkretisierbarkeit dieser Art von Faktorenkomplexion ist daran zu erinnern, daß es sich bei den Determinanten um abhängige Variablen handelt. D.h. in mathematischer Fassung: um einen Potenzausdruck, in dem der biographische Stellenwert, d.i. die physiologisch und erfahrungsbezogene Komplexität eines Individuums zum Zeitpunkt 'n', als Potenzausdruck zu der von der Zahl der *input*-Variablen gesetzten Basis erscheint. Das Komputationsverfahren entspricht dem der Sprechsituation (Meißner 1990). Es ermittelt den Raum, den der Begriff 'Offenheit' minimal und in detaillierter Betrachtung umfaßt:

$$\text{Offenheit} > \text{Variablenanzahl}^{\textit{interdependente Komplexion zum Zeitpunkt n}}$$

Geht man beispielsweise hypothetisch davon aus, daß ein 20jähriger an der nur 5. 'Erfahrungsstelle' seiner Lernerbiographie (sic) von nur 25 Faktoren (sic) konditioniert wäre und daß die Faktoren in einem sich ständig verändernden Wechselbezug stünden, so ergibt sich für diese Erfahrungsstelle eine Variablenkomplexion von immerhin: $> 25^5 = 9.765.625$. Die *input*-Variablenzahlen sind natürlich viel zu tief angesetzt. Der Komplexionswert zeigt immerhin, welche Verdichtungsleistung im Spiele ist, wenn man versucht, den lerntheoretischen Begriff der Offenheit komplementär zu Steuerung 'exakt' zu quantifizieren. Hier lag ein wichtiger Grund für Schwierigkeiten, die unsere Diskussion immer dann zeigte, wenn es um die Konkretisierung und Deutung von 'Offenheit' ging. – Die mathematisch-spekulative Aussagefähigkeit der Formel wird dadurch begrenzt, daß in einem Kontext der empirischen Vernunft nur zu unterstreichen ist, daß nicht jede exakt vorfindbare Variable für die lerntheoretische Bestimmung der Offenheit von gleicher Relevanz ist.

Das in der *black box* des Behaviorismus lokalisierte Spannungsfeld von Steuerung und Offenheit betrifft, wie bereits angeklungen, nicht nur die Lernenden, sondern auch die Lehrenden, schon deshalb, weil auch sie einst Lernende waren und eigentlich nie aufhören, solche zu sein. Allerdings lernen Lehrende innerhalb der Grenzen ihres Lehrfaches unter den Bedingungen großer Offenheit. Was und wie ein Lehrender einen didaktischen Gegenstand vermittelt, wird über in Rahmenplänen 'gesetzte' Konventionen noch lange nicht erschöpfend festgelegt und auch nicht über den sogenannten 'geheimen' Lehrplan. Eine Umschreibung wie:

> "As teachers of language we set ourselves a goal, namely that our students should achieve some appropriate level of mastery of the target language" (Neather 1989:26),

sagt noch nichts darüber aus, wie Lehrende versuchen, ein Lernziel anzugehen. Zwar verfügt jeder wissenschaftlich ausgebildete Fremdsprachenlehrer über gewisse professionelle *standards* (Grucza/Krumm/Grucza 1993), doch bringt er daneben auf unterschiedlichen Ebenen der Unterrichtssteuerung stets ein individuelles Human- und Entscheidungspotential ein, das sich kaum beschreiben, geschweige denn erfassen läßt. Immer wieder bestimmen individuelle Faktoren – wiederum in Offenheit – gesteuerte Lehr- und Lernprozesse. Immerhin lassen sich hinter diesen individuellen Determinanten in gewissem Umfang vereinheitlichende Einflüsse erkennen, die erfahrungs- oder gar kulturellspezifischen Perzeptionsweisen – etwa im

Sinne des Hemingway'schen Diktums *No Man is an Island* – entfließen. Allerdings ist die Frage, wieviele Inseln ein einzelner Lerner oder Lehrer besuchte oder besuchen wird, wiederum offen.

Konzeptionell steht der wissenschaftliche Zuordnungsbegriff des offenen Lernens nicht ohne Bezug zu der für die moderne Gesellschaft so wichtigen Maxime des 'lebenslangen Lernens'. (Wie sehr sie im Sprachenlernbereich bereits einem realen sozialen Bedarf entspricht, zeigt nicht zuletzt der Markt des Sprachenlernens mit seinen umfangreichen Dienstleistungs- und Medienangeboten. Seine Analyse dokumentiert die Bedeutung des auf 'Selbständigkeit' fußenden Lernens (Asselmeyer 1989:1360ff.). Sie muß als mittelbare Folge eines zuvor erlebten gesteuerten Lernprozesses gesehen werden. Stimmt dies, so findet sie ihre Voraussetzung in der diesem nachgeordneten Kategorie Offenheit. Beide Kategorien sind komplementär.

Eine praxisbezogene Verwendung findet das Begriffspaar *Offenheit* und *Steuerung* innerhalb des didaktischen Methodenspektrums. Unter dem Stichwort 'offene Konzeptionen' ordnet I. Dietrich das Merkmal *Offenheit* den 'alternativen Methoden' zu: *New Age Methods, Learning in New Dimensions (LIND), Suggestopädie, Neurolinguistisches Programmieren, Total Physical Response, self-awareness* und weitere (z.B. Dufeu). Konkrete 'offene' Verfahren sind zahlreich (Raasch/Burckhardt/Sick 1991). Jedes gesteuerte Lernen benötigt Phasen erhöhter Lernersteuerung.

Was das äußere Bedingungsfeld für das Fremdspachenlernen angeht, so erinnert das Begriffspaar an eine gewisse Annäherung der kontrovers diskutierten Komplexe von *Fremdsprachenerwerb* und *Fremdsprachenlernen*. Der Grund liegt weniger in einer Aufhebung konträrer theoretischer Positionen (vgl. Bausch/Königs 1983), als vielmehr darin, daß in Europa einige europäische Zielsprachen – vor allem Englisch – in wachsendem Maße quasi als Gastsprachen oder Umgebungssprachen didaktisch-ungesteuert (authentisch) erfahren werden können. Die äußeren Bedingungsfelder von gesteuertem und offenem Spracherwerb konvergieren heutzutage über die Veränderungen der sozialen Bedingungen des Sprachenlernens. Auch die Sprachen selbst belegen dies in der Internationalisierung ihrer Wortschätze und Carlos Segovia (1993:138) erwähnt die *anglicismos gestuales*, 'elementos paralingüísticos', welche in mehreren Sprachen vorfindbar sind. – Solange indes für den Erwerb einer Zweitsprache nur ein begrenztes Zeitvolumen verfügbar ist[1] – und dies ist selbst in zweisprachigen Regionen der Fall –, solange ist 'Steuerung' unerläßlich. Indes legt es die leichte Erreichbarkeit authentischer Zielsprachenerfahrung nahe, die Lernenden auf ein Lernen in zielsprachlicher Umgebung vorzubereiten.

Dies erklärt, weshalb jede heutige 'Theorie des Fremdsprachenlehrens- und -lernens' zu kurz griffe, wollte sie sich ausschließlich auf den 'gesteuerten Spracherwerb' konzentrieren. Sie muß nicht nur die relevanten Ergebnisse der entsprechenden Bezugswissenschaften integrieren, sondern die aller das Fremdsprachenlernen und den Fremdsprachenerwerb konditionierenden Bedingungsfaktoren. 'Komplexion' besteht nicht nur bezüglich der im Unterricht, dem klassischen Ort gesteuerten Spracherwerbs, zusammenwirkenden und sich ständig verändernden Faktoren, sondern hinsichtlich aller, den Zweitsprachenerwerb begleitenden Komponenten.

Auf der Anwendungsebene lassen sie sich folgendermaßen bündeln:

I. Konditionsfeld Staat: Er bestimmt, da ihm das Grundgesetz die Aufsicht über das öffentliche Bildungswesen zuschreibt, das institutionelle Bedingungsfeld des grundlegenden, d.h. zunächst schulischen, Fremdsprachenlernens. Von den relevanten Faktoren seien genannt: die Schulsprachenselektion und Schulsprachenkontingentierung sowie die dem nachgeordnete Personal- und Mittelausstattung, die Ausstattung der Sprachen in den tertiären Bereichen des staatlichen Bildungswesens, im universitären Sektor die Ausstattung der Sprachenzentren und das Ausbauvolumen der einzelnen Fachdidaktiken. Neu ist, daß sich angesichts eines europäischen Bundesstaates das Konditionsfeld *Staat* grundlegend verändert. Die großen europäischen 'majority languages' werden in diesem Gefüge alle in bezug auf ihre nativen Sprecher Minoritätensprachen sein, doch werden sie auch *Staatssprachen* bleiben, und zwar Sprachen ein und derselben (vielsprachigen) Europäischen Konföderation. Wie jeder Staat seine Sprache im Binnenbereich, so wird auch die Europäische Konföderation ihren Sprachen eine besondere Förderung angedeihen lassen. – Das Konditionsfeld Staat stellt

---

[1] Vgl. Mindt (1989:15): "Ein einjähriger Aufenthalt im Land der Zielsprache (mit einem täglichen Sprachkontakt von 12 Stunden) hat eine Zeitdauer von 4.380 Stunden. Demgegenüber ergeben sich für einen sechsjährigen Sprachkurs (mit 40 Unterrichtswochen im Jahr und 4 Stunden pro Woche) nur 960 Stunden oder 22% der Zeit, die ein einjähriger Aufenthalt im Zielland umfaßt."

sich derzeit also außerordentlich dynamisch dar. Damit verwischen sich absehbar die Grenzen der Bezirke, in denen offenes Sprachenlernen stattfindet.

II. Konditionsfeld Lerner: Unsere Schülerpopulationen zeigen übereinstimmend eine wachsende, schon durch Migration oder bikulturelle Familien bedingte, allerdings keineswegs dieselben Sprachen betreffende Mehrsprachigkeit. Die aktuelle Diskussion um Begegnungssprache und/oder Früheinsatz läßt erkennen, daß der schulische Sprachlernbereich diese Vorgegebenheiten nutzen will, es aber im allgemeinen (noch) nicht kann.

Innerhalb der Didaktiken wird das Dilemma u.a. darin sichtbar, daß kaum wissenschaftlich relevante und praktikable Ansätze zur Rolle der quasi 'nativen Zielsprachenteilhaber' im entsprechenden Fremdsprachenunterricht vorliegen. Dabei ist die Zahl von Schülern mit (quasi) nativer anglo-, franko- oder russophoner Kompetenz in den staatlichen Schulen beträchtlich, und sie erlernen ihre jeweilige Erst- oder Zweitsprache erneut, und zwar wie eine Fremdsprache. Die komplementären Verfahren Steuerung und Offenheit verlangen gerade für diese Gruppe eine anwendungsbezogene Präzisierung. Es liegt auf der Hand, daß gerade mit Hilfe dieser Kinder und Jugendlichen in den Klassenzimmern Plateauphasen 'offenen interaktionalen Lernens' hergestellt werden könnten.

In anschaulicher Weise tritt die hier angesprochene Thematik in den Europaschulen entgegen. Hier ist das Lernen in der Praxis in der Tat durch eine natürliche und instrumentale Mehrsprachigkeit gekennzeichnet (Meißner 1993^b) sowie durch die damit verbundene ständig wechselnde sprachliche Kompetenz- und Rollenerfahrung. Die Kategorien von Lenkung und Offenheit begegnen sich in diesem 'Spracherwerbsraum' in ständigem Wechsel. *Learning by doing* heißt in einem vereinigten Europa zunehmend *Learning by using the languages.*

III. Konditionsfeld Lernen: Die Vorstellung des 'lebenslangen Sprachenlernens' verlangt die Erforschung und Evaluierung der Lernerbiographien sowie des Selbststudiums fremder Sprachen (Christ 1991:99). Hiervon später mehr.

Geeignete Ergebnisse der Forschungen zum Begründungszusammenhang erfolgreichen Lernens sollten selbstverständlich an die Praxis, die

Sprachenberatung und die Lernenden weitergeleitet werden. Letztere sollten wissen, welche Rolle Faktoren wie Motivation, Empathiefähigkeit, Ausdauer, Vernetzung von Neuem mit schon Bekanntem, Nutzung der zielsprachlichen Medien und vieles andere mehr für das erfolgreiche Sprachenlernen spielen. Ähnliches betrifft die instrumentale Fähigkeit, Grammatiken im Hinblick auf das eigene Frageinteresse einstufen, adäquat benutzen zu können und ihre Grenzen zu erkennen. Entsprechendes gilt für die Benutzung von Wörterbüchern usf.

Medial-instrumentales Wissen ist eine wichtige Vorbedingung, um im offenen Lernbereich erfolgreich zu lernen. Im Anschluß an Düwell (1992:bes. 85f.) ist das Lernziel 'didaktisch-methodische Sprachlernkompetenz' zu unterstreichen.

Orte offener Lernprozesse betreffen insbesondere die Möglichkeiten, zielsprachliche Kompetenz auf Reisen zu verbessern, 'Sprachferien', längere zeitliche Aufenthalte im Zielland, den Schüleraustausch, die Nutzung der über elektronische Medien empfangbaren zielsprachlichen audio-visuellen Sendungen, das Tandem-Lernen und anderes mehr. Stets setzt die Nutzung von Offenheit eine lernerseitige Sensibilisierung für die Zielsprache, ihre kulturelle Einbettung und vor allem das Sprachenlernen voraus. Der Lerner muß in der Lage sein, eine entsprechende lernzielorientierte Selbststeuerung zu organisieren.

2. Über eine bessere Kenntnis der Lernerfahrungen zu einer Verbesserung des offenen Lernens

In dem Maße wie auf Lehr- und Lernerfahrungen das Merkmal 'offen' zutrifft, entziehen sie sich operationalisierbaren Lernerfolgskontrollen sowie einer unmittelbaren Beobachtung durch die Fremdsprachenforschung. Um so wichtiger ist ihre Validierung auf breiter statistischer Grundlage. Systematische Datenerhebungen liefern trotz der grundsätzlichen Schwierigkeit, die einzelnen Bedingungen des Lernens innerhalb offener Lehr- und Lernverfahren zu erfassen und zu kontrollieren, breit abgesicherte, überprüfbare und empirische Aussagen über die besonderen Bedingungsformen offener Lernschemen. Der Einsatz statistischer Methoden erscheint im Zusammenhang des Gegensatzpaares Offenheit und Steuerung um so wichtiger, als die Diskussion deutlich machte, daß die Neurowissenschaften und die Psycholinguistik zu Sprachlernprozessen wichtige Komplexe (noch) nicht hinreichend erklären. Z.T. sind die entsprechenden Forschungen auch gar nicht primär auf das Gebiet des Zweit- oder Drittsprachenerwerbs ausgerichtet.

Relevante Fragekomplexe betreffen sowohl die Introspektion (Wie empfanden Lerner/Lehrende dieses oder jene Verfahren? Worin sehen sie die Gründe ihres Lernerfolgs/Mißerfolgs? Welche Erwartungen stellten sie an das konkrete Lernprojekt? Welche Faktoren erkannten sie als 'hemmend'? Warum erlernen sie eine bestimmte Fremdsprache? usw.) als auch quantifizierbare 'Verbraucherentscheidungen' (Wie intensiv wird ein Projekt oder Produkt nachgefragt?). Es versteht sich von selbst, daß eine bessere Kenntnis des Faktors Lerner zu einer verbesserten Lernziel-, Methoden- und Materialselektion führt.

Neben statistischen Untersuchungsverfahren bietet die *wissenschaftliche Beobachtung* und Analyse offener Lernverfahren Möglichkeiten zur Evaluierung entsprechender Lernphasen. Sie ist für solche offenen Lernformen angezeigt, die zeitlich begrenzt sind, wie z.B. den Schüleraustausch, Auslandsaufenthalte und anderes mehr.

> "Gut vorbereitet, gut begleitet und sinnvoll nachbereitet ist (der Schüleraustausch) nicht nur ein hervorragendes Anwendungsfeld für das Fremdsprachenlernen, sondern auch ein motivierender Anlaß für weiteres Lernen" (Christ 1991:152).

Es besteht indes zugleich Grund, auch gegenüber dem von Lehrern mit großem Aufwand durchgeführten Austausch skeptisch zu sein. Es zeichnet sich ab, daß der Schüleraustausch an Akzeptanz auf der Ebene der Schulaufsicht, der Schulen, der Lehrer, der Schüler und Eltern verliert, wenn er zum Tourismus 'mißrät' und das interkulturelle Begegnungslernen zurücktritt. Um das motivierende Instrument des Schüleraustausches in seiner guten Qualität zu belassen, es aufzuwerten und auf hohem Niveau zu halten, ist die Entwicklung einer entsprechenden Didaktik (sie existiert bislang eher in Ansätzen) voranzutreiben. Breite empirische Untersuchungen zu Konzeptionierungen, Verlaufsarten und den intendierten und nicht-intendierten polyvalenten 'Wirkungen' entsprechender Erfahrungs- und Lernprozesse sind ein Desiderat an die Forschung.

Im Bereich der Neuen Methoden liefern ebenfalls die Statistik bzw. die Empirie den Validierungsbeweis, wie z.B. Schiffler (1988) bezüglich der Suggestopädie zeigt.

Die Enquête-Befragungen sollten auch den Bereich der Medien nicht übersehen. Es genügt indes keine bloße Materialforschung. Erforderlich ist

hierneben eine Gebrauchsforschung, wie Ibrahim/Zalessky (1989) für das
Wörterbuch aufzeigen.
   Es ist zu fragen, ob und inwieweit die Didaktik und die Angewandte
Sprachwissenschaft das mediale Angebot zum 'weit-Fortgeschrittenen-Bereich' ausreichend forcierten. Wo wäre das *audio-visuelle* Lernmaterial zum
Spanischen Südamerikas? Els Oksaar spricht zu recht von 'Kulturemen'.
Aber wo ist deren systematische Beschreibung für die Lehre? Nicht einmal
der Wortschatz ist selbst für eine so gut lexikographierte Sprache wie das
Französische entsprechend erfaßt. Wo findet der Lerner/Lehrer (sic) die Information zu assoziativen Persequenzialisierungen vom Typ *elle t'appelle...
(la République)*, wo *zu rien à cirer...* (Edith Cresson) oder *cherchez pas
docteur... (c'est la tête)*? Solcherlei Wissen ist Teil der Sprachkompetenz.
Er gehört zu dem gerade von A. Raasch in jüngster Zeit besonders betonten
Bezirk des interkulturellen Lernens bzw. Wissens. Eine Didaktik kann nur
"Offenheit" bezüglich eines Lerngegenstandes praktizieren, der ihr zugänglich ist.

3. Die didaktische Kategorie der Offenheit führt nur dann zu Erfolg, wenn der Unterricht das Lernen lehrt

Den späteinsetzenden Fremdsprachen kommen in besonderer Weise sprachliche Kenntnisse und methodische Fertigkeiten zugute, die Lerner bei
Sprachlernprozessen in den früher gelernten Fremdsprachen erworben haben. Dies gilt zuvorderst für solche, die von einer oder mehreren zuvor
erlernten verwandten Sprachen gestützt werden. Erwachsene Lerner sind
häufig in der Lage, gesteuerte Sprachlernprozesse durch offene, zu konkretisieren: nicht-lehrwerkgebundene und lehrergesteuerte, zu ergänzen. Die
wissenschaftliche Didaktik muß deshalb sowohl deren "Freizeitverhalten"
als einen nicht durch konkrete Unterrichtsplanung erfaßten 'potentiellen'
Lernbereich analysieren als auch Verfahren entwickeln, wie dieser Lernbereich optimal genutzt werden kann, und zwar im Hinblick auf die reine
Produkt- und Dienstleistungsseite sowie die Vermittlung von Anwendungs-
und Nutzungsmethoden zugunsten der Lernenden.
   Die Angebote des Lehrmittelmarktes sind – bei aller berechtigten Kritik seitens der Angewandten Sprachwissenschaft und trotz der durch Lehrwerkautoren vorgenommenen mittelbaren Steuerung – so differenziert, zahl-

reich und authentischen Sprachmustern angenähert, daß dies ebenfalls dem Bedürfnis nach Selbststeuerung des Sprachenlernens entgegenkommt und eine solche nahelegt: Steuerung und Offenheit begegnen hier einander über die Freiheit des Käufers, sich für ein Waren- und Medienangebot zu entscheiden. Gute didaktische Medien sind im Fortgeschrittenenbereich ja gerade solche, die sprachliche Authentizität mit den zielsprachlichen Lerninteressen einer bestimmten Adressatengruppe verbinden. Über Multimedia-Techniken können visuell-auditiv gefaßte Simulationen von Sprechsituationen tendenziell ein hohes Maß an quasi-authentischer Sprache, eingebunden in eine entsprechende Semiotisierung, darstellen (z.B. Meißner 1993^a). Schließlich ist jeder authentische Text ein potentieller 'Lerntext'. Die Frage, ob und mit welchem Effekt er es tatsächlich wird, ist eine des Lesers und seiner Fähigkeit, entsprechende didaktische Strategien einzusetzen.

Eine bessere Nutzung des Faktors Offenheit bewirkt eine Steigerung der Effizienz des Sprachenlernens.

Literaturverzeichnis

Asselmeyer, H. (1989). Selbständigkeit. In Lenzen, D. (Hrsg.). (1989). *Pädagogische Grundbegriffe.* Reinbek bei Hamburg, 1360-1366.

Bausch, K-R. & Königs, F. G. (1983). Lernt oder erwirbt man Fremdsprachen im Unterricht? Zum Verhältnis von Sprachlehrforschung und Zweitsprachenerwerbsforschung. *Die Neueren Sprachen.* 1982/4 (1983), 308-336.

Christ, H. (1991). *Fremdsprachenunterricht für das Jahr 2000.* Tübingen.

Dietrich, I. (1989). Alternative Methoden. In Bausch, K.-R., Christ, H., Hüllen, W. & Krumm, H.-J. (Hrsg.). (1989). *Handbuch Fremdsprachenunterricht.* Tübingen, 158-165.

Dufeu, B. (1986). Psychodrama, Dramaturgie oder Pädagogik: Die Psychodramaturgie. In Batz, R. & Bufe, W. (Hrsg.). (1991). *Moderne Sprachlehrmethoden.* Darmstadt.

Düwell, H. (1992). Lehrprogressionen und Lernprogressionen im Fremdsprachenunterricht. In Dorion, G., Meißner, F.-J., Riesz, J. & Wielandt, U. (Hrsg.). (1992). *Le français aujourd'hui – une langue à comprendre.* Frankfurt a.M., 86-97.

Grucza, F., Krumm, H.-J. & Grucza, B. (1993). *Beiträge zur wissenschaftlichen Ausbildung von Fremdsprachenlehrern.* Warschau.

Ibrahim, A. & Zalessky, M. (1989). Enquête: L'usage du dictionnaire. In *Le français dans le Monde. Recherches et Applications: Lexique*, 24-31.

Meißner, F.-J. (1990). Sprechsituation als mathematische Größe: SIT n= $9^{(n-1)}+9$. *Papiere zur Linguistik, 43*, 101-108.

Meißner, F.-J. (1993[a]). Zukunftsmusik? – Überlegungen zu einem elektronischen Lernerwörterbuch mit französischen, spanischen und italienischen Beispielen. *fremdsprachenunterricht*, 1/1993, 43-46 und 2/1993.

Meißner, F.-J. (1993[b]). Innovaciones didácticas: enseñanza bilingüe y precoz, comparaciones españolas y europeas. (Resumen del *XVII Seminari Llengües i Educaciò: Les llengües a l'escola*, 22-24/10/1991, Palau Maricel, Sitges, Barcelona, organizado por la *Universitat de Barcelona. Divisió de Ciènces de l'Educació*.). *hispanorama, 63*, 172-173.

Mindt, D. (1989). Eine neue Grammatik für den Fremdsprachenunterricht? *Triangle, 8*, 13-24.

Neather, E. (1989). Cognitive Distance between Languages and a differential Approach to Grammar. *Triangle, 8*, 25-32.

Raasch, A., Burckhardt, L. & Sick, C. (1989). *Fremdsprachen für Erwachsene – Langues étrangères pour adultes. Références bibliographiques, 2 Bde.*. Saarbrücken.

Schiffler, L. (1988). *Suggestopädie und Superlearning – empirisch geprüft.* Frankfurt a.M.

Segovia, C. (1993). Lexicografía – Terminología. *hispanorama, 63*, 138.

Jürgen Quetz

Steuern auf Schlingerkurs

Zwei Begriffe ...

Der Begriff *Steuerung* (meist als Adjektiv *gesteuert*) wurde in der Fremdsprachendidaktik in dem Moment häufiger benutzt, als man den *ungesteuerten* Fremdsprachen*erwerb* gegen das Fremdsprachenlernen im Unterricht abgrenzen mußte. Alle unterrichtlichen Maßnahmen, die das Lernen fördern sollten, fügten sich zum Syndrom Steuerung zusammen. Fast alle Steuerungsfaktoren gerieten dabei aus der Sicht der Zweitsprachenerwerbsforschung in ein kritisches Licht, weil die Lernresultate im Fremdsprachenunterricht oft hinter den Erwartungen aller Beteiligten zurückblieben. Der Begriff der *Offenheit* ist mir (auch vor allem als Adjektiv) bislang nur in der Bezeichnung 'offener Unterricht' begegnet, wo eine Rücknahme der Steuerung durch Lehrperson und Lehrwerkprogression angestrebt wird, und wo stattdessen die Lernenden freien Zugriff auf Materialien und Lehrangebote haben. Da diese Materialien aber tendenziell auch gesteuert sind (also z.B. vereinfacht, an Lernniveaus angepaßt), ist Offenheit hier allenfalls als quantitativer Gegenpol zur maximalen Steuerung zu verstehen.

Als Begriffspaar sind mir die beiden Wörter in der Fachliteratur bislang nicht begegnet, was meine Schwierigkeiten erklären mag, sie so unmittelbar aufeinander zu beziehen, wie das in den Leitfragen geschieht. Ich nehme an, daß hiermit nicht eine Paraphrase der Dichotomie 'gesteuert/ungesteuert' intendiert ist, denn die Diskussion darüber hat ja mittlerweile einen Punkt erreicht, wo alle Argumente ausgetauscht sind; es wäre müßig, sie hier zu rekapitulieren. Interessant ist der Begriff 'Offenheit' für mich vor allem, da er in der didaktischen Diskussion immer mit dem Anspruch benutzt wird, er weise in eine erfolgversprechendere Richtung als die bekannten Unterrichtsverfahren, die sich durch einen hohen Grad an Steuerung auszeichnen. Insofern scheint hier aus der erfahrungsgeleiteten Position der 'Praxis' ein Reformvorschlag für den Fremdsprachenunterricht zu kommen, der zwar nicht die völlige Abwesenheit von Steuerung postuliert, aber doch unterstellt, daß Schritte in dieser Richtung zusammen mit größerer Lernerautonomie eine Verbesserung des Fremdsprachenunterrichts herbeiführen können.

... und welche Funktion sie für die Sprachlernforschung haben könnten.

An den Leitfragen irritiert mich, wie gesagt, die Selbstverständlichkeit, mit der Steuerung und Offenheit als sich gegenüberstehende Paradigmen angesetzt werden. Da beide Begriffe ja auch quasi 'moralische' Konnotationen haben, melde ich hier Bedenken an.

Beobachtungen der Auswirkungen von zwei der wichtigsten Steuerungsfaktoren (Lehrer/in und Lehrwerk) auf Lehr-Lernprozesse im Englischunterricht (u.a. Quetz 1992) ergaben das irritierende Bild, daß sie kein einheitliches Steuerungsmuster entwickelten; entweder setzte sich die Persönlichkeit der Lehrperson gegenüber den Steuerungskonzepten des Buches durch, oder die Lehrperson agierte im Sinne des Lehrwerks – Mischformen jeglicher Ausprägung mit inbegriffen.

Auch andere potentielle Steuerungsfaktoren (Lehrplan, fachdidaktische Konzeptionen etc.), die direkt oder vermittelt auf den Unterricht einwirken mit dem erklärten Ziel, Lernprozesse zu fördern, treten in so diffuser Form zu Tage, daß kaum eine Unterrichtsstunde der anderen gleicht, und daß erst die Typisierung *ad hoc* einen empirischen Zugriff möglich macht.

Ich frage mich mittlerweile, ob der Schlingerkurs, den die miteinander ums Steuerrad ringenden Steuerleute und Lotsen produzieren, nicht schon immer von den Lernenden den offenen Zugriff auf den mehr oder minder zufällig produzierten *input* aus Sprachdaten, Aufgabenkonzepten etc. erfordert hat, ob also nicht schon immer 'Offenheit' im eben umrissenen Sinn das Grundkonzept allen Fremdsprachenunterrichts war. Die forschende Auseinandersetzung mit Steuerungsfaktoren diente wahrscheinlich letzten Endes nur einer normativen Festlegung der 'besten' methodischen Konzeptionen durch diejenigen, die von ihrer Perpetuierung leben (Fachdidaktiker, Lehrwerkautoren, Sprachenschulen, Verlage u.v.a.). Vergegenwärtigt man sich zudem die Unmöglichkeit, alle Schülerköpfe einer Klasse auf die jeweils ablaufenden 'offiziellen' Lehr-Lernschritte zu synchronisieren, so wird die Fragwürdigkeit des Konzepts 'Steuerung' ganz offensichtlich. Die Vielfalt der einwirkenden Faktoren, die sich nur momentan als homogen im Sinne der agierenden Lehrperson darstellt, wird im Prisma der individuellen Rezeption endgültig zu sehr heterogenen Lernprozessen gebrochen, und das kollektive Aushandeln von Sinn und Zweck von Aufgaben, die Überprüfung von Hypothesen und nicht zuletzt die Kommunikation auf verschiedenen Ebenen führt letztendlich ohnehin zu recht offenen Lehr- Lernkonzepten, auch wenn Lehrer/innen und Fachdidaktiker/innen sich der Illusion hingeben, sie könnten Wesentliches zur Steuerung des Lernens beitragen. Das Bild wird noch diffuser, zieht man die individuell unterschiedliche Nutzung der Selbstlernkomponenten jeglichen Unterrichts (Arbeitsbücher, Zusatzmaterialien, Wörterbücher, außerunterrichtliche Kommunikation, Hilfe bei den Hausarbeiten u.v.a.m.) mit in Betracht. Meines Erachtens ist selbst der streng gesteuerte, lehrerzentrierte Unterricht immer auch 'offenes Lernen'.

Meine eigene Erfahrung als Mitverfasser von Lehrwerken, die ganz bestimmte Lehr-Lernkonzeptionen in den Unterricht transportieren sollten, bestätigen diese Auffassung. Wo immer ich Unterricht mit diesen Büchern gesehen habe, sah er anders aus, als wir uns das vorgestellt hatten, und sogar mein eigener Unterricht mit diesen Büchern wich teils erheblich von den propagierten Konzeptionen ab. Entsprechend heterogen waren auch die Lernresultate, unabhängig von den Steuerungsbemühungen durch Lehrbuch und Lehrperson. Es drängt sich der Verdacht auf, daß der Glaube an die Möglichkeit der Steuerung von Lernprozessen zur psychohygienischen Grundausstattung von Lehrpersonen gehört, ohne die sie das Gefühl entwickeln könnten, ihr Gehalt nicht wert zu sein. Mit der Abkehr vom Methodenmonismus sind nun auch grundsätzliche Zweifel erlaubt, ob man die Auswirkung von Methoden nicht nur aus forschungstechnischen Gründen nicht so recht untersuchen kann, sondern ob es solche Auswirkungen denn überhaupt jemals in nennenswertem Umfang gegeben hat. Auch im Femdsprachenunterricht vor Piepho hat es immer wieder kommunikativ kompetente Lerner gegeben, und danach soll es auch immer wieder zu Fällen totaler kommunikativer Inkompetenz gekommen sein.

Selbst wenn ein halbwegs stringentes Konzept einer wie auch immer gearteten Steuerung, repräsentiert durch eine Lehrperson, die Individuen in einer Lerngemeinschaft in gleicher Weise trifft, so verpufft seine Wirkung dann doch sofort im Dickicht der personalen und affektiven Faktoren, zu denen ich auch kognitive Verarbeitungsweisen rechne. Was bleibt, ist ein je individueller Lernprozeß, gelenkt von individuellen Lernstrategien, der zu je anderen Lernbeständen (Lernersprachen) führt.

Ich möchte also zunächst die 'moralische' Dimension der beiden Begriffe in Frage stellen, denn es könnte durchaus sein, daß eine an sich gutgemeinte 'Öffnung' keineswegs zu besseren Lernresultaten führt, weil sie unter Umständen nur eine Vergrößerung des Chaos in den Steuerungskonzeptionen bedeutet. Gut geplante 'Offenheit' hingegen erweist sich unter Umständen geradezu als eine Optimierung der Steuerung. Als Konsequenz für die Forschung zeichnet sich somit ab, daß man zwar zwischen den Begriffen 'gesteuert' und 'ungesteuert' jenen Bereich schärfer beleuchten müßte, in dem die Rücknahme der Steuerungsparameter zu größerer 'Offenheit' führt, ohne daß damit gleich ein Einschwenken auf das 'Erwerbs'-Paradigma verbunden wäre. Forschungen in diesem Bereich sollten aber unvoreingenommen in beiden Richtungen sein und nicht von der Prämisse ausgehen, daß (noch) 'offener' auch 'besser' ist, wie das in einer Reihe fachdidaktischer Publikationen mittlerweile anklingt. Unter Umständen erweist sich der Begriff 'Offenheit' ohnehin als dysfunktional, da man ihn – im Gegensatz zum Terminus 'Erwerb' – nur als quantitative Variante auf der Skala 'maximale/optimale/minimale Steuerung' definieren kann.

Literaturverzeichnis

Quetz, J. (1992). *Lernschwierigkeiten Erwachsener im Anfangsunterricht Englisch* (I & I-Schriften 59). Augsburg.

K.-Richard Bausch/Herbert Christ/Hans-Jürgen Krumm (Hrsg.). (1993). *Fremdsprachenlehr- und -lernprozesse im Spannungsfeld von Steuerung und Offenheit. Arbeitspapiere der 13. Frühjahrskonferenz zur Erforschung des Fremdsprachenunterrichts.* Bochum, S. 135–142.

Heribert Rück

Steuerung als Bedingung, Offenheit als Ziel des fremdsprachlichen Unterrichts

Schulische Fremdsprachenvermittlung geschieht in einem Bedingungsgefüge, in dem von dem Faktor 'Steuerung' an keiner Stelle völlig abgesehen werden kann. Die begrenzte zur Verfügung stehende Zeit sowie institutionelle Voraussetzungen, unter denen Lehr- und Lernvorgänge im Schulbereich sich vollziehen, machen geplante, rationelle Verfahrensweisen unabdingbar. Andererseits ist das Erlernen einer fremden Sprache immer ein individueller Vorgang, dessen Entfaltung auf Offenheit angewiesen ist. Eine Theorie des Fremdsprachenlehrens und -lernens wird daher immer beide Pole im Auge behalten müssen, wenn sie der Komplexität schulischer Lehr- und Lernprozesse gerecht werden will.

Die Polarität zwischen Steuerung und Offenheit gilt allerdings für verschiedene Stufen und Phasen des Fremdsprachenerwerbs in unterschiedlicher Weise. Da hier nicht auf das gesamte Spektrum vermittelnder Instanzen, Lehrverfahren, Medien und Progressionsweisen eingegangen werden kann, sollen zwei Bereiche herausgegriffen werden, an denen sich das hier gemeinte Spannungsfeld verdeutlichen läßt und Ansätze zu seiner Erforschung erörtert werden können. Bezug zu nehmen ist zum einen auf die Phase des Erwerbs elementarer Fremdsprachenkenntnisse in der Grundschule, zum anderen auf den Sekundarbereich, und zwar mit Blick auf den schriftlichen Text, ein Phänomen, das vom Beginn der Sekundarstufe bis hin zum Erwachsenenunterricht und zur fachsprachlichen Ausbildung das Erlernen fremder Sprachen in herausragender Weise bestimmt. Die Beantwortung der Leitfragen wird in die Darlegungen zu den beiden Problemfeldern jeweils eingearbeitet.

1. Primäre Fremdsprachenvermittlung im Spannungsfeld von Steuerung und Offenheit

Angesichts der sich anbahnenden (bzw. heute bereits vollzogenen) Öffnung der europäischen Grenzen hat die in den 60er Jahren begonnene Diskussion um einen früheren Beginn des Fremdsprachenunterrichts heute neuen

Auftrieb erhalten. Im Mittelpunkt der Erörterung steht dabei die Frage, welches Maß an Steuerung bzw. Offenheit das fremdsprachliche Lerngeschehen auf der Primarstufe zu bestimmen habe. Zwei scheinbar unvereinbare Positionen zeichnen sich hier ab, von denen die eine präzise Zielvorgaben und eine inhaltlich und methodisch durchstrukturierte lineare Progression, die andere den Verzicht auf jegliche Progression und ein Höchstmaß an spielorientierter Offenheit postuliert. Die erste Position (a) kann unter den Begriff 'Vorverlegung des Fremdsprachenunterrichts' gefaßt werden, die zweite (b) wird vielfach mit dem Etikett 'Begegnungssprachen-Konzept' versehen. (Exemplarisch für die Kontroverse: Doyé 1991, Pelz 1992, Doyé 1992.)

Dabei läßt sich der Eindruck nicht von der Hand weisen, daß ein Festhalten an (a) bzw. (b) in der Gefahr steht, gerade das für den primaren Lernbereich charakteristische Spannungsgefüge zwischen Steuerung und Offenheit aus den Augen zu verlieren. Hier soll eine Position vertreten werden, die zwischen den Extremen vermittelt und beide Pole in den Blick nimmt, wobei ein Höchstmaß an Offenheit erstrebt wird, ohne daß damit die Notwendigkeit konsequenter Planung und Ergebnisprüfung negiert würde.

Zunächst ist zu sagen, daß sich Fremdsprachenvermittlung im Primarbereich dem grundschuldidaktischen Postulat der Offenheit nicht entziehen kann. Die Entwicklung geht, in Anknüpfung an reformpädagogische Konzepte, weg von der Lernschule hin zu einer Grundschule, in der nicht mehr 'Fächer' mehr oder weniger isoliert nebeneinander unterrichtet, sondern 'Lernbereiche' soweit möglich integrativ erarbeitet werden und in welcher der 'Freiarbeit', d.h. dem lernerzentrierten, entdeckenden Erwerb von Kenntnissen und Fertigkeiten eine zentrale Rolle zugewiesen wird. Unter diesem Aspekt müssen sich auch fremdsprachendidaktische Konzeptionen auf ihre spezifische Rolle innerhalb einer 'offenen Grundschule' hin befragen lassen. Ein 'Fach' Englisch, Französisch, Russisch, Italienisch usw., das an zwei oder drei Wochentagen isoliert, d.h. ohne Bezug auf andere Lernbereiche mit den gleichen oder ähnlichen Methoden wie im Sekundarbereich unterrichtet wird, dürfte im Rahmen einer sich immer deutlicher abzeichnenden Gesamtkonzeption von Grundschule kaum noch zu rechtfertigen sein.

Ferner ist zu fragen, ob nicht die offenere Organisationsform einer modernen Grundschule der Sprachlehr- und -lernforschung neue Perspektiven eröffnet, die möglicherweise auch für andere Lernzusammenhänge Bedeutung gewinnen können. Gedacht ist an eine Einbeziehung von Ergebnissen aus der Erforschung des natürlichen Zweitsprachenerwerbs (vgl. Butzkamm 1990, Königs 1992). Dabei wird keineswegs einer Gleichsetzung von natürlichem und schulischem Spracherwerb das Wort geredet. Es erscheint jedoch als ein lohnendes Ziel, etwa die Auswirkungen eines erhöhten, innerhalb pragmatischer Zusammenhänge verstehbaren Input auf den primaren Fremdsprachenerwerb zu untersuchen. Wo und in welchem Maß lassen sich Prozesse interner Hypothesenbildung und -überprüfung bei Grundschülern beobachten? Wie reagieren Lernende der Grundschulklassen 3 und 4 auf das Verfahren des *Total Physical Response* (Asher 1966) und welche Ergebnisse lassen sich damit erzielen? Welche Formen nonverbaler und verbaler Handlungen führen zu fruchtbaren Ergebnissen (vgl. Bleyhl 1989)? Dies sind nur einige Fragen, die sich hier stellen und einer genaueren Untersuchung bedürfen. Die Fremdsprachenvermittlung in der Grundschule bietet sich für solche Fragestellungen geradezu an, stellt sie doch einen sanktionsfreien Raum dar, in dem es weder Noten noch die sonstigen Zwänge wie Pensen, Lehrpläne und Fachkonferenzen in der üblichen Form gibt.

Nun wäre es freilich ein fataler Irrtum, wollte man aus solchen (hier nur in Abbreviatur möglichen) Bemerkungen den Schluß ziehen, es werde damit dem Zufälligen und Beliebigen das Wort geredet. Auch Input-Orientierung setzt Planung voraus, denn ein wahlloser Gebrauch der fremden Sprache überfordert, frustriert, und die Folge ist in der Regel Demotivation. Gemeint ist nicht ungesteuerte Immersion, sondern die wohlüberlegte Einbindung der Fremdsprache in das Handeln der Lehrerin/des Lehrers, aus dem heraus die englischen, französischen usw. Äußerungen für die Lernenden unmittelbar disambiguierbar sind. Auch der *Total Physical Response* ist natürlich ein gesteuertes Verfahren, und er impliziert eine – wenn auch nicht grammatisch definierte – Progression. Doch gegenüber einer curricularen, nach Grob- und Feinzielen sauber geordneten Sequenzierung weisen derartige Ansätze ein höheres Maß an Offenheit auf, insofern sie den Lernenden ein Mehr an Freiraum für eigenes sprachliches Entdecken bieten. Das zu vermittelnde Quantum an Sprache wird nicht in seine Elemente zerlegt und nach logischen, psychologischen, didaktischen oder sonstigen Prinzipien in jeweils zu rezipierenden, zu verarbeitenden, zu transferierenden und schließlich (z.B. in Spielen) anzuwendenden Portionen verabreicht, vielmehr wird zunächst auf das Vorhandensein von Selbstlernmechanismen vertraut, das heißt auf mentale Aktivitäten, die sich nicht von Anfang an und auf jede Lehreräußerung hin als sprachimitative oder sprachproduktive

Aktivitäten seitens der Lernenden manifestieren müssen.

Sorgfältige Planung setzt auch die Integration der Fremdsprache in andere Lernbereiche wie den Sach-, den Sport- oder den Musikunterricht voraus. Sieht man vom Sonderfall der bilingualen Schule ab, dann verbietet sich in der Regel die Vermittlung neuen Lernstoffs in der Fremdsprache. Man würde mit einer solchen Vorverlegung des bilingualen Ansatzes sowohl der Fremdsprache als auch dem jeweiligen Lernbereich mehr schaden als nützen. Gedacht ist vielmehr an die Transposition von bereits Bekanntem in die fremde Sprache, wobei Reduktionen und Neustrukturierungen erforderlich sind. Ein solches Verfahren regt zum Sprachvergleich an und vermag dem Deutschunterricht fruchtbare Impulse zu vermitteln. Daß in ethnisch gemischten Klassen auch andere Muttersprachen vergleichend ins Spiel gebracht werden können, ist ein weiterer Vorteil dieses Ansatzes. Hier bietet sich ein weites Feld für interkulturelles Lernen, durch das Neugierde auf ethnisch Unvertrautes geweckt und Abwehrhaltungen gegenüber dem Fremden abgebaut werden können.

Nun ist der aus den gemachten Vorschlägen sich ergebende Lernerfolg zugegebenermaßen noch weitgehend hypothetisch. Doch wie anders soll Forschung vorangetrieben werden, wenn nicht über die Bildung neuer Hypothesen? Deren Überprüfung ist zum Teil in die Wege geleitet, zum großen Teil steht sie noch aus. Welche Untersuchungsverfahren bieten sich für einen mehr auf Offenheit angelegten Spracherwerb im Primarbereich an? Sicher scheiden Tests aus, durch die Strukturkenntnisse überprüft werden sollen. Doch läßt sich etwa das Hörverstehen (dem in dieser Konzeption eine zentrale Bedeutung zukommt) in der Weise überprüfen, daß in der vorher geübten Form (d.h. mit visuellen Stützelementen) eine Geschichte erzählt wird und die Kinder sich zu deren Inhalt mit Hilfe vorbereiteter Fragen auf deutsch äußern. Inwieweit nichtsprachliche Handlungen auf fremdsprachliche Impulse hin vollzogen werden können, läßt sich jederzeit empirisch erfassen. In welchem Umfang ist nach bestimmten Zeitabschnitten das sprachlich-produktive Handeln bei den Lernenden entwickelt worden? Hierzu müssen Inventare von thematischen Bereichen und Redemitteln vorliegen, deren Beherrschung z.B. durch Rollenspiele ermittelt werden kann (vgl. Rück 1990, 1991/1, 1991/2). Die Lehrerinnen und Lehrer erhalten Beobachtungsbogen, in die nicht nur Befunde des konkreten Sprachfortschritts, sondern auch sprachpsychologische Beobachtungen (z.B. interimsprachliche Phänomene) und sozial relevante Befunde (Auswirkungen auf die soziale Integration, Einstellung zu anderen Ländern) eingetragen werden. In einem Reflexionsbogen können die Unterrichtenden ihr eigenes Verhalten, das Verhalten der Kinder und die Tragfähigkeit des Konzepts einer kritischen Bewertung unterziehen.

2. Steuerung und Offenheit im Sekundarbereich, unter besonderer Berücksichtigung der Kategorie 'Text'

Im Sekundarbereich, und zwar besonders in der Eingangs- und Ausbauphase, dominiert die Steuerung. Damit soll nicht behauptet werden, daß nicht viele Lehrer sich nach Kräften bemühen, den Lernenden gelegentlich auch Freiräume für selbstbestimmte sprachliche Tätigkeiten zu bieten und den Schülern die Reflexion auf eigene Bedürfnisse und Lernstrategien zu ermöglichen. Doch sind solchen Ansätzen enge Grenzen gesetzt. Die "Erledigung" der Pensen, wie sie durch das jeweilige Lehrwerk vorgegeben sind, erstickt viele Bemühungen um größere Offenheit der Lehr- und Lernverfahren im Keim. Will man jedoch erreichen, daß nicht nur didaktisch-methodisch vorgegebene Schemata nachvollzogen und durch Prüfungen "abgehakt" werden, sondern individuelle Lernprozesse in Gang gesetzt, Eigenbedürfnisse der Lernenden befriedigt, kurz, das Lernen gelehrt und für nachschulische Weiterbildungsprozesse zugrundegelegt wird, dann ist eine Reflexion auf mögliche Öffnungen sowohl im Bereich der Inhalte als auch in dem der Methoden dringend erforderlich.

Diese soll hier, wie angekündigt, mit Bezug auf den schriftlich fixierten Text erfolgen.

Welche Rolle spielen Texte in der Eingangs- und Ausbauphase des fremdsprachlichen Unterrichts? An zentraler Stelle findet sich der Lehrbuchtext. Er dient in erster Linie als Transportmittel für Lexik und Grammatik. Dabei ist nicht zu verkennen, daß neuere Lehrwerke sich um ein höheres Maß an "Natürlichkeit" bemühen, wobei dieser freilich durch die curricularen Vorgaben enge Grenzen gesetzt sind. Auch dem in der Zeit des Audiolingualismus dominierenden Prinzip des Dialogischen wird nicht mehr ausschließlich gehuldigt. Man findet auch monologisch-beschreibende, monologisch-erörternde sowie monologisch-dialogisch-erzählende Texte. In den Addita werden leichte Originaltexte (z.B. einfache Gedichte und Lieder) angeboten.

Allerdings scheint es, daß die Mehrzahl der Texte auf Erschließungsverfahren hin angelegt ist, die den Lernenden nur geringe Freiräume lassen und zudem einem alltäglichen, normalen Umgang mit schriftlichen Texten widersprechen. Ein schriftlicher Text wird in der Alltagswelt nicht durch Fragen eines Lehrers inhaltlich erschlossen und anschließend mündlich vorgetragen oder vorgespielt, sondern selbständig gelesen, wobei die Verstehensprozesse, wie man weiß, sehr individuell organisiert sind. Es fragt sich, ob die Qualifikation des Lesens nicht schon relativ früh und im Fortschreiten des Lernprozesses immer stärker zum Gegenstand des Unterrichts gemacht werden sollte, um so eine Befähigung anzubahnen, die beim Verlassen der Schule zentrale Bedeutung gewinnen kann.

Wie müßten Texte beschaffen sein, die sich für individuelles, 'offenes' Lesen in besonderer Weise anbieten? Hier einige Gesichtspunkte, die noch der Ergänzung und Überprüfung durch empirische Verfahren bedürfen, die jedoch aufgrund von Ergebnissen der bisherigen Text- und Leseforschung ein gewisses Maß an Plausibilität beanspruchen können:

1. Lesetexte sollten eine der Altersstufe angemessene Fragestellung enthalten, die sie für die Lernenden lesenswert machen.
2. Lesetexte sollten Advance organizers (thematisch bündelnde Überschriften, Untertitel usw.) enthalten, die eine Orientierung des Lesevorgangs auf das Wesentliche hin ermöglichen.
3. Neues Struktur- und Vokabelmaterial sollte in Lesetexten so gestreut sein, daß der Lesevorgang nicht in unzuträglicher Weise gehemmt oder gar blockiert wird.
4. Die Informationsdichte der Lesetexte sollte so beschaffen sein, daß den Lernenden die Selektion des für sie jeweils Wesentlichen ermöglicht wird. An Texten mit hoher Informationsdichte läßt sich diese Befähigung nicht erwerben.
5. Lesetexte sollten in ihrem Verlauf zur Hypothesenbildung anregen, so daß der interaktive Vorgang, den Lesen bedeutet, gefördert wird.

In methodischer Hinsicht würde es darum gehen, solche auf offenere, individuellere Erschließungsverfahren hin angelegte Texte auch in stärker individualisierten Lehrprozessen zu vermitteln, um dem eigenständigen Umgang mit dem Phänomen 'schriftlicher Text' den Weg zu bereiten. Die Erörterung des in Gruppen- oder Einzelarbeit jeweils Verstandenen kann zu lebhaften Diskussionen führen und somit auch der sprachproduktiven Seite des Lernvorgangs in einer vom Korsett des Frage-Antwortschemas befreiten Form zugutekommen.

Der Forschung stellt sich die Aufgabe, entsprechende Texte zu konzipieren und in den unterschiedlichen Phasen des Lehr- und Lernprozesses zu *erproben*. Die Ergebnisse können mittels schriftlicher Äußerungen zum Text, mündlicher Befragungen, entsprechend konzipierter Fragebogen und multiple-choice-Überprüfungen sowie durch das Verfahren des 'lauten Denkens' (aufgezeichneter Selbstgespräche der Lernenden beim Umgang mit dem Text) einer detaillierten Untersuchung zugeführt werden.

3. Ergebnis

Bei der Untersuchung einiger Probleme des primaren und sekundaren Fremdsprachenunterrichts hat sich die eingangs getroffene Feststellung bestätigt, daß das Lehren einer Fremdsprache in keinem der beiden Bereiche der Steuerung eintreten kann. Lehren ist immer und per definitionem ein gesteuerter Vorgang. Sie ist die Bedingung, unter der Lernprozesse im schulischen Bereich sinnvoll und ökonomisch vertretbar ablaufen können. Dies sollte jedoch nicht den Blick für das Desiderat der Offenheit verstellen, die autonomem und damit persönlichkeitsbildendem Lernen den erforderlichen Raum bietet. Steuerung ist Grundbedingung jeden institutuionell geregelten Lehrens. Doch Offenheit, wo immer sie realisierbar erscheint, bleibt ein nie aus den Augen zu verlierendes Ziel.

Literaturverzeichnis

Asher, J. J. (1966). The Learning Strategy of the Total Physical Response. A Review. In *Modern Language Journal, 2*, 79ff.

Bleyhl, W. (1989). Psycholinguistische und pragmatische Überlegungen zum handlungsorientierten Fremdsprachenunterricht. In Bach, G. & Timm, J.-P. (Hrsg.). (1989). *Englischunterricht. Grundlagen und Methoden einer handlungsorientierten Unterrichtspraxis.* Tübingen, 22-41.

Butzkamm, W. (1990). Über die wechselseitige Erhellung von Fremdsprachenunterricht und natürlichen Erwerbssituationen. *Neusprachliche Mitteilungen, 2*, 83-89.

Doyé, P. (1991). Systematischer Fremdsprachenunterricht versus Begegnung mit Fremdsprachen. *Neusprachliche Mitteilungen, 3*, 145-146.

Doyé, P. (1992). Zu Manfred Pelz' Ausführungen in diesem Heft. *Neusprachliche Mitteilungen, 3*, 168-169.

Gompf, G. (1989). Erwerb von Fremdsprachen im Vorschul-und Primarschulalter. In Bausch, K.-R. et al. (Hrsg.). (1989). *Handbuch Fremdsprachenunterricht.* Tübingen, 364-368.

Königs, F. G. (1992). Lernen oder Erwerben reviseted. Zur Relevanz der Zweitsprachenerwerbsforschung für die Sprachlehrforschung. *Die Neueren Sprachen, 91*(2), 166-179.

Pelz, M. (1992). Zu Peter Doyé: 'Systematischer Fremdsprachenunterricht vs. Begegnung mit Fremdsprachen'. *Neusprachliche Mitteilungen, 3,* 167-168.

Rück, H. (1990). *Rahmenkonzept für den Modellversuch 'Integrierte Fremdsprachenarbeit in der Grundschule'.* Unveröffentlichtes Manuskript, 53 Seiten.

Rück, H. (1991). Zur Methodik des Französischen in der Grundschule. *Praxis des neusprachlichen Unterrichts, 1,* 11-20.

Rück, H. (1991). Fremdsprachenbegegnung in der Grundschule: ein Modellversuch und seine pragmatischen Inhalte. *Fremdsprachenunterricht, 35/44*(8), 480-489.

Ludger Schiffler

Der lange Weg vom gesteuerten zum selbständigen Lernen im Fremdsprachenunterricht

1. Vorbemerkung zum *'offenen'* Lernen

Vorweg eine definitorische Klärung: ein 'offenes' Lernen im Sinne einer 'Nichtsteuerung' gibt es im Fremdsprachenunterricht nicht. Die offenste Form des Fremdsprachenunterrichts ist meines Erachtens von Kaufmann (1977) auf der Oberstufe im 5. Lernjahr Französisch realisiert worden. Der Lehrer entschloß sich, die Prinzipien des 'Lernen in Freiheit' von Rogers (1974) in seinem Unterricht zu realisieren. Die 'Offenheit' bezog sich hierbei auf die Methode des Lernens. Eine Steuerung war insofern gegeben, als das Lehrbuch zugrundegelegt wurde und die Zahl und Form der Lernzielkontrolle festgelegt war. Diese bestanden zum Teil aus Hörverständnisübungen vom Tonband oder aus auf Tonband gespeicherten Partnergesprächen über vorgegebene Themen. Ferner vereinbarte der Lehrer mit den Schülern, daß nur Französisch gesprochen und die jeweils von einem Schüler vorbereiteten Hausaufgaben gemacht werden sollten. Während acht Monaten entschieden die Schüler selbst, ob sie Bücher, Zeitungen oder Lehrbuch lasen oder ob sie sich Kassetten anhörten. Der Lehrer wurde zur 'Servicestation' für die Ausleihe von Medien und zur Auskunftsstation. Die Schüler arbeiteten in auffallend häufigen Wechseln, entweder einzeln oder in Partner- bzw. Gruppenarbeit. Der kaum vermeidbare Lärmpegel störte sie nicht. Am Ende äußerten sich Schüler und Lehrer äußerst positiv zu diesem Schulversuch.

Es ist verständlich, daß im Fremdsprachenunterricht eine solch 'offene' Form leichter praktiziert werden kann, wenn das Niveau II, wie es in der Französisch-Didaktik heißt, nämlich eine Grundkompetenz im schriftlichen und mündlichen Bereich erreicht worden ist.

Wie die Beispiele am Ende zeigen, können 'offene' Unterrichtsformen auch kurzzeitig oder unterrichtsbegleitend auf dem Niveau I praktiziert werden.

Hier sei aber betont, daß jede 'offene' Unterrichtsform umso mehr mit Erfolg praktiziert werden kann, je vielfältiger und kreativer der vorausgegangene *gesteuerte* Unterricht gestaltet worden ist.

2. Einige historische Bemerkungen

Mit 'offenem' Unterricht ist zweifellos derjenige gemeint, der den Schüler zum selbständigen sprachlichen Handeln führen soll. Dies ist ein Prinzip, das in der Reformpädagogik wurzelt und beispielsweise in der Arbeitsschulbewegung (Kerschensteiner 1914) zu finden ist und in den 30er Jahren in Form des Projektunterrichts (Dewey u.a. 1935) wieder aufgegriffen wurde. Für den Fremdsprachenunterricht ist es auffallend, daß er anscheinend als 'species sui generis' von diesen Strömungen kaum berührt wurde. Erst lange nach dem Zweiten Weltkrieg wurden solche Gedanken z.B. von Piepho (1974) für die Fremdsprachendidaktik aufgegriffen. Das Verdienst von Ingrid Dietrich (1973) war es, die erziehungswissenschaftlichen Konzepte der Schülerorientierung und vor allem auch die Gedanken Freinets in die fachdidaktische Diskussion einzubringen. Ein Unterricht aufgrund der Überlegung, daß die Zusammenarbeit in der Gesamtgruppe, in Partner- und Gruppenarbeit nur dann motivierend wirkt und die Selbständigkeit des Schülers fördert, wenn sich der Lehrer um die Interaktion der Schüler untereinander und zwischen ihm und den Schülern kümmert, ist von Schiffler (1980) für den Fremdsprachenunterricht konzipiert worden. Hierauf aufbauend hat Martin (1982) vorgeschlagen, die Selbständigkeit der Schüler zu fördern, indem er diesen teilweise Lehrkompetenzen überträgt. Steinig (1985) wiederum hat die Partnerarbeit, auch klassenübergreifend, als konstituierendes Element zur Förderung des selbständigen Lernens im Fremdsprachenunterricht konzipiert. Für die Schülerorientierung im Französischunterricht hat vor allem die Bundes-Arbeits-Gemeinschaft Französisch an Gesamtschulen (BAG 1985) ein Konzept mit konkreten Vorschlägen vorgelegt. Legutke (1988) hingegen sieht vor allem im Projektunterricht die geeignetste Möglichkeit, die kommunikative Selbständigkeit des Schülers zu fördern.

3. Die heutige Praxis unter dem Aspekt der Förderung der Selbständigkeit

Um über die heutige Praxis ein Urteil zu fällen, wäre eine umfassende empirische Unterrichtsbeobachtung anhand von Videoaufnahmen eine gute

Grundlage. Da eine solche Untersuchung nicht vorliegt, soll dies mit weniger objektiven Mitteln versucht werden. Veröffentlichungen in Fachzeitschriften sind als Absichtserklärung zu verstehen, die möglicherweise eine zukünftige Praxis vorbereiten. Deshalb sollen sie hier nicht herangezogen werden, sondern die staatlichen Richtlinien, da sie zumindest den Anspruch haben, normierend zu wirken, ferner die Lehrbücher, speziell die dazugehörigen Lehrerhandreichungen, da sie das Medium sind, mit denen der Lehrer täglich umgeht, und ferner die subjektiven Beobachtungen anderer Didaktiker und die des Verfassers während zahlreicher Schulbesuche im Praktikum.

Vor über zehn Jahren hat der Verfasser (1980:40ff.) anhand von jeweils zehn Kriterien zur Bestimmung eines eher 'dominativen' und eines eher 'integrativen' Erziehungsstils 29 Lehrer in ihrem Unterricht beobachtet und u.a. festgestellt, daß nur ein Lehrer einen zwischen dominativ und integrativ ausgeglichenen Stil praktizierte, drei zeigten keinen ausgeprägten 'dominativen' Stil, und bei den übrigen 25 überwogen die dominativen Stilmerkmale. Möglicherweise ist dieser Befund aufgrund der Mängel der subjektiven Beobachtung zu negativ ausgefallen, jedoch ist die Feststellung, daß kein Lehrer Gruppen- oder Partnerarbeit praktizierte und bei nur einem Lehrer einmal die Schüler zur Mitbestimmung am Unterrichtsverlauf aufgefordert wurden, sicherlich eine objektive Beobachtung gewesen.

Die Untersuchungen von Düwell (1979) zum Motivationsverlust der Schüler haben gezeigt, daß die Ursachen u.a. durch Methoden- und Übungsmonotonie hervorgerufen werden, also durch einen Unterricht, in dem es keine Alternativen zum Frontalunterricht gibt. Insofern bestätigten diese Ergebnisse die o.a. Beobachtungen.

3.1 Die Forderungen in Richtlinien und Rahmenplänen

Vom Landesinstitut für Schule und Weiterbildung des Landes Nordrhein-Westfalen ist 1983 eine Synopse der Rahmenrichtlinien für das Fach Französisch aller elf Bundesländer erstellt worden (BAG 1985). Es fällt hierbei ins Auge, daß die übergeordneten Ziele der Rahmenrichtlinien dem Lehrer sehr viel Freiräume zu einem die Selbständigkeit des Schülers fördernden Unterricht einräumen. Die innovativen Entwicklungen und die kommunikative Kompetenz des Schülers stehen eindeutig im Vordergrund. Im Gegensatz hierzu werden dann aber anschließend die anzustrebenden Grammatikkenntnisse detailliert aufgeführt, ferner die Grammatikreflexion betont, linguistische Progressionen aufgestellt, verbindliche Redemittellisten angeführt und teilweise auch differenzierte Abschlußprofile aufgezeigt. Es ist zu erwarten, daß sich die Mehrzahl der Lehrer eher an diese detaillierten Forderungen halten wird als an die allgemeinen Ziele, um unter Berufung auf die dort eingeräumten Freiräume einen interaktiven, schülerzentrierten, also die Selbständigkeit des Lerners fördernden Unterricht zu praktizieren.

3.2 Die Vorschläge in den lehrbuchbegleitenden Lehrerhandreichungen

Die folgende Kurzdarstellung bezieht sich auf die Französisch- Lehrbücher *Échanges* (Klett), *Méthode Orange* (Langenscheidt), *Ça va?* (Diesterweg), *Étapes* (Cornelsen) und *Réalités* (Cornelsen).

Da die Zulassung der Lehrbücher von ihrer Übereinstimmung mit den erwähnten Rahmenrichtlinien abhängig ist, verwundert es nicht, daß diese alle in den Vorbemerkungen ihrer Handreichungen die Forderung der kommunikativen Kompetenz und die der Kommunikationsfähigkeit in Alltagssituationen anstreben. Bei der *Méthode Orange* und *Étapes* wird darüber hinaus auch noch das interkulturelle Lernen gefördert, indem der Schüler seinen persönlichen Lebensbereich den Sprechern einer anderen Sprachgemeinschaft vermitteln soll.

Die weniger gelenkten Formen des Unterrichts in der Phase des Transfers werden von allen Lehrbüchern ausdrücklich gefordert, ebenso Rollenspiele, Partner- und Gruppenarbeit.

Eine grammatische Progression ist in allen Lehrbüchern deutlich aufgezeigt, so daß man in der Mehrzahl der Fälle davon sprechen kann, daß die Kommunikationssituationen nur zur Einbettung dieser Progressionen dienen.

Bei den letztgenannten Lehrwerken, *Étapes* und *Réalités*, fällt hingegen auf, daß sie nicht nur in den Lehrerhandreichungen, sondern auch in den Lehrwerken selbst zahlreiche Anregungen zum Rollenspiel, Partner- und Gruppenarbeit geben und vor allem auch der Förderung der Kommunikationsabsichten des Lerners einen viel stärkeren Raum einräumen, so daß eine interaktive Gestaltung des Unterrichts, wie sie der Verfasser 1980 gefordert hat, mit Hilfe dieser Lehrbücher gegeben ist.

3.3 Beobachtungen der heutigen Praxis durch Fachdidaktiker

Im Unterricht treten kaum 'mitteilungsbezogene' und 'auf authentische Redeabsichten basierende Schüleräußerungen' auf. Formales Üben von kontextfremden Versatzstücken herrscht vor. So beurteilt Butzkamm (1989: 151) die aktuelle Praxis.

Legutke (1988:12ff.) beschreibt die Praxis des Englischunterrichts als zu stark auf kognitive Operationen ausgerichtet, bei dem dem Lerner nur eine Abfolge pragmatisch orientierter Redemittel präsentiert, die sinnlich-körperliche Funktion der Sprache jedoch vernachlässigt wird. Ferner beklagt er den Mangel an Selbstbestimmung und lernergelenkter Kommunikation. Dies führt zu Leblosigkeit, zu Desinteresse und zu einer langweiligen unerfüllten Gegenwart im Empfinden des Schülers.

Die Beobachtung des Verfassers während der Berliner Praktika zeigen eine Praxis, die tatsächlich wenig Raum für die Förderung der Selbständigkeit des Lerners bietet. Studenten, die theoretisch den interaktiven Fremdsprachenunterricht vertreten, orientieren sich nach einer Hospitationsphase zum Zwecke des Überlebens an der Unterrichtskonzeption des Mentors und an dessen vorrangigem Bedürfnis, durch den Studenten möglichst wenig Zeit zu verlieren, also zügig im Lehrbuch weiterzugehen. Daraus folgt ein stark gelenktes, genau geplantes Lehrerreiz-Schülerreaktions-Modell, in dem Gruppenarbeit und Rollenspiel kreative Sternstunden darstellen, die dann aber auch zumeist zur Zufriedenheit der Praktikanten ablaufen. Die Studenten rechtfertigen ihr Vorgehen nicht nur mit den Ansprüchen der Mentoren, sondern auch damit, daß sie 'erst einmal den Normalunterricht bewältigen möchten', bevor sie interaktive Experimente wagen.

Ein weiterer Grund dafür, etwas anderes als den geplanten Frontal-Stimulus-Response-Unterricht *nicht* zu praktizieren, ist auch die sprachliche Unsicherheit und die Angst, bloßgestellt zu werden. Sobald man Schüler selbständig arbeiten läßt, kommen Rückfragen sprachlicher Art, die nicht eingeplant werden konnten und die der Lehrer möglicherweise nicht sofort beantworten kann.

Ein letztes Wort des Verständnisses für Lehrer, die schülerzentrierte interaktive Phasen im Unterricht nicht realisieren wollen: In den letzten Jahren sind die für die Fremdsprache zur Verfügung stehenden Stunden gekürzt worden. Jede 'offene' Phase bedeutet aber einen zeitlichen Verlust bei der Durchnahme des Lehrbuchstoffes. Schüler werten ihren Fortschritt im Vergleich zur Parallelklasse am Stand im Lehrbuch. Kollegen verhalten sich ähnlich und verübeln es einem Lehrer, wenn sie bei Übernahme der Klasse feststellen müssen, daß das Lehrbuch nicht 'ordentlich' durchgenommen worden ist, d.h. daß die Grammatik und die Orthographie nicht sitzen. Da das freie Sprechen oder Schreiben in ihrem Unterricht nicht überprüft wird, spielt es auch nicht als Kriterium zur Bewertung der Arbeit eines Kollegen eine Rolle. Unter diesem Aspekt ist die Befürchtung gerechtfertigt, daß die o.a. fortschrittlichen Lehrbücher so behandelt werden, daß alle Vorschläge zur Förderung des selbständigen interaktiven Lernens als Möglichkeiten zur Kürzung des Lehrbuchs angesehen werden.

4. Ansätze zum selbständigen Lernen im Rahmen des Lehrbuchunterrichts

In ganz bescheidenem Rahmen gelingt es den vom Verfasser betreuten Praktikanten, wohlgemerkt immer im Rahmen der Lehrbucharbeit, zumindest drei interaktive Unterrichtsformen zu praktizieren. Sie werden vor allem auch deshalb akzeptiert, weil sie die Selbständigkeit der Schüler zu einem großen Teil steuern und somit im voraus geplant werden können.

4.1 Partnerarbeit mit dem Tandembogen (Schiffler 1980: 108ff./Héloury 1983)

Die Partner stellen sich untereinander die auf einem Tandembogen vorgegebenen Fragen, nachdem sie den Tandembogen in der Mitte so gefaltet haben, daß der Fragende auch die korrekten Antworten, während der Gefragte nur die Antwort mit Lücken sieht, die er zuerst mündlich und später schriftlich vervollständigen soll. Nach der mündlichen Beantwortung der Fragen werden die Rollen gewechselt.

4.2 Das Sympathiespiel (Schiffler 1983)

Die Schüler setzen sich in einen Kreis. Ein Stuhl bleibt leer. Der links vom leeren Stuhl sitzende Schüler stellt nach einem vom Lehrer vorgegebenen Strukturenmodell eine Frage an seinen Mitschüler, die dieser in vollständigem Satz entweder in bejahender oder verneinter Form beantworten muß. Bejaht ein Schüler diese, nimmt er den Platz neben dem Fragenden ein, verneint er sie, bleibt er auf seinem Platz.

In der Praxis hat es sich nicht nur aus Übungsgründen, sondern auch aus sozialpsychologischen Überlegungen heraus als besser erwiesen, wenn vereinbart wird, daß zuerst immer bejahend, dann in einem zweiten Durchgang verneinend geantwortet wird und nach jeder Antwort ein Platzwechsel erfolgt, wobei zwar das interaktive Moment der Sympathiekundgebung weniger zum Tragen kommt, jedoch mangelnde Sympathie nicht zum Ausdruck kommen kann.

4.3 Gruppenarbeit zum Transfer mit einem *Überraschungswort*

Weniger sozialpsychologische Ziele (Schiffler 1980:16ff.) als vielmehr rein pragmatische Überlegungen überzeugen Studenten eher vom Sinn der Gruppenarbeit in der Transferphase: Die kreativen Schülerarbeiten reduzieren sich so von z.b. 30 auf 5 bis 6 und stellen somit einen vertretbaren Korrekturumfang dar. Doch hören sich die Gruppen gegenseitig meist nicht zu, wenn die als Transfer erdachten Geschichten vorgetragen werden. Meistens weichen sie in zu geringem Maße von der Lehrbuchlektion ab. Wenn sich die Schüler aber nun auf ein Überraschungswort einigen, das in jeder Gruppengeschichte vorkommen muß, wie z. B. 'éléphant', 'crêpe' oder 'l'agent de police' etc., dann wird aus der Geschichte, z.B. zum Thema 'Au bureau de poste', eine kreative Aufgabe mit einem meist humoristischen Ergebnis, das auch die Mitschüler kennenlernen möchte.

5. Neue Unterrichtskonzeptionen zur Förderung der Selbständigkeit

Im Gegensatz zu den geschilderten Beispielen handelt es sich im folgenden um Konzeptionen, die die Selbständigkeit des Schülers nicht nur in bestimmten Phasen der Lehrbucharbeit, sondern durchgehend fördern wollen.

5.1 Lernen durch Lehren

Angeregt durch einen Vorschlag des Verfassers (1980:173), der beschreibt, wie der Lehrer die Lehrerhandreichungen und seine persönlichen Notizen einer Schülergruppe zur Vorbereitung einer Lektion zur Verfügung stellt, damit diese die Einführung einer Lektion übernehmen, hat Martin (1985) in seiner Dissertation nicht nur dargestellt, wie fast alle Lehrfunktionen den Schülern übertragen werden können, sondern auch, was sein besonderes Verdienst ist, ein Kontaktnetz (Martin 1989) unter all den Lehrern aufgebaut, die nicht nur im Fremdsprachenunterricht, sondern in allen anderen Fächern ihre Schüler durch die Übertragung von Lehrkompetenzen zur Selbständigkeit anhalten. Bis zu 150 Lehrer treffen sich jährlich, um ihre Erfahrungen auszutauschen. Insofern ist hier anzunehmen, daß trotz der geringen Rolle, die die Konzeption Martins in der fachdidaktischen Literatur spielt, diese auf die Praxis einen weit größeren Einfluß hat. Daß hierbei die Selbständigkeit der Schüler in viel stärkerem Maße gefördert wird, steht außer Zweifel, soweit sie selbst die Rolle des Lehrers übernehmen. Es bleibt aber noch zu klären, wie die Haltung des größeren Teils der Klasse ist, solange sie in einem solchen Unterricht die Schülerrolle beibehalten, vor allem auch dann, wenn die Lehrfunktion von einigen Schülern unzureichend praktiziert wird.

6. Projektunterricht

Im Projektunterricht sieht Legutke (1988:185ff.) eine Möglichkeit, die Schüler aus der Lethargie zur Selbständigkeit zu bringen. Als eine interaktive Form des Fremdsprachenunterrichts hat der Verfasser (1980:127ff.) mehrere Anregungen gegeben, Projektunterricht zu gestalten und hier vor allem auf die Debatte zwischen zwei Parallelklassen hingewiesen (Walter 1978), die von den Lehrern mit den Schülern gründlich vorbereitet wird, ferner die Simulation, z.B. die des Ablaufs eines Hotelalltags (Roß/Walmsley 1976), die einer ebenso langen Vorbereitung in der Klasse bedarf.

Zwei interessante Projektarbeiten an Berliner Schulen, die auf Video aufgezeichnet und preisgekrönt wurden, sollen hier erwähnt werden: In der einen hat eine Lehrerin (Bücking 1991) die Themen des Lehrbuchs, z.B. den Ablauf des Weihnachtsfestes, die Schule in Frankreich, die Ferien usw. zum Anlaß genommen, die Schüler ihrer Klasse zu veranlassen, ihre persönlichen Erfahrungen in Briefen an eine deutschlernende Partnerklasse in Frankreich zum Ausdruck zu bringen. Von der Partnerklasse erhielten sie dann Briefe zum selben Thema. In einem anderen Fall hat ein Lehrer mit seinen Schülern ein Schattenspiel gebastelt und die erste Lektüre 'Le chat botté' in Gruppenarbeit (ZLU 1992) in ein Theaterstück umformen lassen, das dann von den Schülern in dieser Form vorgeführt und auf Video aufgenommen wurde.

7. Zukünftige 'offene' Formen für den Anfangsunterricht

Im Gegensatz zu den eingangs erwähnten Beispielen sollen hier noch drei Möglichkeiten des ungesteuerten Sprachunterrichts erwähnt werden, die noch nicht Eingang in die Praxis gefunden haben:

Das erste Beispiel ist das des Lehrers als 'ghostspeaker', wie es der Verfasser (1980:105ff.) dargestellt und in zwei Klassen erprobt hat (Schiffler 1983). Die Schüler setzen sich in einen Kreis und stellen sich gegenseitig ohne jegliche Vorgaben Fragen. Auf Wunsch des Fragenden bzw. des Antwortenden stellt sich der Lehrer jeweils hinter diesen, der ihm leise die Frage bzw. Antwort auf deutsch sagt. Der Lehrer übersetzt bzw. übt mit ihm solange, bis er sie laut seinem Klassenkameraden stellt. Jede Frage und Antwort wird auf Tonträger aufgenommen und nachher den Schülern schriftlich gegeben.

Ein zweites Beispiel ist das *'Notre livre de tous les jours'* (Minuth 1991). Der Lehrer schlägt Freiwilligen vor, ein Heft zu führen, in das sie kurze Bemerkungen oder Geschichten aus ihrem Leben oder auch erfundene bzw. erfahrene in der Fremdsprache darstellen. Die Schüler geben dem Lehrer, wann immer sie wollen, dieses 'livre de tous les jours' zur Korrektur. Er sichert ihnen strengste Diskretion hinsichtlich des Inhaltes zu. Im Rahmen einer noch nicht abgeschlossenen Dissertation zum selbständigen Schreiben hat so der Lehrer eine Vielzahl von persönlichen Darstellungen seiner Schüler sammeln können. Einige Vorschläge sind bereits veröffentlicht (Minuth 1987).

Das dritte Beispiel ist ähnlicher Art und von einem Berliner Lehrer in Klassen mit Französisch als 3. Fremdsprache über Jahre hinweg ab dem 3. Lernjahr praktiziert worden. Der Lehrer hält die Schüler dazu an, einen kleinen Aufsatz zu sie interessierenden Themen zu schreiben. Dieser wird zwar benotet, doch spielt dabei der Inhalt eine größere Rolle als die sprachliche Korrektheit. Die Schüler haben so über Themen aus anderen Fächern, die sie besonders interessierten, oder aus dem außerschulischen Bereich, oft über Sport oder andere Hobbies, geschrieben. Im Gegensatz zu den Klassenarbeiten mit vorgegebenen Themen korrigierte der Lehrer diese Aufsätze meist mit großem Interesse, denn sie verschafften ihm einen persönlichen Zugang zur geistigen Welt seiner Schüler.

Für die Motivation der Schüler spielen solche freien, meist persönlich gehaltenen Gestaltungsaufgaben, die noch dazu den Kontakt zum Lehrer stärken, eine nicht zu unterschätzende Rolle.

Literaturverzeichnis

BAG. (1985). *Schülerorientierung im Französischunterricht.* Hessisches Institut für Lehrerfortbildung. Fuldatal.

Bücking, G. (1991). *Schülerkorrespondenz. Ein Erfahrungsbericht.* Pädagogisches Zentrum. Berlin.

Butzkamm, W. (1989). *Psycholinguistik des Fremdsprachenunterrichts. Natürliche Künstlichkeit: Von der Muttersprache zur Fremdsprache.* Tübingen.

Dewey, J. & Kilpatrick, W. H. (1935). *Der Projektplan, Grundlegung und Praxis.* Weimar.

Dietrich, I. (1974). *Kommunikation und Mitbestimmung im Fremdsprachenunterricht.* Kronberg.

Dietrich, I. (1979). Freinet-Pädagogik und Fremdsprachenunterricht. *EAST, 4,* 542-563.

Düwell, H. (1979). *Fremdsprachenunterricht im Schülerurteil, Untersuchungen zur Motivation, Einstellung und Interessen von Schülern im Fremdsprachenunterricht – Schwerpunkt Französischunterricht.* Tübingen.

Héloury, M. (1983). Partnerarbeit mit dem Tandembogen. *Praxis des neusprachlichen Unterrichts, 30,* 172-178.

Kaufmann, F. (1977). Lernen in Freiheit im Fremdsprachenunterricht. Bericht über einen Schulversuch. *Praxis des neusprachlichen Unterrichts, 24,* 227-236.

Kerschensteiner, G. (1914). *Deutsche Schulerziehung in Krieg und Frieden.* Leipzig.

Legutke, M. (1988). *Lebendiger Englischunterricht.* Bochum.

Martin, J.-P. (1985). *Zum Aufbau didaktischer Teilkompetenzen beim Schüler. Fremdsprachenunterricht auf der lerntheoretischen Basis des Informationsverarbeitungsansatzes.* Tübingen.

Martin, J.-P. (1989). Kontaktnetz: ein Fortbildungskonzept. In Kleinschmidt, E. (Hrsg.). (1989). *Fremdsprachenunterricht zwischen Fremdsprachenpolitik und Praxis: Festschrift für Herbert Christ zum 60. Geburtstag.* Tübingen, 389-400.

Minuth, Chr. (1987). Wege zu einem schülerorientierten Unterricht in der Sekundarstufe I. *Der fremdsprachliche Unterricht, 21,* 18-22.

Minuth, Chr. (1991). Freie Texte im Anfangsunterricht Französisch. *Der fremdsprachliche Unterricht, 25*(3), 18-23.

Rogers, C. R. (1973). *Entwicklung der Persönlichkeit.* Stuttgart.

Roß, K. & Walmsley, B. (1976). Überlegungen zur Erstellung und Durchführung einer Simulation. *Die Neueren Sprachen, 75,* 39-51.

Schiffler, L. (1985²). *Interaktiver Fremdsprachenunterricht.* Stuttgart.
Schiffler, L. (1983). Das Sympathiespiel – ein Interaktionsspiel zum Üben (aller) grammatischer Strukturen. *Neusprachliche Mitteilungen, 36,* 233-237.
Steinig, W. (1985). *Schüler machen Fremdsprachenunterricht.*
Walter, H. (1978). Die Klassendebatte als 'Projekt' im Französischunterricht – Arbeitsmöglichkeiten auf der Oberstufe. *Praxis des neusprachlichen Unterrichts, 25,* 171-178.
ZLU (1992). Videoband LB 87. Ausleihe: ZLU, Altonaer Str. 26, 1000 Berlin 21.

Gert Solmecke

Steuerung und Offenheit in der methodischen Gestaltung von Fremdsprachenunterricht

1. Die Bedeutung der Dimensionen 'Steuerung' und 'Offenheit'

Fremdsprachenunterricht basiert in aller Regel auf der Grundannahme, daß das Erlernen einer Fremdsprache durch steuernde Maßnahmen erleichtert bzw. ermöglicht werden kann. Fremdsprachenunterricht hat von Anfang an zum Ziel, sich selbst überflüssig zu machen, d.h. die Lernenden zur selbständigen, eben ungesteuerten, Verwendung und weiteren Aneignung der neuen Sprache zu befähigen. Insofern besteht Einigkeit. Weniger Einigkeit besteht in der Beantwortung der Frage, wie weit Steuerung gehen soll und kann, ohne daß der Unterricht seinem eigenen Ziel im Wege steht.

Behavioristisch orientierte Vermittlungsmethoden unterwerfen den größten Teil eines jeden Lernabschnittes extremer Steuerung, die es in der Praxis dem Lehrer ermöglicht, bei der Planung einer Stunde vorherzusagen, welches Wort welcher Schüler um welche Uhrzeit mit welchen Folgen sprechen wird. Fehlervermeidung ist bei diesem Vorgehen oberstes Gebot, denn Fremdsprachen lernt man, wie einst Lado schrieb, nicht durch die Korrektur von Fehlern, sondern durch die Produktion des Richtigen. Das eigentliche Ziel des Unterrichts wird erst in der Transferphase sichtbar, jener Phase, die in sehr vielen der von mir beobachteten Stunden mit entsprechender methodischer Ausrichtung entweder ganz fehlte oder aber mit selbständiger Verwendung der neuen Sprache in einer Situation nur wenig zu tun hatte.

Das andere Extrem läßt sich weniger in der unterrichtlichen Praxis allgemeinbildender Schulen als vielmehr in Teilen der fremdsprachendidaktischen Literatur beobachten: *Don't interfere with language learning!* Steuerung hat sich nach dieser Auffassung darauf zu beschränken, die Lernenden mit für sie verständlicher Sprache zu konfrontieren und das Weitere ihren vorhandenen Sprachlernfähigkeiten zu überlassen. Lernvorgänge im Unterricht sollen einen 'natürlichen Spracherwerb' ermöglichen, die Lernenden nicht einengen. Fehler werden dabei als ganz normale und für den Lernfortschritt sogar nützliche Erscheinungen gesehen. Um diese Auffassung anders und etwas pauschalisierend zu formulieren: Das Ziel des Fremdsprachenunterrichts soll auch der Weg sein (vgl. Widdowson 1990:44ff.).

Die Anhänger beider Extreme befinden sich gegenwärtig deutlich in der Minderheit, während die Mehrheit der Praktiker wie auch der Theoretiker eher vermittelnde Positionen einnimmt. Man hat erkannt, daß Steuerung schon wegen des immer noch lückenhaften Wissens über die beim Erlernen einer Fremdsprache ablaufenden Aneignungsprozesse ihre Grenzen hat. Man hat weiterhin erkannt, daß Fremdsprachenlernen im Unterricht trotz aller Steuerungsmaßnahmen ein individueller und aktiver Vorgang ist. Man hat damit auch erkannt, daß es *die* beste Methode der Fremdsprachenvermittlung aller Wahrscheinlichkeit nach nicht gibt, daß extreme Gängelung der Lernenden diese ebensowenig zum Lernziel Kommunikationsfähigkeit führen kann wie die bloße Konfrontation mit verständlicher Sprache und daß schließlich der Unterricht sich nicht nur in der Vermittlung von Kenntnissen und Fertigkeiten erschöpfen kann, sondern darüber hinaus sein ganz besonderes Augenmerk auf die Förderung geeigneter Lern- und Verarbeitungsstrategien und ihre zunehmend selbständige Anwendung durch die Lernenden richten muß. Um auch diese Positionen in einem Satz zusammenzufassen: Weder Steuerung noch Offenheit allein fördern das Erlernen einer Fremdsprache optimal, sondern Steuerung *und* Offenheit am richtigen Platz und im richtigen Verhältnis zueinander.

Entscheidungen über Ort und Verhältnis von Steuerung und Offenheit spiegeln grundsätzliche Auffassungen vom Erlernen einer Fremdsprache wider und betreffen in der Praxis das Gesamt des Unterrichts. Die Richtigkeit dieser Entscheidungen ist eine grundlegende Voraussetzung für das Gelingen dieses Unterrichts. Eine Theorie des Fremdsprachenlernens und -lehrens im Unterricht muß den Dimensionen Steuerung und Offenheit daher einen zentralen Platz einräumen. Sie muß Aussagen machen über Ort und Verteilung dieser Dimensionen im Hinblick sowohl auf die Prozesse wie auch auf das Produkt des Unterrichts.

2. Probleme der systematischen Erforschung von Steuerung und Offenheit im Fremdsprachenunterricht

Der Versuch, diese Aussagen auf eine empirische Grundlage zu stellen, sieht sich mit erheblichen Problemen konfrontiert. Ein Grund hierfür ist die bekannte Tatsache, daß Unterricht ein höchst komplexes System von Variablen ist, daß diese Variablen oft direkter Beobachtung gar nicht zugänglich sind, daher bisher auch nicht vollständig erfaßt und in ihren systematischen Zusammenhängen beschrieben werden konnten und daß infolgedessen die Änderung einer oder eines Teils dieser Variablen – etwa durch einen Steuerungseingriff – sehr häufig zu Veränderungen führen, die wiederum nur unzureichend durchschaut werden können. Hinzu kommt, daß gewöhnlich mehrere Steuerungsebenen gleichzeitig das Geschehen bestimmen: Steuerung durch Auswahl und Anordnung des sprachlichen Materials, Steuerung durch das Lehrwerk, seine Texte und Übungen, Steuerung durch den Lehrer, seine stoffbezogene methodische Vorgehensweise, seine Regelung der Beziehungen in der Lerngruppe etc. Die Wirksamkeit von Steuerung hängt außerdem nicht nur von ihrer bloßen Quantität, sondern ganz erheblich auch von ihrer Qualität ab. Dabei ist fraglich, ob man Qualität lediglich aufgrund abstrakter Maßstäbe oder aber in Bezug auf konkrete Lernende/Lerngruppen und ihre Eigenschaften beurteilen kann und sollte.

Es ist vor allem die Komplexität und Vielschichtigkeit des Unterrichtsgeschehens, die allgemeine Aussagen über Ursache-Folge-Beziehungen in der konkreten Praxis immer wieder Lügen straft. Zu bedenken ist weiterhin, daß Steuerung und Offenheit ja nicht einfach, wie es die Leitfragen nahezulegen scheinen, als Gegensatzpaar betrachtet werden können, sondern Endpunkte eines Kontinuums darstellen, das von direkter und keinerlei Spielraum lassender Lenkung z.B. durch enge, kleinschrittige Arbeitsanweisungen über zunehmend weitere, den Lernenden Entscheidungsspielraum zugestehende Maßnahmen bis hin zu offenen Verfahren reicht, die ihnen Entscheidungen über die Art und Weise ihrer Beschäftigung mit der fremden Sprache weitgehend selbst überlassen, wobei der Lehrer nur noch als eine Art Berater fungiert. Da Unterricht darüber hinaus in der Regel eine geplante Veranstaltung ist, wäre es vielleicht überhaupt korrekter, Offenheit als einen besonderen Teil der Steuerung zu betrachten (vgl. hierzu z.B. Nunans Ausführungen über 'real-world and pedagogic tasks' 1989:40ff.).

Damit würde auch deutlicher ins Bewußtsein gerufen, daß beide vor allem im Unterricht mit Anfängern in steter Wechselbeziehung zueinander stehen müssen und die Grenzen zwischen ihnen fließend sind. Deutlicher würde auch die Dringlichkeit einer systematischen Behandlung der Frage, ob und wie es in Unterrichtseinheiten und Gesamtkurs gelingen kann, das sprachliche Handeln von Lernenden zunehmend von steuernden Maßnahmen unabhängig zu machen.

3. Konsequenzen für die empirische Erforschung der Dimensionen Steuerung und Offenheit im Fremdsprachenunterricht

Forschungsvorhaben, die der geschilderten Komplexität gerecht werden und in ihren Ergebnissen für die Praxis relevant sein wollen, müssen m.E. bei dieser Praxis selbst ansetzen, d.h. durch Beobachtung und andere Verfahren systematische Zusammenhänge unterrichtlichen Geschehens aufzudecken versuchen (s. z.B. die Untersuchungen von Spada, 1990). Sie sollten dabei sowohl prozeß- als auch produktorientiert vorgehen. Beim gegenwärtigen Stand des Wissens sind solche Untersuchungen am erfolgversprechendsten, die sich nicht grundsätzlichen Fragestellungen (z.B. ob der Unterricht sich generell an der Gesetzmäßigkeit einer 'natürlichen Erwerbssequenz' orientieren sollte oder nicht), sondern klar definierten Problembereichen (z.B. der ein bestimmtes Übungsgeschehen steuernden Aufgabenstellung durch den Lehrer) zuwenden, ohne das Ganze aus den Augen zu verlieren. Sicherlich können diese Untersuchungen zunächst nur zu Teilhypothesen eingeschränkter Verallgemeinerungsfähigkeit führen, die gerade deshalb aber auch den Vorteil haben, konkret genug zu sein, um durch den einzelnen Lehrer vor Ort auf ihre Stichhaltigkeit für seinen eigenen Unterricht mit einer ganz bestimmten Lerngruppe hin überprüft werden zu können.

Wenn eben von 'Beobachtung und anderen Verfahren' die Rede war, dann ist damit gemeint, daß im Zentrum des Vorgehens die Beobachtung und Analyse von Unterricht stehen sollte. Angesichts der vielfältigen im Unterricht wirksamen, aber nicht beobachtbaren Variablen sind zusätzlich Untersuchungsinstrumente heranzuziehen, die z.B. Entscheidungsprozesse des Lehrers, Reaktionen von Lernenden mit ihren jeweils individuellen Voraussetzungen und die Qualität der Lernergebnisse zugänglich machen. Gelingt es darüber hinaus, die Lehrer nicht nur als Beobachtete und Befragte in eine Untersuchung einzubeziehen, sondern als forschende Subjekte, dann sind auch quasi-experimentelle Verfahren denkbar, die die Wirkung gezielter Veränderungen einzelner Vorgehensweisen überprüfen können. Überhaupt ermöglicht z.B. ja erst der Einbezug der Lehrer im konkreten Fall eine sichere Beantwortung der Frage, ob beobachtete Offenheit mehr und etwas qualitativ anderes ist, als das bloße, eher zufällige Fehlen sichtbarer Steuerung.

Entsprechende Untersuchungen wurden im Rahmen der wissenschaftlichen Begleitung des Projekts 'Sprachbrücke'[1] kürzlich in Angriff genommen. Zwar befinden sich diese Untersuchungen noch im Anfangsstadium, sie bestätigen aber bereits nach der Beobachtung und vorläufigen Auswertung nur weniger Stunden die bekannte hohe Komplexität dessen, was mit Steuerung gemeint ist. Steuerung im Unterricht umfaßt nicht nur Fragen und Anweisungen, die Art des Einsatzes von Unterrichtsmaterial, Gestik und Mimik, Routinen, die auf einen Auslöser hin mehr oder weniger automatisch ablaufen, sondern eigentlich die gesamte Präsenz und das gesamte sprachliche und außersprachliche Handeln des Lehrers unter den Bedingungen, die Lerngruppe und Lernumgebung stellen. Schon das Erfassen und Abgrenzen von Steuerungselementen erweist sich daher als schwierig. Schwieriger noch ist die präzise Einschätzung der Auswirkungen, die die einzelnen Elemente auf den Verlauf und insbesondere das Produkt des Unterrichts haben. Möglicherweise werden vor allem diejenigen Sequenzen des Unterrichts Erkenntnisse bringen, in denen Steuerungsmaßnahmen zu unerwünschten Effekten führten.

Schwerer noch als das Konzept Steuerung ist das Konzept Offenheit zu konkretisieren und in seinen Auswirkungen abzuschätzen. Erste Analysen der auf Video mitgeschnittenen Stunden zeigen aber, daß offene Phasen im Anfangsunterricht vor allem mit jüngeren Kindern nur sehr kurz sein können und intensiver und gezielter Vorbereitung bedürfen, um produktiv zu sein.

Verbesserte Beobachtungs- und Analyseinstrumente können die geschilderten Probleme mildern. Eine große Hilfe aber, die eigentlich noch viel

---

[1] 'Sprachbrücke' ist ein Projekt des Goethe-Instituts (Leitung Joachim Lange) zur Vermittlung der deutschen Sprache an Familienangehörige des Personals der amerikanischen Streitkräfte in Deutschland. Die hier angesprochenen Beobachtungen beziehen sich auf den Deutschunterricht im Primarschulbereich.

zu wenig genutzt wird, stellen Gespräche mit den betroffenen Lehrerinnen und Lehrern über die von ihnen gehaltenen Stunden dar, da sie Entscheidungsprozesse und Zielvorstellungen offenbaren, über die man ansonsten nur spekulieren könnte. Eine weitere, nicht zu unterschätzende Hilfe sind Interviews mit den Lernenden, die nicht nur Betroffene z.B. von Steuerungsmaßnahmen, sondern auch sehr genaue Beobachter des unterrichtlichen Geschehens sind.

Wie wichtig es ist, bei Untersuchungen dieser Art sowohl prozeß- als auch produktorientiert vorzugehen, deutet sich nach einer ersten Durchsicht der mitgeschnittenen Stunden an: Sie legt den Verdacht nahe, daß eine optimale Prozeßgestaltung (optimal hier im Sinne einer beobachtbaren hohen Lerneraktivierung) nicht unbedingt mit einem optimalen Produkt (im Sinne des Zuwachses an Fähigkeit zum selbständigen Sprachgebrauch durch die Lernenden) einhergehen muß.

Literaturverzeichnis

Nunan, D. (1989). *Designing Tasks for the Communicative Classroom.* Cambridge.

Spada, N.M. (1990). Observing classroom behaviors and learning outcomes in different language programs. In Richards, J.C. & Nunan, D. (1990). *Second Language Teacher Education.* Cambridge, 293-310.

Widdowson, H.G. (1990). *Aspects of Language Teaching.* Oxford.

K.-Richard Bausch/Herbert Christ/Hans-Jürgen Krumm (Hrsg.). (1993). *Fremdsprachenlehr- und -lernprozesse im Spannungsfeld von Steuerung und Offenheit. Arbeitspapiere der 13. Frühjahrskonferenz zur Erforschung des Fremdsprachenunterrichts.* Bochum, S. 161-168.

Johannes-Peter Timm

Freiräume organisieren für handelndes Lernen. Schulisches Fremdsprachenlernen und -lehren im Spannungsfeld von Steuerung und Offenheit

Schon in meinem Arbeitspapier für die 9. Frühjahrskonferenz habe ich die institutionellen Bedingungen des Fremdsprachenunterrichts auf dem Hintergrund des Spannungsfeldes von Handlungsorientierung und didaktischer Steuerung interpretiert (Timm 1989; vgl. auch Timm 1991a). Wiederholungen sind im folgenden Beitrag also unvermeidlich. Vor vier Jahren fragte ich, ob die Kompensation für die gegenüber dem 'natürlichen' (mutter- oder zweitsprachlichen) Sprachenlernen reduzierten Bedingungen des Fremdsprachenlernens wirklich in einer immer stärkeren institutionellen Steuerung der Lehr- bzw. Lernprozesse und damit in einer noch weiteren Entfernung von der 'natürlichen' Lernsituation liegen müsse: Muß der Teufel der fremdsprachlichen Bedingungsfaktoren mit dem Beelzebub der didaktischen Steuerung ausgetrieben werden – oder sind nicht vielleicht differenziertere Lösungsansätze möglich? In dem vorliegenden Arbeitspapier wird 'Steuerung' in ein positives, fruchtbares Spannungsverhältnis zu 'Offenheit' gebracht. Dabei spielt der einzelne Lehrer als 'caretaker' der Schüler die entscheidende Rolle.

1. Die Dimensionen 'Offenheit' und 'Steuerung' in der Theorie des Fremdsprachenlehrens und -lernens

Sprachen – Fremdsprachen ebenso wie Mutter- bzw. Zweitsprachen – werden in einem aktiven, konstruktiven und in vielen Punkten selbstregulativen Prozeß der kognitiven Aneignung gelernt. Beim natürlichen Spracherwerb des Kleinkindes haben wir es dabei mit einem weitgehend intuitiven, ganz eng mit dem individuellen Sozialisationsprozeß verwobenen und damit von den Einbettungssituationen her weitgehend 'offenen' Lernprozeß zu tun. (Bleyhl, in diesem Band, geht ausführlich auf wesentliche Aspekte dieses kreativ-konstruktiven Prozesses ein.) Von Anfang an lernt das Kind seine Sprache in einer ständigen Auseinandersetzung mit seiner Umwelt. Dabei spielt das Zusammenwirken von vertrauten Interaktionsmustern (Handlungs- und Äußerungsmuster) mit der Mutter und anderen 'caretakers' eine besondere Vermittlerrolle. So ermöglicht das wachsende Verständnis von situativen Gegebenheiten das wachsende Verständnis der sie begleitenden sprachlichen Äußerungen. Spracherwerb ist also ein integrierender Teil des 'Welterwerbs', des Erwerbs einer sozialen Kompetenz im weitesten Sinne. Der Fremdsprachenunterricht, zumindest in der Bundesrepublik, ist demgegenüber in (mindestens) zweifacher Hinsicht von vornherein belastet. Zum einen sind die Schüler beim Beginn des Unterrichts in der jeweiligen Fremdsprache nach Alter, Reife- und Sozialisationsgrad sowie kognitivem und muttersprachlichem Entwicklungsstand schon weit fortgeschritten. Dementsprechend bringen sie in den Unterricht ganz spezifische Voraussetzungen, Wünsche und Erwartungen ein (vgl. Bausch, in diesem Band, Abschnitt 1.1). Fremdsprachenlernen kann den Erstsprachenerwerb also nicht wiederholen. Höchstens beim Zweitsprachenerwerb, d.h. im Rahmen eines *neuen* Sozialisationsprozesses unter den Bedingungen des Lebens im fremden Land selbst, kann dies näherungsweise geschehen. Dies ist hier jedoch nicht der Fall. Vielmehr findet Fremdsprachenlernen im eigenen Land statt, in einem künstlichen Sprachkontext, in der selten als 'Lebenswelt' akzeptierten Umgebung der Schule, mit institutionell aufgezwungenen und fast immer fremd bleibenden 'Bezugspersonen'. So ist das schulische Umfeld des Fremdsprachenlernens schon vom Ansatz her künstlich und damit reduziert. Es stellt keine 'natürliche' Lebens- und Lernumwelt dar. 'Leben' und 'Lernen' sind getrennt, sprachliche Regularitäten werden nicht als soziale Regularitäten erfahren. Zu diesen 'internen' kommen 'externe', institutionell begründete Bedingungsfaktoren hinzu, die sich in einem Komplex von politisch-administrativen, organisatorischen, pädagogischen und didaktischen Norm- und Zielsetzungen des Unterrichts sowie entsprechenden methodischen Entscheidungszwängen niederschlagen (vgl. Bausch et al. 1985 und 1989). Ich wiederhole (leicht verändert) die institutionellen Vorgaben, die sich in der Praxis des staatlich geregelten Fremdsprachenunterrichts am meisten auswirken (wobei unterschiedliche Lehrer mit diesen Vorgaben durchaus unterschiedlich umgehen):

(1) die (geringe) Anzahl der zur Verfügung gestellten Lernjahre;

(2) die (geringe) Anzahl und Zerrissenheit der Wochenstunden;

(3) Schul- und Unterrichtsordnungen sowie andere administrative Erlasse;
(4) Richtlinien und Lehrplanvorgaben bezüglich der Ziele, Inhalte und Methoden des Unterrichts sowie, in Verbindung damit, Prüfungsordnungen für den jeweiligen Schulabschluß;
(5) die Größe und (administrativ geregelte) Zusammensetzung der Klasse als Lerngruppe;
(6) das Selbstverständnis des staatlich geprüften und beamteten Lehrers als 'Administrator' des institutionell geregelten Unterrichts;
(7) das jeweils eingeführte, richtlinienkonforme Lehrwerk (einschließlich Medien), an das sich die Lehrer aus einem Gefühl der Überlastung und der methodischen Verunsicherung heraus meist sehr eng halten;
(8) die schulische, zum Zweck des Sprachlehrens/Sprachlernens durchorganisierte Lernumgebung im Umfeld und auf dem Hintergrund der Muttersprache;
(9) in der Lehreraus- und -fortbildung vermittelte, aus eigener Erfahrung (oder nach dem Prinzip der 'self-fulfilling prophecy') bestätigte sowie in Richtlinien und Lehrplänen meist vorgegebene fremdsprachendidaktische Prinzipien und 'standardisierte' Verfahren wie Strukturenprogression, Isolierung von Schwierigkeiten, strikte Einhaltung von (fremdsprachlicher) Einsprachigkeit, Steuerung von Unterrichtsprozessen durch die Wahl bestimmter Texte und Themen, Methoden, Übungstypen, Aufgaben, Interventionen, Stimuli usw., Arrangements von fiktiver Kommunikation in 'Einbettungssituationen', Bewußtmachung sprachlicher Strukturzusammenhänge, Korrektur von Fehlern, Beurteilung und Benotung schulischer Leistungen nach bestimmten Kriterien und Normen usw.

In dem künstlichen Lernumfeld, das die Institution 'Schule' als Kompensation für die fehlende 'Natürlichkeit' der Lernumwelt arrangiert, stellt der Gebrauch der Fremdsprache einen Fremdkörper dar. Die Schüler haben kaum Gelegenheit, sich im Rahmen 'offener', d.h. spontaner Sprachkontakte zu äußern, die die Verfolgung aktueller Interessen und Absichten im Zuge der Lebensbewältigung zum Ziel haben. Der schulische Gebrauch der Fremdsprache ist lediglich Mittel zum Zweck: er dient nur ihrer eigenen Erlernung. Aus dem Sozialisationsprozeß ist ein vom Leben außerhalb der Schule weitgehend losgelöster Bildungsprozeß geworden, in dem Sprache nicht als 'Sprache', sondern als Wissensstoff gelernt wird. Während der Begriff der 'Steuerung' also wohldefiniert erscheint, ist 'Offenheit' nicht eindeutig festzulegen. Im Kontext dieser Arbeit verwende ich den Begriff jedenfalls nicht im Sinne der 'Offenen Schule' oder des 'Offenen Curriculums' und höchstens peripher im Sinne des humanistisch geprägten 'Offenen Unterrichts', sondern, wie die bisherigen Verwendungen wohl deutlich machen, sehr viel enger. Für mich besteht *Offenheit* als Prinzip des Fremdsprachenunterrichts zunächst einmal in der *Förderung 'offener', d.h. spontaner Kommunikationsprozesse* und dementsprechender Lernprozesse im Sinne eines 'handelnden Fremdsprachenunterrichts' (Timm 1992), in einem weiteren Sinne, auf der Handlungs- bzw. Methodenebene, dann natürlich in der mehr oder weniger ausgeprägten *Abwesenheit von Steuerung*, in einem Offenhalten von Vermittlungskonzepten (vgl. Bausch), in einem Offenlassen des Unterrichts für spontane Prozesse der Selbsterkundung, Selbsterfahrung und Selbstorganisation von Lernprozessen (vgl. u.a. Blei, Bleyhl, Krumm, Meißner und Rück, alle in diesem Band). Dies schließt eine in diese Richtung zielende Unterrichtsplanung natürlich nicht aus – im Gegenteil: Offenheit ist in der Schulsituation ja nicht von vornherein gegeben, sie muß vielmehr geplant und konsequent angestrebt werden. 'Offenheit' und 'didaktische Steuerung' stellen für mich damit keine einander ausschließenden Gegensätze dar. Sie stehen vielmehr in einem fruchtbaren dialektischen Verhältnis zueinander (vgl. vor allem Bredella und Christ, beide in diesem Band). An dieser Stelle müssen heutige fremdsprachendidaktische Überlegungen einsetzen. Der Unterricht darf dem selbstregulativen Lernen nicht entgegenwirken, er muß es so gut es geht fördern und sogar initiieren. Erfolgreiches Fremdsprachenlernen setzt nun einmal – von der Zweckbestimmung von 'Sprache' und damit den kognitiven Bedingungen ihrer Erlernung her – einen Unterricht voraus, der spontanen und damit 'offenen' Äußerungen so breiten Raum wie möglich eröffnet. Hierzu muß der Lehrer als 'caretaker' den Schülern zumindest ansatzweise ermöglichen, auch ihre Schul- und Klassensituation so oft wie möglich als 'offene', nicht in allem institutionell festgelegte Lebenswelt zu sehen, sie durch das Medium der fremden Sprache neu zu erfahren und mit ihrer Hilfe – quasi als Zweitsprache – entsprechende (relativ) spontane funktionale und soziale Bedürfnisse zu befriedigen. Gerade weil er von seiner Ausbildung und seinem Beamtenstatus her selbst Teil der Institution ist, muß er sein Rollenverständnis und damit seine Rollen- und Entscheidungszwänge reflektieren. Mit anderen Worten: Er selbst ist es, der in erster Linie 'offen' bleiben und seine pädagogischen Freiräume wahrnehmen und nutzen muß. Diese sind, bei allen institutionellen Vorgaben, durchaus gegeben. So räumt zum Beispiel das badenwürttembergische Schulgesetz (§38,2) dem Lehrer selbst eine ganz zentrale Entscheidungsfreiheit ein, die auch von einem Urteil des Verfassungsgerichts betont wird:

"Festlegungen müssen immer daraufhin überprüft werden, ob sie der pädagogischen Freiheit genügend Raum lassen, ob dem Lehrer im Unterricht noch der Spielraum verbleibt, den er braucht, um seiner pädagogischen Verantwortung gerecht werden zu können" (BVerfG 47/83) (zit. nach Redaktion Schulintern 1984:2).

Mit dieser Legitimation, die ihnen im allgemeinen viel zu wenig bewußt ist, müssen die Lehrer die institutionellen Bedingungsfaktoren noch radikaler zu neutralisieren versuchen, als es bisherige Konzepte des handlungsorientierten Unterrichts vorsehen. Alle scheinbar selbstverständlichen Konzepte der traditionellen Bildungsinstitutionen (vgl. oben) müssen dabei neu überdacht werden. Vor allem muß der Lehrer, über die Befolgung methodischer (auch 'handlungsorientierter') Prinzipien hinaus, seiner Individualität und der der Schüler entscheidenden Raum geben *und*, darüber hinaus, das Unterrichtsgeschehen als 'soziales System' (vgl. Bleyhl, in diesem Band) verstehen. Nur so können – wenigstens punktuell – Klasse und Schule 'Lebenswelt', Lehrer und Schüler 'Handlungspartner' (nicht *teacher* und *teachee*) und die Fremdsprache 'Zweitsprache' werden.

2. Zur Untersuchung 'offener' Lehr- und Lernprozesse im Fremdsprachenunterricht

In bezug auf die Untersuchung von Lehr- und Lernprozessen hat die Forschungsmethodologie in den letzten Jahren sicher Fortschritte gemacht. Dabei hat sich nicht nur der Paradigmenwechsel von einer mehr produktorientierten zu einer mehr prozeßorientierten Forschung positiv ausgewirkt; auch die alte Dichotomie *qualitativ* vs. *quantitativ* hat sich längst als wenig hilfreich erwiesen (vgl. z.B. Grotjahn 1989; Henrici 1990; Grotjahn im Druck). Für die Untersuchung 'offener' Lernprozesse ergeben sich jedoch ganz spezifische Probleme, handelt es sich doch immer nur um vielfältig miteinander interagierende 'Grade' von relativer Offenheit bzw. Steuerung auf den verschiedensten Ebenen. Wie könnte man da Einzelfaktoren klar bestimmen? Versucht man dies aber dennoch, löst man also Einzelpunkte heraus – zum Beispiel steuernde Faktoren wie die oben unter 1-9 genannten institutionellen Vorgaben oder, noch schwieriger, Faktoren eines eher 'offenen' Unterrichts – dann geht der Zusammenhang mit den anderen Faktoren des jeweiligen Gesamtkomplexes verloren und die Validität der Untersuchung wird drastisch eingeschränkt. Ganz abgesehen davon sind auch in bezug auf Einzelpunkte kaum wissenschaftliche Experimente mit Beobachtung, Datensammlung und Beschreibung unter exakt kontrollierter Variation der Testbedingungen möglich, weil die Personen- bzw. Interaktionsvariable praktisch nicht zu kontrollieren ist. Alle Versuche, dies doch zu tun, sind von vornherein zum Scheitern verurteilt. Gerade im Hinblick auf die oben festgestellten Rollen des einzelnen Lehrers, der jeweils spezifische Methodenkonzepte verfolgt, und des Schülers, der als kreativ (und autonom) handelndes Individuum zu sehen ist, ist deshalb vor allem der Rückgriff auf die Empirik, die (reflektierte) individuelle Erfahrung beider notwendig. Diese kann allenfalls durch theoriegeleitete Forschungen mit relativ 'offenen' explorativ-interpretativen Methoden (vgl. Grotjahn 1989) ergänzt werden: in erster Linie Beobachtungs- bzw. Teilnahmeprotokolle und audio-visuelle Dokumentationen von konkretem Unterricht (unter Angabe und Berücksichtigung der wesentlichen institutionellen Rahmenbedingungen), daneben Protokoll-Notizen von Lehrern und Schülern (Lehr- bzw. Lerntagebücher, welche über die sujektive Einschätzung des Unterrichts Auskunft geben können; vgl. Krumm, in diesem Band) sowie gelenkte Interviews mit Lehrern und Schülern. Darüber hinaus könnte auch ein verstärkter Erfahrungsaustausch praktizierender Lehrer und Ausbilder auf Fortbildungsveranstaltungen (mit reflektierten Berichten in Fachzeitschriften) über den engen Horizont des Einzelfalls hinausreichen und gewisse Verallgemeinerungen erlauben, auch wenn solche Erfahrungen im allgemeinen nicht theoriegeleitet sind. (Zur Rolle des einzelnen Lehrers in diesem Prozeß der empirisch begründeten Wissensakkumulation vgl. auch Timm 1986:164)

3. Konsequenzen von Forschungsergebnissen für die Praxis des Fremdsprachenunterrichts

Forschungsergebnisse lassen sich heutzutage (nach der Aussage vieler Lehrer und wohl aller Verleger von didaktisch-methodischen Handbüchern) kaum noch über Publikationen in die Schulen bringen. Insofern sehe ich praktische Konsequenzen empirischer Befunde eigentlich nur auf der Praxisebene selbst, durch die persönliche Vermittlung: einmal in der – möglichst einphasigen, auf jeden Fall Theorie und Praxis integrierenden – Ausbildung der zukünftigen Lehrer, zum anderen im Erfahrungsaustausch bei Fortbildungsveranstaltungen (vgl. auch Blei, in diesem Band). Dominierendes Prinzip muß in beiden Fällen die ganz enge – und dabei stetig, wie auf einem Möbius-Band, die Perspektive wechselnde – Verbindung von 'content' und 'process' sein ('loop input', vgl. Woodward 1991:13-16). Woodward veranschaulicht dieses Prinzip anhand von *Loop*-Äußerungen wie " 'I'm not shouting!', bellowed the man next door" (ebd.:133), was mir die 'Rules for good writing' in Erinnerung ruft, die vor einigen Jahren in hektographierter Form kursierten und die auf demselben Prinzip beruhen: *Don't abbrev.; Don't use no double negatives* usw. (Für konkrete Vorschläge für die Umsetzung dieses Prinzips vgl. Edelhoff 1989 und Timm 1991[b] sowie vor allem das ganz hervorragende Buch von Woodward 1991.).

Literaturverzeichnis

Bausch, K.-R., Christ, H., Hüllen, W. & Krumm, H.-J. (Hrsg.). (1985). *Forschungsgegenstand Richtlinien. Arbeitspapiere der 5. Frühjahrskonferenz zur Erforschung des Fremdsprachenunterrichts.* Tübingen.

Bausch, K.-R., Christ, H., Hüllen, W. & Krumm, H.-J. (Hrsg.). (1989). *Der Fremdsprachenunterricht und seine institutionellen Bedingungen. Arbeitspapiere der 9. Frühjahrskonferenz zur Erforschung des Fremdsprachenunterrichts.* Tübingen.

Edelhoff, C. (1989). Lehrerfortbildung: Wege zur Handlungskompetenz des Lehrers. In Bach, G. & Timm, J.P. (1989). *Englischunterricht.* Tübingen, 229-244.

Grotjahn, R. (1989). Empirische Forschungsmethoden: Überblick. In Bausch, K.-R. et al. (Hrsg.). (1989). *Handbuch Fremdsprachenunterricht.* Tübingen, 383-387.

Grotjahn, R. (im Druck). Qualitative vs. quantitative Fremdsprachenforschung: Eine klärungsbedürftige und unfruchtbare Dichotomie. In Timm, J.-P. & Vollmer, H. J. (Hrsg.). (im Druck). *Kontroversen in der Fremdsprachenforschung.* Bochum.

Henrici, G. (1990). 'L2 Classroom Research': Die Erforschung des gesteuerten Fremdsprachenerwerbs. *Zeitschrift für Fremdsprachenforschung.*

1, 21-61.
Legutke, M. (1988). *Lebendiger Englischunterricht. Kommunikative Aufgaben und Projekte für schüleraktiven Fremdsprachenunterricht.* Bochum.
Redaktion Schulintern (1984). Der pädagogische Freiraum des Lehrers. In *Schulintern – Informationen für Lehrer in Baden-Württemberg*, 1-3.
Timm, J.-P. (1986). Interdependenzen in der Unterrichtsforschung. In Bausch, K.-R. et al. (Hrsg.). (1986). *Lehrperspektive, Methodik und Methoden. Arbeitspapiere der 6. Frühjahrskonferenz zur Erforschung des Fremdsprachenunterrichts.* Tübingen, 159-169.
Timm, J.-P. (1989). Das institutionelle Lernumfeld 'Schule': Teufel oder Beelzebub eines handlungsorientierten Fremdsprachenunterrichts? In Bausch, K.-R. et al. (1989), 122-127.
Timm, J.-P. (1991^a). Englischunterricht zwischen Handlungsorientierung und didaktischer Steuerung. *Die Neueren Sprachen, 90*, 46-65 und 559-563.
Timm, J.-P. (1991^b). Handlungsorientierte Lehrerbildung für einen handlungsorientierten Fremdsprachenunterricht. *Praxis des neusprachlichen Unterrichts, 38*, 123-128.
Timm, J.-P. (1992). Wie effizient ist handelndes Lernen im Fremdsprachenunterricht. *Fremdsprachenunterricht, 45*, 373-378.
Woodward, T. (1991). *Models and Metaphors in Language Teacher Training. Loop input and other strategies.* Cambridge.

Helmut Johannes Vollmer

Steuerung des Selbstlernens: Ein Widerspruch in sich?

1. Steuerung

1.1 Gesteuert wird immer und überall – mehr oder weniger bewußt

Zunächst einmal ist davon auszugehen, daß der Fremdsprachenunterricht einer vielfältigen Steuerung von außen und innen unterliegt, ob diese nun bewußt oder unbewußt erfolgt, gewollt ist oder nicht (meistens jedoch das erstere). Dazu gehören etwa die Steuerung durch politische Meinungsbildung in der Öffenlichkeit bis hin zu den Bewilligungen von Finanzen und der Fixierung von Arbeitszeit durch die Aushandlungen der Tarifpartner. Dazu gehören aber ebenso alle Aspekte der Institutionalisierung von Lernen in unserer Gesellschaft, die konkreten schulorganisatorischen Rahmenbedingungen, staatliche Vorgaben wie Rahmenrichtlinien, Stundentafeln und Ausstattung der Schulen mit Lehrpersonal, Räumlichkeiten, Mobiliar, Medien, Verwaltungspersonal usw. Sodann gehören zu den Steuerungsfaktoren natürlich das Lehrbuch und sonstige von Lehrern ausgewählte Zusatzmaterialien (einschließlich Schülerbibliothek, Videothek u.ä.), die Lehrerpersönlichkeit selbst (einschließlich ihrer Ausbildung und speziellen Qualifikationen, Interessen, Stärken und Schwächen, Vorlieben, Selbstverständnisse usw.). Schließlich wird der Fremdsprachenunterricht natürlich ebenso durch die Schülerseite mitgesteuert, z.B. durch die Größe und Zusammensetzung einer Klasse, die einzelnen Schülerperönlichkeiten, auch in ihrem Gruppenzusammenspiel, bis hin zu den Wahrnehmungen, den wie immer vermittelten Einstellungen und Präferenzen der Schüler in bezug auf Fächer, inhaltliche Angebote, Lernstoffe, Lehrerverhalten, Länder, Sprachen usw.

All diese Faktoren beeinflussen, wie wir durch Untersuchungen in den USA, aber auch in der BRD wissen, den Ablauf des Unterrichtsgeschehens und damit die von den Schülern durchlaufenen Lernprozesse sowie die von ihnen erbrachten (meßbaren) Leistungen. Sie sind insofern als Steuerungsfaktoren zu werten, als sie fast alle von außen veränderbar wären, sie insofern wohl gewollt sind, zumindest aber in Kauf genommen werden.

Von all diesen offensichtlichen Steuerungsfaktoren soll im folgenden aber gar nicht die Rede sein; vielmehr werden diese als bekannt und wirksam vorausgesetzt. Für unseren weiteren Argumentationsgang ist folgendes summarisch festzuhalten:

1. FU als staatlich inszenierte und hochgradig institutionalisierte Veranstaltung unterliegt immer einer Fülle von Steuerungen. (In diesem Sinne sprechen wir von *gesteuertem* Fremdsprachenunterricht im Gegensatz zum *natürlichen* L2-Erwerb.)
2. Diese Steuerungen müssen sich öffentlich legitimieren durch ihre positive Wirkung, durch den quantitativen wie qualitativen Output, zumindest aber durch die Nichtbehinderung von erfolgreichem Lernen.
3. Wenn sich bestimmte Steuerungsgrößen oder -instrumente als beeinträchtigend oder gar als hinderlich für die Entfaltung eines gelingenden Lehr-/Lernprozesses erweisen, sollten sie überprüft, verändert oder gar abgeschafft werden.
4. Eine solche (System)Rationalität ist jedoch weder dem Fremdsprachenunterricht in der BRD noch der Schule als Institution noch der Gesellschaft als Ganzes zu unterstellen.

1.2 Steuerung als (Über)Betonung der Lehrerrolle

Ich wage die Behauptung: Die Vorstellung von der weitgehenden Steuerbarkeit des fremdsprachlichen Lehr- und Lernprozesses herrscht noch allenthalben in unseren Köpfen und in unserer didaktischen Forschung vor; sonst würden wir uns nicht in so geläufigen Bahnen und Organisationsformen bewegen wie denen einer quantifizierenden Standarduntersuchung, von relativ akademischen Veröffentlichungen oder von emphatisch durchgeführten Arbeitstreffen, Kongressen oder gar Lehrerfortbildungstagungen: ihnen allen ist gemeinsam, daß wir auf die Rationalität und Bedeutsamkeit unserer eigenen Erkenntnisse, natürlich im Diskurs mit der eigenen wissenschaftlichen *community*, setzen. Und erst recht setzen wir auf die Rezeption und Durchsetzungskraft unserer Befunde oder 'Empfehlungen', die hoffentlich nicht nur gelesen, sondern auch verarbeitet, im kognitiven System der Klientel fest verankert und schließlich bis in die einzelnen Lehrerhandlungen hinein umgesetzt werden. Mit diesem professionalisierten Habitus hoffen wir unsererseits steuernd auf die Realität des Fremdsprachenunterrichts Einfluß zu nehmen. Doch ist das so?

Bei aller Anerkennung der Faktorenkomplexion, denen der FU zweifelsohne unterliegt, kann man daraus jedoch nicht schließen, daß eine Erhellung und Bewußtmachung eben dieser Komplexion in gezielter Weise bereits zu rationaleren und für den Lernprozeß der Schüler effektiveren Handlungen auf Seiten des Lehrers führt. Eine solche Annahme ist inzwischen gründlich von dem Wissen um die Beharrlichkeit und die Durchschlagskraft von heimlichen Lehrplänen, von ungebrochenen Alltagstheorien, von einmal erlernten Handlungsmustern, gestützt und begleitet von subjektiven Theorien, in Frage gestellt, wenn nicht sogar widerlegt worden (vgl. Grotjahn 1991 sowie insgesamt Timm/Vollmer 1993[c]).

Meines Erachtens liegt der extremste Ausdruck einer als völlig überhöht eingeschätzten Steuerungsmöglichkeit des Fremdsprachenunterricht in der ernsthaft gemeinten Verwendung des Begriffs 'Optimierung". Dieser Begriff und das damit einhergehende Denken entstammen einer Vorstellung vom Menschen, von menschlicher Interaktion und vom Lernen, das systemtheoretisch-kybernetisch ebenso wie betriebswirtschaftlich verankert ist; die Modellvorstellung ist die eines rational planbaren, möglichst reibungslosen und effektiven Unterrichtshandelns (im Sinne der Optimierung der Nutzen-Effekt-Relation). Entsprechend werden die dem Lehrer zur Verfügung stehenden Mittel als Steuerungsinstanzen im Sinne variabler Größen gesehen, die nur richtig eingesetzt und 'geschaltet' werden müssen, um zu möglichst optimalen Ergebnissen zu kommen – gemessen an Kriterien wie (schneller) Wissenserwerb, Fehlerlosigkeit oder *near-nativeness*. Doch selbst wenn Optimierung als Herstellung bestmöglicher *Lern*bedingungen für den jeweiligen *Lerner* verstanden wird, bleibt der Fokus doch auf dem Lehrer, seiner Kompetenz und Übermacht als Handelnder, als Manager, als Strukturierer (von Lernprozessen). Dabei hat ein unterrichtsmethodisches Konzept, das wirklich vom Lerner ausgeht, gerade nicht oder nur sehr bedingt mit Steuerung zu tun.

1.3 Steuerung als Strukturierung des Inputs, als Begleitung von Lern(er)prozessen

Natürlich bedarf es auch bei einem *lernerzentrierten Ansatz von FU* der strukturierten Offerte, der Stufung des Materials und der Abstimmung des Lernangebots an den je einzelnen Schüler, an die jeweilige Lernergruppe oder an die Klasse als Ganze. Ein solcher Ansatz begreift Steuerung aber eben nicht mehr als die notwendige Voraussetzung, ohne die es auf Seiten des Lerners zu keinen (wesentlichen) Lernvorgängen kommt. Vielmehr nimmt sich der Lehrer in seiner allmächtigen Managerrolle zurück (ohne damit an Wichtigkeit zu verlieren) und begreift sich stärker als Anreger, als Anbieter, als Beobachter und Begleiter von Lernprozessen, die allemal nur *im* Lerner *selbst* stattfinden können. Für ihn hat jeder Lerner sozusagen seine eigene Ausstattung, seine eigene Tagesordnung, sein eigenes inneres Programm (engl. *agenda* oder *inner curriculum*).

Obwohl ich dieses Konzept einer relativierten Lehrerrolle für den fremdsprachlichen Lehr-/Lernprozeß im Prinzip teile, ergeben sich doch bei seiner unterrichtlichen Einlösung eine ganze Reihe von Schwierigkeiten, besonders im Kontext unserer Regelschule und jenen Motivationsverzerrungen, die damit einhergehen. Diese (hinlänglich bekannten) Rahmenbedingungen führen leider in der Praxis allzu oft dazu, daß das *interne Curriculum der Schüler* für den einzelnen Lehrer nur sehr schwer (wenn überhaupt) erkennbar ist und insofern eine wesentliche Orientierung im Rahmen des lernerzentrierten Ansatzes fehlt. In der Konsequenz führt das dann häufig zur Rückkehr zu mehr Steuerung im obengenannten Sinne.

Unbeschadet dieser objektiven Schwierigkeit, die oft mit Frustration auf Seiten des (veränderungswilligen) Lehrers verbunden sein mag, bleibt es das eigentliche Ziel der fremdsprachlichen Lehrtätigkeit, für jeden Schüler so etwas wie (eine Vielfalt von) *comprehensible input* zu ermöglichen. Darin erschöpft sich zwar die Lehrerrolle nicht, doch ist dies ihr wesentliches Merkmal. Weitere Momente sind schon angesprochen worden: z.B. den einmal initiierten (Selbst)Lernprozeß der Schüler gezielt beobachten, begleiten, evaluieren und den Betroffenen darüber Rückmeldung geben. Ich kann hier dieses Theorem vom *comprehensible input*, wie es vor allem von Steve Krashen (z.B. 1985, 1993) entwickelt worden ist, und vom $i+n$ als Formel für den jeweiligen Schwierigkeitsgrad des anzubietenden Lernstoffs nicht näher ausführen. Auf jeden Fall läßt sich Zweitsprachenerwerb, auch der Spezialfall Fremdsprachenunterricht damit nicht hinreichend theoretisch fassen; ausgeblendet wird z.B. weitgehend die interaktive Dimension des Lehr-/Lernprozesses sowie die gesellschaftliche Einbindung von Schule als (Sozialchancen zuweisende) Institution. Eine gezielte Kritik hat diese Konzeption auch von Seiten der einschlägigen Vertreter von Immersionsansätzen in Kanada erfahren, auf die ich wegen ihrer prinzipiellen Bedeutung kurz eingehen will.

1.4 Steuerung als Produktion von *comprehensible output*

Im kanadischen Experiment der Immersion, das ja gezielt den Erwerb der Zweitsprache durch die monolinguale Erteilung von Sach-/Fachunterricht in der fremden Sprache anstrebt, zeigte sich u.a., daß die Sprache nicht wie von selbst einfach nebenher mitgelernt wird, sondern daß es verstärkt und im Curriculum fest verankert explizite Sprachlernphasen geben muß, so daß mehr Gewicht auf die Instruktion und Einübung von Form und Korrektheit in der L2 gelegt werden kann; auch müssen im Bereich des Schreibens und im mündlichen Diskurs über anspruchsvolle Sachthemen die Qualifikationen systematisch erweitert werden. Schließlich müssen Maßnahmen zur langfristigen Sicherung der einmal erworbenen Sprachkenntnisse ergriffen werden. Das Problem, das all dem zugrunde liegt, ist eines des Verhältnisses von Bewußtmachung und Regellernen einerseits (auch im fortgeschrittenen Stadium) und der Verwendung der erworbenen Zweitsprache für die Aneignung neuer Sachverhalte, für den diskursiven Austausch über relevante Inhalte mit begrenzter, aber klarer Handlungsperspektive andererseits. Ohne das erstere wird der Lernende nicht genügend in seiner generativen Kontrolle und sprachlichen Planungs- bzw. Ausdrucksfähigkeit bestärkt, ohne das letztere bleibt die formal vorhandene Sprachkompetenz weitgehend dem rezeptiven Verstehen verhaftet, bleibt unproduktiv, leblos, stumpf (vgl. hierzu insgesamt Harley et al. 1990 sowie Vollmer 1992).

Was die mündliche und schriftliche Diskursfähigkeit bei Immersionsschülern anbelangt, so zeigte sich als klares Defizit, daß ihre interaktive Sprachhandlungsfähigkeit nicht genügend ausgeprägt ist. Das war in gewisser Weise auf der Basis eines zu kurz greifenden kommunikativen Ansatzes und der leitenden *Comprehensible-Input*-Hypothese zu erwarten, die zu stark, ja ausschließlich die Struktur von Eingabedaten im Visier hat und sich weniger oder gar nicht um die faktische Performanz der Lerner kümmert. Es dauerte Jahre, bis dieser Schwachpunkt erkannt bzw. eingestanden wurde. So hat Swain (1985) in einem einschlägigen Aufsatz Krashens Erwerbsannahme als zu borniert kritisiert und demgegenüber die Wichtigkeit von *comprehensible output* als einem notwendigen, eigenständigen Mechanismus des Spracherwerbs betont, unabhängig von der Versteh-

und der Verarbeitbarkeit der Eingabedaten. Sprachproduktion ist für Swain nicht nur Ergebnis, sondern ebenso *Ursache* des Grammatikerwerbs. Die Schüler werden hierbei gezwungen, sich von der allgemeinen Ebene der beabsichtigten Mitteilung auf die konkrete Ebene der Grammatik und der mit ihrer Hilfe transportierbaren Bedeutungen und Bedeutungsnuancierungen hinzubewegen, und das in zunehmend präzisierender Weise. Gerade der fortgeschrittene Zweitsprachenlerner wird im zusammenhängenden Diskurs (in satzübergreifenden Äußerungsfolgen also) dazu angehalten, die sprachlichen Mechanismen und das, was sie jeweils leisten, genau zu überprüfen und für seine Zwecke zu optimieren, um sie differenziert und effektiv einzusetzen und sich erfolgreich in die Interaktion einzubringen. Nur so schreitet er von der semantischen zur syntaktischen Analyse und Planung voran, nur so probiert er Hypothesen wirklich aus, nur so kommt er zur Präzisierung des Gemeinten. Hier hilft letzten Endes auch keine falsche Nachsicht aufgrund mißverstandener kommunikativer Orientierung durch den Interaktionspartner oder Lehrer.

Entsprechend ist dies denn auch einer der weiteren wesentlichen Verbesserungsvorschläge für den zukünftigen Immersionsunterricht (Schaffung von mehr Diskursanlässen im mündlichen und schriftlichen Bereich) und einer der Forschungsschwerpunkte für die 90er Jahre (vgl. Lapkin/Swain 1989). Diese Erkenntnis wird allemal bei der Planung von 'offenerem' Fremdsprachenunterricht auch bei uns zu berücksichtigen sein.

2. Offenheit

Der Gegenbegriff zu Steuerung ist insofern sehr vage, als in ihm völlig unbestimmt bleibt, was denn genau offen sein soll: die Zielfestlegung, die methodische Detailplanung des Lehrers, seine Wahrnehmung gegenüber den Lernenden, die Bereitschaft auf deren innere, verdeckte Vorgänge und Impulse oder auf die eigene Phantasie/Spontanintuition zu achten?

2.1 Zur Klärung des Begriffs

Mir sind im wesentlichen vier Verwendungsweisen des Begriffs der Offenheit in der pädagogisch-fachdidaktischen Diskussion bekannt:

1. ein eher *(sozial)psychologisch aufgeladenes Verständnis von Offenheit,* das auch alltagssprachlich verankert ist; der Begriff umschreibt dann so etwas wie Aufgeschlossenheit für Neues, Nicht-Geplantes, Unerwartetes,

für Veränderungen sowie die Bereitschaft, sich darauf relativ unvoreingenommen einzulassen;
2. eine *bestimmte Erziehungskonzeption* (etwa *open education*, offene Erziehung, offene Schule); hier besagt der Begriff vor allem, daß eine Öffnung der schulischen Aktivitäten in Richtung auf außerschulische Wirklichkeit angestrebt werden soll, also eine Einbeziehung von Alltagshandlungen wie Essen, Hausaufgaben machen, Erkundungen anstellen, problem- und themenorientierte Projekte planen und in Angriff nehmen. Hier geht es also um eine Entgrenzung der Institution Schule und der institutionalisierten Lernformen in Richtung auf natürliches, alltägliches, nicht mehr fächergebundenes oder durch den engen Organisationsrahmen der Schule zu sehr eingeengtes Lernen. So vage auch hier der Begriff der Offenheit ist, es wird allgemein impliziert, daß die Schüler beim offenen Lernen, beim offenen Unterricht zumindest so etwas wie eine Wahlfreiheit in der Gestaltung ihres Tagesablaufs, wenn nicht sogar in der Festsetzung ihrer selbst mitbestimmten Lernaufgabe und in der Gestaltung von deren Lösungsweg haben - ohnehin können sämtliche außerschulischen Erfahrungen in die Schule hineingenommen, in ihr thematisiert werden, wie umgekehrt der offene Unterricht aus den Mauern des Schulgebäudes ausbricht und die Lernorte überall dort akzeptiert, wo sich für einzelne Schüler oder Gruppen von Schülern produktive Interaktionen *(projektorientiertes Lernen)* ergeben (vgl. hierzu insgesamt Vollmer u.a. 1977). Diese Form des offenen Unterrichts ist übrigens aufgrund der relativ festgelegten Denkbahnen in der Bundesrepublik Deutschland für die staatlichen Schulen nie ernsthaft diskutiert worden, allenfalls für den Anfangsunterricht in der Primarstufe. Insofern hat es auch den traditionellen Fremdsprachenunterricht nicht sonderlich berührt, lediglich punktuell den Unterricht mit Hauptschülern (vgl. etwa Vollmer 1979), die mit Hilfe der projektorientierten Methode 'bei der Stange' zu halten waren.
3. ein bestimmtes *Modell zur Organisation des Curriculumprozesses*: Offenes Curriculum bedeutet dann u.a., daß die Curriculumentwicklung im Schulsystem selbst (schulnahe) und eben nicht (nur) in zentralen, ministeriell einberufenen und zusammengesetzten Lehrplankommissionen erfolgt, m.a.W. Lokalisierung der Curriculumkonstruktion mit den vor Ort Betroffenen, im Lernfeld selbst. Im Idealfall organisieren sich hierbei die Lehrenden und Lernenden selbst, indem sie aus verfügba-

ren Texten, Geräten, Arbeitsplätzen und sonstigen Ressourcen Lernsituationen schaffen und ihr eigenes Curriculummaterial herstellen. Die Herkunft dieses Konzepts aus den *humanistischen* Lehrplanansätzen in den USA mit seinen *open-ended* Unterrichtslektionen (im Gegensatz zu den allzu detaillierten Unterrichtsvorbereitungen in den üblichen US-amerikanischen Curricula) läßt sich nicht leugnen. Zugleich ist mit der Forderung nach Offenheit ein allgemeines Bedeutungsmoment im Sinne von Beteiligung der Basis, der Eigenverantwortlichkeit von betroffenen Lehrenden und Lernenden, festgehalten.

4. Das radikalste Verständnis von Offenheit entwickelte sich u.a. mit der kognitionspsychologischen Erkenntnis im Rahmen der Zweitspracherwerbsforschung, daß es der Lerner selbst ist, der einzig und allein seinen eigenen inneren Lernprozeß steuert, daß er demnach im Mittelpunkt aller Überlegungen zum Lehren einer Zweit- bzw. Fremdsprache zu stehen hat. Der Lehrer kann den Selbstlernprozeß der Lernenden in vielfältiger Weise anregen und stützen. Im Extremfall bedeutet es, daß Schüler ihren Unterricht selbst planen, daß sie als ihre eigenen Curriculummacher, als selbstverantwortlich Lernende in eben diese Rolle wiedereingestzt werden sollten: die zentrale Funktion des Lehrers als Initiator und Koordinator bleibt dennoch erhalten, sie ist unersetzbar! (Manche gingen in der Formulierung der Konsequenzen aus dieser Erkenntnis so weit, den Lehrer eher als 'Lernhindernis' zu sehen oder zu behaupten, daß Schüler *trotz* der Interventionen und Steuerungsversuche des Lehrers lernen – eine fast zynische Betrachtungsweise der Lehrerrolle, die ich nicht teile).

2.2 Selbststeuerung als extremste Form der Offenheit von Lehr-/Lernprozessen

In diesem Zusammenhang möchte ich auf ein weiteres kanadisches Experiment aufmerksam machen, das primär aufgrund von Lehrermangel initiiert worden ist und das ich bereits an anderer Stelle ausführlicher besprochen habe (Vollmer 1992). Es handelt sich um den Versuch des Erwerbs von Englisch als Zweitsprache durch französischsprechende Kinder in der Provinz Neu-Braunschweig in den Klassen 3 bis 5 der Primarstufe auf der Grundlage eines rein *rezeptiven Verstehensansatzes*. Die Lerner verbringen 30 Minuten pro Tag in speziell ausgerüsteten Räumen (Kassettenrecorder, geschlossene Kopfhörer), in denen sie aus einer Fülle von schriftlichen und auditiven Materialien (nach Stufe 1 bis 12 geordnet) weitgehend autonom auswählen können; dabei gibt es keine klar erkennbare linguistische oder sprachdidaktische Strukturierung (Progression) des Materials. Die Rolle des meist fachfremden Lehrers (i.d.R. der Klassenlehrer) beschränkt sich auf organisatorische und technische Unterstützung. Es findet weder eine förmliche Belehrung noch eine Lernerfolgsmessung statt; die Schüler sind hochmotiviert und arbeitsam, es gibt keinerlei Disziplinprobleme.

Patsy Lightbown (Montreal) hat die Evaluation dieses Projekts zögernd und mit großer Skepsis übernommen, weil es eigentlich vom Ansatz her allen wesentlichen Erkenntnissen der Fremdsprachenforschung zu widersprechen schien. Zu ihrem (und auch meinem) Erstaunen mußte sie aber feststellen, daß der Lernzuwachs bei jenen Gruppen mit ihren scheinbar so unstrukturiert zufälligen Kontakten zur L2 zumindest vergleichbar groß war wie der bei den traditionell unterrichteten Vergleichsgruppen. Die Experimentalgruppen waren ihrem Selbstlernen gegenüber außerordentlich positiv eingestellt, sie drückten in Befragungen Freude, sogar Enthusiasmus aus; ihr Grad an Lehrerunabhängigkeit und Lernautonomie war erstaunlich hoch. Es wurde lediglich von Schülerseite wiederholt kritisiert, daß die vorgesehenen Zeiteinheiten von täglich 30 Minuten zu kurz seien und auf 45 verlängert werden müßten. Außerdem scheinen die schwächeren Schüler nicht ganz denselben Nutzen aus diesem 'Unterricht' gezogen zu haben wie die stärkeren, die ohnehin innerhalb der *regulären* Programme leicht unterfordert sind (vgl. Lightbown 1993).

Insgesamt muß man also festhalten, daß die Teilnehmer an diesem rezeptiven Zweitsprachenerwerbsprogramm mindestens so viel Englisch gelernt haben wie die Schüler, die im Rahmen traditioneller Unterrichtsformen durch einen Lehrer unterrichtet worden sind. Es läßt sich nach Lightbown (1993) noch nicht endgültig sagen, welches Element am meisten zum Lernerfolg beigesteuert hat: das Prinzip 'Verstehen vor Produktion', die geringe psychische Belastung *(low stress)*, die Freiheit selbst auswählen zu dürfen, was am interessantesten ist, oder das Gefühl von Unabhängigkeit und Autonomie? Der Erfolg des Experiments, das z.Zt. fortgesetzt und erweitert wird, steht außer Frage und braucht nach Meinung der beteiligten Forscher kaum weiter belegt zu werden; in Zukunft wird es stärker um die Einbeziehung von mehr *Sprech*gelegenheiten und die Ermöglichung *interaktiven* Sprachhandelns sowie auf der Ebene der Begleitforschung um die Beschreibung der *qualitativen* Lernprozesse und *individueller Unterschiede* gehen.

3. Konsequenzen für den Fremdsprachenlehr-/lernprozeß und seine Erforschung

Können wir irgendetwas aus diesem Experiment lernen oder gar übernehmen? Bei der relativ festgefahrenen, bürokratisch kontrollierten Fremdsprachenlehrerausbildung und der sie begleitenden öffentlichen Diskussion ist das kaum zu erwarten. Dennoch: Nur wenn wir radikal umdenken, wenn wir abrücken von der 'Obsession' des kursusmäßigen Lehrgangstyps, wie er vor allem im Gymnasium als der einzig gültigen, legitimen Form des Fremdsprachenlernens zelebriert wird, wenn wir alternative Ansätze (vor allem Frühbeginn, Intensivunterricht bilinguale Ansätze oder auch kürzer andauernde Lernphasen mit begrenzter Zielsetzung) zulassen, mitinitiieren und empirisch erforschend begleiten, wird sich unser verkrustetes Repertoire an Verbesserungsvorschlägen und (realtiv ohnmächtigen) Empfehlungen erweitern und neu beleben, werden wir alte, für unumstößlich gehaltene Prinzipien des L2-Erwerbs überdenken und neu bestimmen. Das gilt erst recht für eine inhaltliche Erweiterung des Sprachlernens in Richtung auf interkulturelles Lernen (vgl. Timm/Vollmer 1993^b).

Lernerorientierung bedeutet erheblich mehr als die Aktualisierung standardisierter Lernstoffe, mehr als die Ersetzung alter (zu sehr didaktisierter) Texte durch authentische Inhalte, mehr als die Ableitung der Lernziele aus (angeblich) zukünftigen Verwendungssituationen, mehr auch als die Erweiterung von Wahlfreiheit, Differenzierung und Individualisierung (als methodisches Prinzip). *Selbstlernen der Schüler* muß die handlungsleitende Maxime sein: *So viel Steuerung wie nötig, so viel Offenheit wie möglich!* Hoffnungsschimmer bieten immerhin solche Erfahrungen wie z.B. Schüleraustausch, internationale Begegnungen, thematische Projekte, Einbezug von Schülermaterialien (Filme, Musik, diversifizierte Texte, aktuelle Ereignisse usw.). Hier sind die Lernenden gefordert auszuwählen, ihre eigenen Entscheidungen zu treffen, den Prozeß der Aneignung von Inhalten und der Artikulation von Absichten selbst zu organisieren und die Fremdsprache dabei lediglich als Medium zu verwenden, um neue Informationen aufzunehmen und sich darüber auszutauschen. Es geht also um eine ebenso kognitive wie ganzheitliche Verankerung von Sprachlernen in sinnvolle Handlungszusammenhänge, wie es von bestimmten Richtungen der neueren Fremdsprachenforschung angestrebt wird (vgl. hierzu u.a. Timm/Vollmer 1993^a).

Sicherlich erfordert der Umgang mit offeneren Lernsituationen eine klarere Konzeptualisierung auf Seiten des Lehrers hinsichtlich seiner eigenen Rolle und der des Lerners; dies setzt ein Mehr an intellektueller und perzeptiver Wahrnehmung, an innerer Bereitschaft und Flexibilität und nicht zuletzt an Belastbarkeit und Ich-Stärke voraus. Der Umgang mit offenen Situationen muß auf Lehrer- wie Schülerseite (immer wieder) gelernt, ggf. trainiert werden, um als positiv erfahren zu werden. Das schließt die Offenlegung und Erweiterung subjektiver Theorien als der unbewußten Handlungsbasis notwendig mit ein.

Was die *Erforschung* von solchen offeneren Lehr-/Lernprozesen anbelangt, so zeigt zwar die jüngste Debatte (z.B. auf dem letzten Fremdsprachendidaktikerkongreß in Essen, vgl. Grotjahn 1993), daß die Kontroverse *quantitative* versus *qualitative Fremdsprachenforschung* eine falsche Alternative beinhaltet. Methoden aus beiden Bereichen sind so zu wählen, daß sie *der jeweiligen Fragestellung angemessen* sind. Und das läßt sich bekanntlich nicht abstrakt, schon gar nicht durch unbesehene Übernahme von in anderen Disziplinen gängigen Verfahren qualitativer oder quantitativer Art entscheiden, sondern nur in Ansehung der konkreten Lernergruppe und der Forschungsfrage selbst. Tendenziell werden natürlich die qualitativen Verfahren zur Erhebung und Beschreibung von inneren Vorgängen sowie Ansätze von Handlungsforschung bei mehr Offenheit des Fremdsprachenunterricht zunehmen, zumal es hier ja auch darauf ankommt, daß die beteiligten Lehrer und Lerner in verstärktem Maße selbstreflexiv und selbststeuernd tätig werden. Doch entziehen sich interne kognitive Prozesse natürlich einer oberflächlichen und vergleichenden Zugriffsweise; hier sind verstärkt introspektive und retrospektive Verfahren angebracht, die die Subjektivität des Lerners ebenso wie des Lehrers in den Vordergrund rücken. Dies alles bedeutet jedoch keineswegs Verzicht auf Quantifizierung von Lernergebnissen; im Gegenteil: ohne sie wäre offener Fremdsprachenunterricht chancenlos, gesellschaftlich nicht akzeptabel. Beides ist machbar.

Literaturverzeichnis

Grotjahn, R. (1991). The Research Programme Subjective Theories: A new approach in second language research. *Studies in Second Language Acquisition, 13*, 187-214.

Grotjahn, R. (1993). Qualitative vs. quantitative Fremdsprachenforschung: Eine klärungsbedürftige und unfruchtbare Dichotomie. In Timm. J.-P.

& Vollmer, H. J. (1993^c), 223-248.
Harley, B. et al. (Hrsg.). (1990). *The development of second language proficiency.* Cambridge.
Krashen, S. D. (1985). *The input hypothesis: Issues and implications.* London.
Krashen, S. D. (1993). Comprehensible input and some competing hypotheses. In Courchêne, R. (Hrsg.). (1993). *Comprehension-based language teaching: Current trends.* Ottawa.
Lapkin, S. & Swain, M. (1990). *French immersion research agenda for the 90s.* Toronto.
Lightbown, P. (1993). Can they do it themselves? A comprehension-based ESL course for young children. In Courchêne, R. (Hrsg.). (1993). *Comprehension-based language teaching: Current trends.* Ottawa, 376-386.
Swain, M. (1985). Communicative competence: Some roles of comprehensible input and comprehensible output in its development. In Gass, S. M. & Madden, C. (Hrsg.). (1985). *Input in second language acquisition.* Rowley Mass., 235-253.
Timm, J.-P. & Vollmer, H. J. (1993^a). Fremdsprachenforschung: Zur Konzeption und Perspektive eines Wissenschaftsbereichs. *Zeitschrift für Fremdsprachenforschung, 4*(1), 1-47.
Timm, J.-P. & Vollmer, H. J. (1993^b). Fremdsprachenforschung in interkultureller Perspektive: Kontext, Konzepte, Kontroversen. In Timm, J.-P. & Vollmer, H. J. (1993^c), 7-37.
Timm, J.-P. & Vollmer, H. J. (Hrsg.). (1993^c). *Kontroversen in der Fremdsprachenforschung. Dokumentation des 14. Kongresses für Fremdsprachendidaktik, veranstaltet von der Deutschen Gesellschaft für Fremdsprachenforschung, Essen, 7.-9.10.1991.* Bochum.
Vollmer, H. J. et al. (1978). Offener Unterricht. In Beck, J. & Boehnke, H. (Hrsg.). (1977). *Jahrbuch für Lehrer 1978.* Reinbek, 95-117.
Vollmer, H. J. (1979). Sprachliches Handeln als Simulation gruppeneigener Handlungssituationen. *Gulliver. Deutsch-englische Jahrbücher, 5*, 100-105.
Vollmer, H. J. (1992). Immersion und alternative Ansätze des Fremdsprachenerwerbs in Nordamerika: Probleme des Transfers in die Bundesrepublik Deutschland. *Zeitschrift für Fremdsprachenforschung, 3*(2), 5-38.

K.-Richard Bausch/Herbert Christ/Hans-Jürgen Krumm (Hrsg.). (1993). *Fremdsprachenlehr- und -lernprozesse im Spannungsfeld von Steuerung und Offenheit. Arbeitspapiere der 13. Frühjahrskonferenz zur Erforschung des Fremdsprachenunterrichts.* Bochum, S. 181–188.

Wolfgang Zydatiß

Offenheit, ja gerne ... aber ungesteuert, nein danke!

1. Etwas Anekdotisches zur Einführung

Im Zuge der einführenden Plenumssitzungen meines letzten Hauptseminars versuchte ich, den Studenten und Studentinnen anhand einer von mir 'simulierten' englischen Unterrichtsreihe über "Blacks in the US" die grundlegenden Konzepte und Methoden eines schüleraktivierenden Literaturunterrichts (vgl. etwa Bredella 1987) sowie einer integrativen Text-Sprach-Arbeit (vgl. Carter & Long 1987, Collie & Slater 1987) zu demonstrieren und damit in ihrem Bewußtsein zu verankern. Die Rückmeldungen im anschließenden Gespräch waren (für mich erfreulicherweise) ausnahmslos positiv:

"Ich habe das total genossen ...",
"So viel Englisch haben wir schon lange nicht mehr in einer Lehrveranstaltung gesprochen",
"Wir sind über verschiedene Umwege an die eigentliche Interpretation der Texte von Langston Hughes gekommen, ungewöhnlich aber viel ergiebiger",
"Ich hätte nicht gedacht, daß so viele von uns in so kurzer Zeit solche tollen Gedichte und inneren Monologe schreiben könnten" usw.

Dann allerdings auch folgende Bemerkung:

"Nach einer guten halben Stunde setzte bei mir eine gewisse Enttäuschung ein. Das Ganze war ja gar nicht spontan und aus dem Moment heraus so offen unterrichtet. Sie hatten das alles sorgfältig geplant!"

In der Tat, die Auswahl und Anordnung der Texte und Printmedien, die methodischen Einzelschritte, die Art der Impulse und die produktiven Schreibaufgaben waren vorher sehr detailliert von mir reflektiert worden; schließlich hatte ich darüber gerade eine größere Publikation abgeschlossen (Zydatiß 1992). Steuerung und Planung – Begriffe mit negativen Konnotationen angesichts von Offenheit und Kreativität?

2. Ein Beispiel aus der Unterrichtsbeobachtung und -analyse

Die Verbindung von Steuerung und Offenheit fremdsprachlicher Lehr- und Lernprozesse ist kein Widerspruch, sondern eine *conditio sine qua non* 'guten' Unterrichtens (fachlich und pädagogisch gesehen). Die beiden Pole stehen im dialektisch-interdependenten Verhältnis zueinander und ergeben erst in ihrer gelungenen Synthese die spezifische Qualität erfolgreichen Fremdsprachenunterrichts. Hierfür ein Negativbeispiel aus einer 9. Klasse einer Berliner Gesamtschule, FE-Kurs (= schwaches Realschulniveau).

Auf der Grundlage einer Lehrwerkeinheit über historische Aspekte des Großraums London (Einblick in die englische Geschichte: *Tower of London, Tower Bridge, Tourists in London* usw.) läßt die Unterrichtende die Schüler ein fiktives Interview mit Bezug auf bestimmte biographische Daten ausgewählter Personen des 16. Jahrhunderts führen, um diesen wenig leistungsstarken Schülern einen Zugang zu den historischen Begebenheiten mit Heinrich dem Achten zu eröffnen; eine – wie ich meine – interessant verpackte und verfremdete Unterrichtsidee, die sich eigentlich als tragfähig für das avisierte Stundenziel erweisen müßte. Die Lernertexte, die am Ende der Stunde vorgetragen werden, enttäuschen allerdings die positiven Erwartungen:

1. A: Hello, I'm a reporter from ... who are you?
   B: The second wife of Henry VIII ... and she is born in ...
   A: What happened with her?
   B: She is executed in the Tower.
   A: Why?
   B: Because she has a lover, but that is not clear.

2. A: Hello, I'm a reporter from the ... who live now in the Tower?
   B: The people say Bloody Mary.
   A: Why did the people say Bloody Mary?
   B: Because she let kill the Protestants.
   A: When is Mary born?
   B: She is born 1516.
   A: Who is the father of Mary?
   B: Her father was King Henry VIII.
   A: Have she sisters?
   B: Yes, she has a half sister, Elizabeth I.

3. A: Who is in the Tower now?
   B: Elizabeth I.
   A: Can you tell me about her?
   B: Elizabeth I is born in 1533. Her father, Henry VIII, was executed his wife in the Tower.
   A: And her sister, Mary?
   B: She sent Mary to prison. When Mary died, she became Queen of England.

Offenheit im Sinne produktorientierter Zugriffsweisen auf einen Text ist unabdingbarer Bestandteil eines kommunikations- und handlungsorientierten, schüleraktivierenden Englischunterrichts, denn die damit verbundenen Arbeitsformen führen zu *primären* (gesprochenen und geschriebenen) *Schülertexten*; sprich sprachlichen Handlungsprodukten, mit denen sich die Schüler und Schülerinnen (hoffentlich) identifizieren können. In dem vorliegenden Fall (der für mich prototypisch in meiner längerfristigen Unterrichtsbeobachtung und -analyse ist) war keiner der Beteiligten ganz froh mit dem Ergebnis der Stunde. Die in den Lernertexten erkennbaren Fehler weisen überdeutlich auf die Problematik hin: Um ein Interview führen zu können, müssen die Frage-Antwort Strukturen verfügbar sein (insbesondere die *do*-Umschreibung sowie die Subjekt- und Objektfrage). Da im Rahmen eines Interviews üblicherweise auf biographische Details einer Person eingegangen wird (*interview <–> biographical sketch = nested text types*), müssen vor allem die Tempora *present progressive* (= Aktuelles Präsens), *present perfect* (mit den Textfunktionen *perfect of experience, current relevance* und *continuity*) sowie *simple past* (als Referenz auf *time gap* und *definite past*) kontextuell angemessen eingesetzt werden können. Hinzu kommt im historisch-thematischen Zusammenhang von *Henry VIII* und *Mary Queen of Scots* das semantisch-kognitive Element des Betroffen-Affiziertseins von bestimmten Handlungen; sprich die Kategorie VICTIM, folglich der kontextuell determinierte Gebrauch des Passivs (hier: *past passive*).

3. *Intake* als intervenierende Variable zwischen *Input* und *Output*

Die offen-produktive Phase der Sprachanwendung (die bereits in den fremdsprachendidaktischen Modellen des älteren fertigkeitsorientierten Fremdsprachenunterrichts vorkam: vgl. Zimmermann 1969) muß mit anderen

Worten in aller Regel in einen inhaltlich wie sprachlich strukturierten Unterrichtsgang eingebettet sein, und das bedingt Planung und Steuerung (inkl. Wiederholung: siehe oben) seitens des Lehrers! Sprach-, Text- und Inhaltsarbeit müssen miteinander integriert werden. Es ist somit vor Unterrichtsgängen zu warnen, die zu schnell zur Offenheit oder freien Anwendung (im Sinne *produkt*orientierter Zielvorgaben!) vordringen, da die von den Schülern erwartete oder erhoffte *creative expression nicht* in einen den *intake* und *output* des Lernenden vorstrukturierenden Lehr- und Lernprozeß eingebunden ist. Nach meinen Unterrichtsbeobachtungen führt zu frühe freie Sprachproduktion zu einer unnötigen, vom Unterrichtenden induzierten Häufung von Fehlern und zu Frust auf seiten der Lernenden, da sie den textgebundenen Sprachanwendungsaufgaben weder sprachlich noch inhaltlich voll gewachsen sind. Eine 'kreative' Aufgabenstellung allein beschert dem Lehrer noch lange keine Schüleraktivierung und keine 'kreativen' Lernertexte. Zwischen Input und Output liegt als intervenierende Variable der theoretisch schwer zu definierende *intake* des Lerners. Diesen *intake* überhaupt erst möglich zu machen (Stichworte: Arbeitshaltung, *affective filter*, Motivation, *self-esteem* des Schülers als Lerner usw.) und eine fortschreitende Annäherung an zielsprachliche Normen zu gewährleisten, sind meines Erachtens die Hauptaufgaben des Fremdsprachenlehrers und (als sich hoffentlich immer weiter entwickelnde und ausdifferenzierende Fähigkeit) mit das wichtigste Moment seiner professionellen Kompetenz. Neben den methodischen Einfallsreichtum tritt die Fähigkeit, den Lernstoff ziel- und adressatengerecht in sprachlicher und inhaltlicher Hinsicht auf offene, produktive Sprachanwendungssituationen hin strukturieren zu können. Ohne Planung und Steuerung kommt in der Regel kein zufriedenstellender Output zustande, gerade wenn die avisierte Zielgröße eine textsorten- oder gattungsgebundene komplexe sprachliche Einheit ist. Fazit: Ohne Steuerung *und* Offenheit kein *intake*, ohne *intake* kein Lernfortschritt. Wer Plateaubildung oder Fossilierung beim Fremdsprachenerwerb vermeiden will, muß zielgerecht auf Offenheit hinsteuern. Steuerung und Planung dürfen nicht zu Schimpfwörtern degradiert werden, nur weil in der Vergangenheit die Kleinschrittigkeit habitualisierender Verfahren gelegentlich das Übergewicht hatte. Eine Grundprämisse rationalen didaktischen Denkens sollte konsensfähig bleiben; nämlich Lehr- und Lernprozesse von der Zielkategorie her zu definieren, der sich Entscheidungen zur Auswahl,

Anordnung und Darbietung der Themen, Verfahren und Medien anschließen müssen.

Aus der Lehrperspektive gesehen ist Offenheit ein konstitutives Prinzip didaktischer Planung und methodischen Handelns, wobei es sicher (von der Zielkategorie und dem Adressatenkreis her) unterschiedliche *Grade* der 'Öffnung' gibt. Auf jeden Fall muß sich der oder die Unterrichtende darüber im klaren sein, daß auf Offenheit hingesteuert werden muß. Für mich beinhaltet das ein Öffnen des schulischen Fremdsprachenunterrichts auf eigentätiges fremdsprachliches Sprachhandeln der Schüler und Schülerinnen; sprich: das Bereitstellen von *Freiräumen,* in denen die Lernenden selbst textgebundene Sprachproduktion sowie spielerisch oder kreativ verpackte Sprachgebrauchssituationen (ohne Zensurendruck und mit großer Fehlertoleranz!) erfahren und gestalten können. In diesen Phasen schließt sich der interaktive Kreis zur Lehrperspektive, denn aus der Sicht des Lernenden können diese Phasen als Ausdruck eigenen Denkens, Fühlens und Handelns begriffen werden. In seinen Planungen, Formulierungen und Lernerfahrungen wird der einzelne Schüler zum Subjekt gegenüber der Sprache und seinen Mitschülern. Sein Sprechen oder Schreiben (= *parole*) gewinnt das für das zwischenmenschliche Sprachhandeln entscheidende Merkmal der prozeßhaften Tätigkeit und überschreitet damit den engen Rahmen der 'üblichen', *langue*-orientierten Internalisierung von Sprache als Produkt (wie sie sich in der schulischen Rechtschreib-, Wortschatz- und Grammatikarbeit niederschlägt).

Selbst das oben dargestellte 'Negativbeispiel' eines Interviews mit historischen Persönlichkeiten hatte im Gesamtzusammenhang konkreten Unterrichts unter relativ schwierigen äußeren Umständen (Lernschwäche der Schüler, Einstellungen der Jugendlichen zur Schule sowie einige Spezifika der Gesamtschulsituation in Berlin) noch eine positive Seite; insofern als die offene Arbeitsform dieser 45 Minuten (insbesondere die sprachliche Eigentätigkeit der Schüler und Schülerinnen in dieser Stunde) nach Ansicht des an der Unterrichtsauswertung beteiligten Fachlehrers bei den Schülern die Bereitschaft gefördert und gestützt hatte, nunmehr wieder an zwei bis drei Stunden 'normalen' Englischunterrichts teilzunehmen. Die Offenheit – konzipiert als Möglichkeit zur 'freien Kommunikation' – ist mit anderen Worten gerade auch unter der lernerseitigen Perspektive eine unverzichtbare Komponente gesteuerten Fremdsprachenunterrichts. In nicht wenigen Fällen schaffen die offeneren Arbeitsformen überhaupt erst einmal die Voraussetzung dafür, daß erneuter *intake* stattfinden kann – sprich: daß Lernen weitergeht. Allerdings sollten produktive Leistungen nicht zu früh abverlangt werden. Wie beim natürlichen Spracherwerb auch (Latenzperiode) sollte eine gewisse 'Inkubationszeit' beachtet werden. Die lehrergesteuerte Vorstrukturierung zielorientierter Unterrichtsverläufe und die von den Lernenden selbstorganisierten Prozesse eigenverantwortlichen Sprachhandelns müssen sich ergänzen, damit dem Sach- und dem Beziehungsaspekt der unterrichtlichen Kommunikationssituation entsprochen werden kann.

4. Forschungsansätze: Unterrichtsanalyse und funktionale Stilistik

Schon seit einiger Zeit beschäftige ich mich mit den Möglichkeiten einer integrativen Text-Sprach-Arbeit; und zwar sowohl im Sinne eines *bottom up*-Ansatzes (Beispiel: integrativer Grammatikunterricht) als auch im Sinne eines *top down*-Ansatzes (Beispiel: Spracharbeit mit authentischen Texten). Beiden Forschungsfragen gemeinsam ist zunächst die Erfassung des IST-Zustands herkömmlichen Grammatik- oder Textunterrichts auf den Sekundarstufen I bzw. II. Bei der grammatischen Unterweisung scheint mir das Problem vor allem in der häufig diagnostizierten Kluft zwischen der form- und konzeptbezogenen Strukturenarbeit auf der einen Seite und dem "Transfer des Gelernten zum eigenständigen sprachlichen Handeln" (Gnutzmann & Stark 1982:19) zu liegen. Die Textarbeit im fortgeschrittenen Englischunterricht krankt nach meinen Beobachtungen daran, daß gegenüber dem übermächtigen, weitgehend inhaltlich und textanalytisch geprägten 'Textualismus' (Gester) die Spracharbeit auf der Oberstufe zu kurz kommt.

Für beide Forschungsfragen haben sich die textlinguistisch ausgerichteten Deskriptions- und Analysemethoden der *funktionalen Stilistik* bewährt (Vorlat 1989): Ein ausgewähltes Spektrum von Textsorten wird u.a. daraufhin untersucht, inwieweit darin spezifische grammatische Strukturen mit einer bestimmten Häufigkeit (*frequency, recurrence*) und mit speziellen Textfunktionen (*conspicuousness*) vorkommen. Von daher gewinnt man einerseits ein Bild des *primären Potentials an Redemitteln,* die bei einem spezifischen Text (als Prototyp/*token* für eine bestimmte Textsorte/*type*) ggf. im Unterricht entfaltet werden können, und andererseits einen recht genauen Eindruck vom *Funktionspotential grammatischer Strukturen* in authentischen Texten. Die textgrammatisch-funktionalstilistische Deskription wird anschließend über eine Art didaktischer Reduktion auf ein den Belangen und Möglichkeiten der schulischen Grammatikvermittlung angemessenes Inventar von Regeln und sekundären Textfunktionen zurückgeführt.

Als Ergebnis destillieren sich klare Hinweise auf text(sorten)gebundene Verwendungszusammenhänge grammatischer Strukturen heraus (Textart, Thema, Redeabsichten u.dgl.), die im Fremdsprachenunterricht als Zielgröße Berücksichtigung finden können (z.B. Leserbrief, Zeitungsbericht, Interview, Gegenstandsbeschreibung usw.). Integrativer Grammatikunterricht muß mit anderen Worten textsortensensitiv sein. Das "eigenständige sprachliche Handeln" (Gnutzmann), die Offenheit des freien, produktiven Gebrauchs der grammatischen Fügungen in textgebundenen Anwendungssituationen gehört von vornherein zu aufgeklärten, rational gesteuerten fremdsprachlichen Lehr- und Lernprozessen dazu. Es ist an der Zeit, daß der Fremdsprachenunterricht die Grundeinsicht aller funktionalen Sprachtheorien (die *trilaterale Definition des sprachlichen Zeichens* nach Form, Bedeutung und Verwendungsbedingungen) in angemessener Weise berücksichtigt.

5. Konsequenzen

Damit ist die Frage nach den möglichen Konsequenzen angesprochen. Um 'offene Lehr- und Lernprozesse' systematisch erforschen zu können, müßten in bezug auf einen integrativen Grammatikunterricht erst einmal die entsprechenden textlinguistischen Vorarbeiten vorliegen. Noch sehr viel schwieriger dürfte es sein, einen Bewußtseinswandel bzw. eine größere *awareness* der Unterrichtenden für eine kontextsensitive grammatische Unterweisung zu erreichen. Grammatik darf nicht länger als quasi 'autonome' Komponente des Sprachsystems angesehen werden. Sie ist mit den anderen Ebenen der Sprachstruktur interdependent: sowohl mit der der Lexik und Phraseologie als auch mit der des Textes und der kommunikativen Interaktion. Zur Zeit bin ich noch im Explorationsstadium, was die praktische Umsetzung in den Unterricht angeht; insofern als ich die Grundideen und die Daten an die Studenten in meinen Lehrveranstaltungen austeile, um sie auf dieser Grundlage so etwas wie auf die Offenheit hinsteuernde Grammatikstunden planen und zum Teil auch realisieren lasse. Mal gelingt's, mal nicht.

Als Trost bleibt immer die Einsicht:

"Most of humanity's breakthroughs in thinking are *removals* of ideas" (James Moffet & Betty Jane Wagner).

Literaturverzeichnis

Bredella, L. (1987). Die Struktur schüleraktivierender Methoden. Überlegungen zum Entwurf einer prozeßorientierten Literaturdidaktik. *Praxis des neusprachlichen Unterrichts, 34*, 223-234.

Carter, R. & Long, M. N. (1987). *The Web of Words*. Cambridge.

Collie, J. & Slater, S. (1987). *Literature in the Language Classroom*. Cambridge.

Gnutzmann, C. & Stark, D. (Hrsg.). (1982). *Grammatikunterricht*. Tübingen.

Vorlat, E. (1989). Stylistics. In Dirven, R. (Hrsg.). *A User's Grammar of English: Word, Sentence, Text, Interaction*. Frankfurt/M., 687-721.

Zimmermann, G. (1969). Integrierungsphase und Transfer im neusprachlichen Unterricht. *Praxis des neusprachlichen Unterrichts, 16*, 245-260.

Zydatiß, W. (1992). Innovation jetzt! – Konzepte und Methoden integrativer Textarbeit im fortgeschrittenen Englischunterricht. *Fremdsprachenunterricht, 45* (6), E1-16.

Namen und Anschriften der Mitarbeiter dieses Bandes

Prof. Dr. K.-Richard Bausch, Seminar für Sprachlehrforschung, Ruhr-Universität, Postfach 10 21 48, 44780 Bochum.

Prof. Dr. Dagmar Blei, Liehrstr. 1, 01279 Dresden.

Prof. Dr. Werner Bleyhl, Hohenackerstr. 34/1, 73733 Esslingen.

Prof. Dr. Lothar Bredella, Institut für Didaktik der Englischen Sprache und Literatur der Universität, Otto-Behaghel-Str. 10 B, 35394 Gießen.

Prof. Dr. Herbert Christ, Fachbereich 11 der Universität, Karl-Glöckner-Str. 21 G, 35394 Gießen.

Prof. Dr. Willis Edmondson, Zentrales Fremdsprachinstitut, Universität Hamburg, Von-Melle-Park 5, 20146 Hamburg.

Prof. Dr. Reinhold Freudenstein, Informationszentrum für Fremdsprachenforschung der Philipps-Universität, Lahnberge, 35043 Marburg.

Prof. Dr. Albert-Reiner Glaap, Heinrich Heine Universität Düsseldorf, Anglistisches Institut V, Universitätsstr. 1, 40225 Düsseldorf.

Claus Gnutzmann, Fachbereich 3: Anglistik, Universität Paderborn, Warburgerstr. 100, 33098 Paderborn.

Priv.-Doz. Dr. Frank G. Königs, Seminar für Sprachlehrforschung, Ruhr-Universität, Postfach 10 21 48, 44780 Bochum 1.

Prof. Dr. Hans-Jürgen Krumm, Zentrales Fremdsprachinstitut der Universität, Von-Melle-Park 5, 20146 Hamburg.

Friedhelm Lach, Section d'allemand, Université de Montréal.

Priv.-Doz. Dr. Franz-Joseph Meißner, Zentralinstitut Fachdidaktiken der Freien Universität, Habelschwerdter Allee 45, 14195 Berlin.

Prof. Dr. Jürgen Quetz, Institut für England- und Amerikastudien, Universität Frankfurt am Main, Kettenhofweg 130, 60054 Frankfurt am Main.

Prof. Dr. Heribert Rück, Universität Koblenz/Landau, Fachbereich 6: Philologie, Institut für Romanistik, Abteilung Landau, Im Fort 7, 76829 Landau.

Prof. Dr. Ludger Schiffler, Institut für Unterrichtswissenschaften der Freien Universität, Habelschwerdter Allee 45, 14195 Berlin.

Prod. Dr. Gert Solmecke, Institut für England- und Amerikastudien, Universität Frankfurt am Main, 60054 Frankfurt.

Prof. Dr. Johannes-P. Timm, Pädagogische Hochschule Heidelberg, Im Neuenheimer Feld 561, 69120 Heidelberg.

Dr. Helmut Vollmer, Fachbereich 7 der Universität, Postfach 44 69, 49034 Osnabrück.

Prof. Dr. Wolfgang Zydatiß, Institut für Sprach-und Literaturdidaktik der Freien Universität, Habelschwerdter Allee 45, 14195 Berlin.

Bisher erschienene Arbeitspapiere

K.-R. Bausch/H. Christ/W. Hüllen/H.-J. Krumm (Hrsg.), *Arbeitspapiere der 1. Frühjahrskonferenz zur Erforschung des Fremdsprachenunterrichts.* Heidelberg 1981.

K.-R. Bausch/H. Christ/W. Hüllen/H.-J. Krumm (Hrsg.), *Das Postulat der Lernerzentriertheit: Rückwirkungen auf die Theorie des Fremdsprachenunterrichts. Arbeitspapiere der 2. Frühjahrskonferenz zur Erforschung des Fremdsprachenunterrichts.* Heidelberg 1982.

K.-R. Bausch/H. Christ/W. Hüllen/H.-J. Krumm (Hrsg.), *Inhalte im Fremdsprachenunterricht oder Fremdsprachenunterricht als Inhalt? Arbeitspapiere der 3. Frühjahrskonferenz zur Erforschung des Fremdsprachenunterrichts.* Heidelberg 1983.

K.-R. Bausch/H. Christ/W. Hüllen/H.-J. Krumm (Hrsg.), *Empirie und Fremdsprachenunterricht. Arbeitspapiere der 4. Frühjahrskonferenz zur Erforschung des Fremdsprachenunterrichts.* Tübingen 1984.

K.-R. Bausch/H. Christ/W. Hüllen/H.-J. Krumm (Hrsg.), *Forschungsgegenstand Richtlinien. Arbeitspapiere der 5. Frühjahrskonferenz zur Erforschung des Fremdsprachenunterrichts.* Tübingen 1985.

K.-R. Bausch/H. Christ W./Hüllen/H.-J. Krumm (Hrsg.), *Lehrperspektive, Methodik und Methoden. Arbeitspapiere der 6. Frühjahrskonferenz zur Erforschung des Fremdsprachenunterrichts.* Tübingen 1986.

K.-R. Bausch/H. Christ/W. Hüllen/H.-J. Krumm (Hrsg.), *Sprachbegriffe in Fremdsprachenunterricht. Arbeitspapiere der 7. Frühjahrskonferenz zur Erforschung des Fremdsprachenunterrichts.* Tübingen 1987.

K.-R. Bausch/H. Christ/W. Hüllen/H.-J. Krumm (Hrsg.), *Fortschritt und Fortschritte im Fremdsprachenunterricht. Arbeitspapiere der 8. Frühjahrskonferenz zur Erforschung des Fremdsprachenunterrichts.* Tübingen 1988.

K.-R. Bausch/H. Christ/W. Hüllen/H.-J. Krumm (Hrsg.), *Der Fremdsprachenunterricht und seine institutionellen Bedingungen. Arbeitspapiere der 9. Frühjahrskonferenz zur Erforschung des Fremdsprachenunterrichts.* Tübingen 1989.

K.-R. Bausch/H. Christ/W. Hüllen/H.-J. Krumm (Hrsg.), *Die Ausbildung von Fremdsprachenlehrern: Gegenstand der Forschung. Arbeitspapiere der 10. Frühjahrskonferenz zur Erforschung des Fremdsprachenunterrichts.* Bochum 1990.

K.-R. Bausch/H. Christ/W. Hüllen/H.-J. Krumm (Hrsg.), *Texte im Fremdsprachenunterricht als Forschungsgegenstand. Arbeitspapiere der 11. Frühjahrskonferenz zur Erforschung des Fremdsprachenunterrichts.* Bochum 1991.

K.-R. Bausch/H. Christ/H.-J. Krumm (Hrsg.), *Fremdsprachenunterricht und Sprachenpolitik als Gegenstand der Forschung. Arbeitspapiere der 12. Frühjahrskonferenz zur Erforschung des Fremdsprachenunterrichts.* Bochum 1992.

Manuskripte zur Sprachlehrforschung

In der Reihe sind bisher erschienen:

Band 1: Detlef Eschmann, Gerd Kellermann (in Zusammenarbeit mit U. Bonnekamp, W. Brandt, R. Grotjahn, H.-J. Rang)
Kriterien zur Erstellung von Sprachkursen
September 1971 (vergriffen)

Band 2: Detlef Eschmann
Listen zu den Datenkarten ‚Français fondamental' (1er degré) – Grundversion
November 1971 (vergriffen)

Band 3: Helmut Brammerts
KADI – ein Programmsystem zur rechnerunterstützten Sprachkursanalyse
März 1972 (vergriffen)

Band 4: Herbert Rongen
Kriterien für die Bewertung von englischen Sprachlehrprogrammen
April 1973 (vergriffen)

Band 5: Detlef Eschmann
Stellungnahme zu: Naumann, Gerhard: Le français pratique. Leipzig, VEB Verlag Enzyklopädie, 1971
Oktober 1973 (vergriffen)

Band 6: Wulf Dieter Bieritz
Semantischer Transfer auf verwandte Fremdsprachen. Die Bedeutungserschließung der Inhaltswörter des spanischen Grundwortschatzes durch Schüler und Studenten mit lateinischen und französischen Vorkenntnissen
Dezember 1974 (vergriffen)

Band 7: Rüdiger Grotjahn, Ursula Klevinghaus (in Zusammenarbeit mit K.-R. Bausch und H. Raabe)
Zum Stellenwert der Übersetzung im Fremdsprachenunterricht. Eine Pilotstudie
September 1975 (vergriffen)

Band 8: Micheline Baur, Rupprecht S. Baur, K.-Richard Bausch, Helmut Brammerts, Karin Kleppin, Elisabeth Lübbert, Ann Moffat
Pragmatik und Fremdsprachenunterricht. Eine rollentheoretische Pilotstudie
November 1975

Band 9: Gabriele Kasper
Die Problematik der Fehleridentifizierung. Ein Beitrag zur Fehleranalyse im Fremdsprachenunterricht
Dezember 1975

Band 10: Heinrich Bredenkötter, Friedrich Denig
Untersuchung zur Fremdspracheneignung
Juni 1976

Band 11: Rüdiger Grotjahn, Helmut Brammerts, Brigitte Wülfrath (unter Mitarbeit von A. Ruzicka-Bettin)
Grundkurs Fremdsprachenunterricht als Gegenstand von Wissenschaft: Eine Einführung in wissenschaftstheoretische und methodologische Fragen
September 1983

Band 12/13: K.-Richard Bausch, Ulrich Bliesener, Herbert Christ, Konrad Schröder, Urte Weisbrod (Hrsg.),
Beiträge zum Verhältnis von Fachsprache und Gemeinsprache im Fremdsprachenunterricht der Sekundarstufe II
Juli 1978

Band 14: Frank G. Königs
Übersetzung in Theorie und Praxis: Ansatzpunkte für die Konzeption einer Didaktik der Übersetzung
Juli 1979 (vergriffen)

Band 15: Thomas Riepenhausen
Sprachkurse mit immigrierten Arbeitern in der BRD, Sprachpolitik, Lernzielkonzeptionen, Didaktische Fragen und Lehrwerke
April 1980

Band 16: K.-Richard Bausch, Ulrich Bliesener, Herbert Christ, Karin Kleppin, Konrad Schröder, Urte Weisbrod
Fremdsprachen in Handel und Industrie. Eine Untersuchung in dem IHK-Bereich Ostwestfalen zu Bielefeld
August 1980

Band 17: K.-Richard Bausch, Herbert Christ, Werner Hüllen, Hans-Jürgen Krumm (Hrsg.)
Arbeitspapiere der 1. Frühjahrskonferenz zur Erforschung des Fremdsprachenunterrichts
Juli 1981

Band 18: Brigitte Stemmer
Kohäsion im gesprochenen Diskurs deutscher Lerner des Englischen
Oktober 1981

Band 19: Willis J. Edmondson
A Communication Course for German Teachers of English
März 1982

Band 20: Willis J. Edmondson, Juliane House, Gabriele Kasper, Brigitte Stemmer
Kommunikation: Lernen und Lehren. Berichte und Perspektiven aus einem Forschungsprojekt
Mai 1982

Band 21: K.-Richard Bausch, Herbert Christ, Werner Hüllen, Hans-Jürgen Krumm (Hrsg.)
Das Postulat der Lernerzentriertheit: Rückwirkungen auf die Theorie des Fremdsprachenunterrichts, Arbeitspapiere der 2. Frühjahrskonferenz zur Erforschung des Fremdsprachenunterrichts
August 1982

Band 22: K.-Richard Bausch, Ulrich Bliesener, Herbert Christ, Hans-Joachim Rang, Konrad Schröder
Fremdsprachenunterricht und Fremdsprachenstudium. Ergebnisse einer Befragung von Studierenden im zweiten Semester
April 1983

Band 23: K.-Richard Bausch, Herbert Christ, Werner Hüllen, Hans-Jürgen Krumm (Hrsg.)
Inhalte im Fremdsprachenunterricht oder Fremdsprachenunterricht als Inhalt? Arbeitspapiere der 3. Frühjahrskonferenz zur Erforschung des Fremdsprachenunterrichts
Juni 1983

Band 24: Ute Feldmann
Pragmatische Aspekte im fremdsprachlichen Diskurs: Zur Verwendung von Gambits bei Spaniern und bei fortgeschrittenen Spanischlernern
September 1984

Band 25: Berthold Faust
Der C-Test. Testtheoretische Überlegungen und Analysen zu einem neuen Testverfahren
Januar 1985

Band 26: Manfred Steinhilb
Spanischunterricht in Deutschland. Entwicklung und gegenwärtiger Stand seiner Institutionen
August 1985

Band 27: Meike Saternus
Die Entwicklung des Französischunterrichts im deutschen Schulsystem nach 1945
Mai 1987

Band 28: Frank G. Königs (Hrsg.)
Übersetzen lehren und lernen mit Büchern. Möglichkeiten und Grenzen der Erstellung und des Einsatzes von Übersetzungslehrbüchern
Mai 1987

Band 29: Frank G. Königs / Aleksander Szulc (Hrsg.)
Linguistisch und psycholinguistisch orientierte Forschungen zum Fremdsprachenunterricht. Dokumentation eines deutsch-polnischen Kolloquiums
Dezember 1989

Band 30: Sybille Gerhold
Lesen im Fremdsprachenunterricht. Psycholinguistische und didaktische Überlegungen zu Funktionen einer vernachlässigten Fertigkeit im Französischunterricht
März 1990

Band 31: Wolfgang Tönshoff
Bewußtmachung – Zeitverschwendung oder Lernhilfe? Ausgewählte Aspekte sprachbezogener Kognitivierung im Fremdsprachenunterricht
März 1990

Band 32: K.-Richard Bausch / Manfred Heid (Hrsg.)
Das Lehren und Lernen von Deutsch als zweiter oder weiterer Fremdsprache: Spezifika, Probleme, Perspektiven
November 1990

Band 33: K.-Richard Bausch / Herbert Christ / Hans-Jürgen Krumm (Hrsg.)
Die Ausbildung von Fremdsprachenlehrern: Gegenstand der Forschung. Arbeitspapiere der 10. Frühjahrskonferenz zur Erforschung des Fremdsprachenunterrichts
Dezember 1990

Band 34: Karin Kleppin / Frank G. Königs
Der Korrektur auf der Spur. Untersuchungen zum mündlichen Korrekturverhalten von Fremdsprachenlehrern
Oktober 1991

Band 35: K.-Richard Bausch / Herbert Christ / Hans-Jürgen Krumm (Hrsg.)
Texte im Fremdsprachenunterricht als Forschungsgegenstand. Arbeitspapiere der 11. Frühjahrskonferenz zur Erforschung des Fremdsprachenunterrichts
Oktober 1991

Band 36: Brigitte Stemmer
What's on a C-test taker's mind? Mental processes in C-test taking
Dezember 1991

Band 37: Andreas Bahr / K.-Richard Bausch / Karin Kleppin / Frank G. Königs / Wolfgang Tönshoff
Forschungsgegenstand Tertiärsprachenunterricht. Ergebnisse und Perspektiven eines empirischen Projekts
in Vorbereitung

Band 38: Martina Butzke-Rudzynski
Soziokulturelle und sprachenpolitische Aspekte der Francophonie am Beispiel Marokko
Juli 1992

Band 39: Rüdiger Grotjahn (ed.)
Der C-Test. Bd. 1. Theoretische Grundlagen und praktische Anwendungen
Dezember 1992

Band 40: K.-Richard Bausch / Herbert Christ / Hans-Jürgen Krumm (Hrsg.)
Fremdsprachenunterricht und Sprachenpolitik als Gegenstand der Forschung. Arbeitspapiere der 12. Frühjahrskonferenz zur Erforschung des Fremdsprachenunterrichts
Dezember 1992

Band 41: Gabi Weis
Werbung im Französischunterricht. Medienkritische und didaktische Reflexionen. (Arbeitstitel)
in Vorbereitung

Band 42: Patrick Helle
Fremdsprachenunterricht in der ehemaligen DDR und in den neuen Bundesländern unter besonderer Berücksichtigung des Spanischunterrichts
Dezember 1993

Band 43: K.-Richard Bausch/Herbert Christ/Hans-Jürgen Krumm (Hrsg.)
Fremdsprachenlehr- und Lernprozesse im Spannungsfeld von Steuerung und Offenheit. Arbeitspapiere der 13. Frühjahrskonferenz zur Erforschung des Fremdsprachenunterrichts
Januar 1994